ARQUITECTURA DE ANDAR POR CASA

LUIS LOPE DE TOLEDO
ARQUITECTURA DE ANDAR
POR CASA

Un libro para entender y disfrutar el único arte
en el que vives, comes y duermes

temas de hoy

© Editorial Planeta, S. A., 2022
temas de hoy, un sello editorial de Editorial Planeta, S. A.
Avda. Diagonal, 662-664, 08034 Barcelona (España)
www.planetadelibros.com

Primera edición: septiembre de 2024
Segunda impresión en esta presentación: noviembre de 2024
ISBN: 978-84-19812-75-9
Depósito legal: B. 12.095-2024
Composición: Realización Planeta
Impresión y encuadernación: Arteos Digital
Printed in Spain - Impreso en España

*A mis padres, que me convencieron
de que no estudiara periodismo*

ÍNDICE

¡ALOJA! (DEL VERBO *ALOJAR*)

Para conocer a la gente hay que ir a su casa.

JOHANN WOLFGANG VON GOETHE
(1749-1832), poeta y dramaturgo alemán

Cuando de pequeños jugábamos al pillapilla había un lugar que llamábamos «casa», donde no podían atraparnos. Aquel refugio era un espacio donde los jugadores estaban a salvo de ser apresados y podía ser una farola, un banco o un bordillo. En realidad, daba igual la ubicación elegida. Lo importante era entender que en aquella zona estábamos protegidos. Durante la infancia ya definíamos espacios indeterminados y les asignábamos cualidades que no tenían, transformando su alcance. *Casa* es un ejemplo perfecto de término que ha trascendido más allá de su propio significado.

Nuestras primeras experiencias arquitectónicas han tenido lugar en casa, seguramente sin que nos diéramos cuenta. Interiorizamos lo que pasaba a nuestro alrededor, y solo al compararlo con otras situaciones descubríamos la existencia de un contraste que no éramos capaces de explicar. Fue ahí donde comenzamos a plantearnos que quizás se podía habitar de diferentes maneras. «Papá, ¿por qué Martín y su familia se bañan en una piscina para ellos solos?» o «Pues Jesús tiene un dormitorio para él y no tiene que compartirlo con su hermano pequeño».

La vivienda ha sido uno de los campos más explorados por los arquitectos. Y por los no arquitectos, ya que nuestra subsistencia dependía de ella. Puede que el primer ser humano que apiló rocas no tuviera un máster en estructuras, pero sí una urgente necesidad de cobijo para resguardarse del sol, la lluvia y los depredadores. Analizar la evolución de la casa a lo largo del tiempo nos aporta mucha información de cada época histórica. No solo por las mejoras técnicas, constructivas y materiales, sino también por la disposición de las piezas o la incorporación de ciertos elementos que reflejan los cambios sociales y económicos de cada momento. Saber cuándo apareció la ventana de vidrio, con qué intención se creó el pasillo y las consecuencias que tuvo separar la cocina del resto de la vivienda es una forma de conocernos mejor. Incluso saber cómo ha evolucionado la sala de estar, pasando de tener una chimenea en el centro como sistema que calefacta toda la vivienda a sustituirla por una televisión conectada a internet para que devoremos una serie detrás de otra, nos habla de quiénes somos como especie.

Todos tenemos nuestra casa, que es el hogar privado; y la ciudad, que es el hogar público.

ENRIQUE TIERNO GALVÁN (1918-1986),
político e intelectual español

La arquitectura nos rodea en cada uno de los lugares de nuestro día a día. Desde que salimos de la cama y entramos al baño medio dormidos hasta que regresamos a casa de trabajar después de haber aparcado el coche. La posición de las habitaciones, la ubicación de las puertas y los recorridos que hacemos en el interior de la vivienda son arquitectura. Pero también el ancho de las aceras, la existencia de bancos públicos para sentarse en la calle y la decisión de plantar árboles para que proyecten sombra cuando el calor aprieta. Todo es arquitectura. Desde las torres que dibujan el *skyline* de la ciudad hasta los comercios que ocupan las plantas bajas de los edificios residenciales. Cada decisión tomada en cualquiera de las escalas, ya sea a nivel doméstico o urbano, tiene una serie de implicaciones directas en nuestro devenir como individuos. Nos movemos por ella desde que nos levantamos hasta que nos acostamos y, como decía Alejandro de la Sota, «la importancia de la arquitectura no es otra que la del ambiente que crea. Un ambiente es conformador de conductas».

A pesar de tener presencia continua en nuestras rutinas, es una de las disciplinas artísticas menos apreciadas. Si paramos al azar a alguien por la calle y le enseñamos diez de los cuadros más famosos de la historia, reconocerá muchos de ellos. Y pasará lo mismo con las películas, aunque no las haya visto. Pero identificar algunos de los iconos del movimiento moderno como la *Villa Savoye*, la *Casa Farnsworth* o la *Casa de la Cascada* es una tarea más complicada si no eres arquitecto o tu pareja no ha estudiado arquitectura. Porque hay que decirlo: las parejas de quienes nos dedicamos a esto se merecen un altar por aguantar cada una de las turras que les damos, especialmente cuando salimos de viaje.

Quizás la masa popular no sepa diferenciar una obra de Erich Mendelsohn de una de Oscar Niemeyer, ni distinguir un interior de Luis Barragán gracias al uso de la luz y el color. Pero sí son capaces de reconocer el apartamento de Monica Geller y Rachel Green en *Friends* o la sala de estar de *Los Simpson*. En muchas películas y series de televisión, la arquitectura es otro protagonista más que esboza la manera de ser de sus personajes, sus miedos e inseguridades. Y estos lugares nos permiten debatir cómo se configura una sociedad desde sus espacios más íntimos.

> La arquitectura es una música de piedras y la música, una arquitectura de sonidos.
>
> Ludwig van Beethoven (1770-1827),
> compositor y director de orquesta

Igual nunca te habías parado a pensar que la arquitectura también es sonido. No deja de ser curioso que de las siete artes sea la menos conocida cuando es en la que más sentidos usamos para disfrutarla en su totalidad. En serio, participan todos a excepción del gusto (a no ser que te dé por acercarte a chupar un ladrillo).

En la pintura, la vista es fundamental, y ante muchas esculturas tenemos que movernos para comprender la pieza en su totalidad. Pero la arquitectura es mucho más. No vale con mirar *renders* o fotografías finales de la obra, porque la arquitectura necesita ser recorrida. Y digo más: la arquitectura necesita ser vivida. No vas a entender un proyecto por completo si lo visitas durante media hora, haces cinco fotos y sales de allí corriendo como si estuvieras visitando un museo. Las mejores edificaciones están pensadas para que nos quedemos el tiempo suficiente como para descubrir todos y cada uno de sus pequeños matices.

Porque los espacios cambian a lo largo del día, dependiendo de la luz que baña sus superficies. También porque hay materiales que piden que te acerques y pases la mano por ellos, para que notes sus diferentes texturas y oquedades. Otros provocan olores simplemente con estar allí colocados, modificando nuestra percepción del ambiente, y tampoco es lo mismo caminar por un suelo de madera que cruje al andar que hacerlo por uno de mármol mientras escuchas cómo el peso de tu cuerpo genera un sonido en el pavimento que se repite en forma de eco. Para comprender la arquitectura hay que habitarla. Es necesario quedarse dentro leyendo, escuchando música o manteniendo una conversación. Dejar que pase el tiempo sin prisa. La buena arquitectura ha sido pensada para que la hagamos nuestra, con todas sus consecuencias.

Edificar es, esencialmente, construir un edificio. Esta tarea consta de muchas labores complejas, procesos y agentes que intervienen en ella para lograr un fin: crear un lugar donde podamos desarrollar ciertas actividades. En ocasiones, si el arquitecto es virtuoso, dicho espacio nos generará sensaciones con las que no contábamos o albergará usos que ni siquiera habíamos imaginado en un primer instante. Hay emplazamientos en los que, no sabemos si por la luz, el paisaje, los materiales empleados o la unión de todo en un mismo ambiente, nos sentimos tan a gusto como en casa, a pesar de visitarlos por primera vez. Son un cúmulo de decisiones que escapan a nuestra comprensión, capaces de lograr que nos emocionemos.

Como en casa. Me gustaría que nos quedáramos con esta expresión. «Sentirse como en casa» es un modismo que todos entendemos, aunque sea figurado. Nuestra vivienda representa un lugar en donde nos encontramos cómodos y seguros, protegidos de cualquier inconveniente. Como cuando éramos niños y era nuestro refugio. Tu casa puede ser muy diferente de la mía en cuanto a composición, forma o estructura, y sin embargo nos producirá sentimientos bastante parecidos.

> No me interesa comprar su casa. Pero quisiera utilizar su baño, ojear sus revistas, reordenar sus figuras y manosear su comida de forma antihigiénica. ¡Ja! Ahora saben lo que se siente.
>
> APU NAHASAPEEMAPETILON,
> personaje de *Los Simpson*

La casa tal y como la conocemos tiene menos de un siglo de vida, debido a piezas como la cocina o el cuarto de baño, que son las que más han variado en los últimos tiempos. Nuestras residencias nos han servido de cobijo desde hace miles de años, pero han evolucionado con nosotros. Cada cambio histórico, social y económico ha tenido su repercusión en la arquitectura de nuestras ciudades, formadas por muchas capas que influyeron en su diseño y lo modificaron, desde las redes de abastecimiento de agua y saneamiento hasta la aparición de la electricidad. O por ejemplo la llegada de internet a nuestros hogares, que está fomentando la hiperconexión de muchos de los dispositivos domésticos. La domótica nos permite ajustar la intensidad de las luces de nuestro salón desde el teléfono móvil o encender la calefacción media hora antes de que lleguemos a casa, para que nos la encontremos caliente. Quizás dentro de poco podamos tuitear desde el microondas o subir fotos a Instagram poniendo morritos directamente desde una cámara incorporada en el espejo del baño.

Por eso, a pesar de que edificar sea un proceso lento y de que los objetos construidos perduren en el tiempo, es imposible entender esta disciplina sin una constante evolución en cada uno de los componentes que la forman. Todos estos cambios nos dan una idea no solo del punto en el que nos encontramos, sino de la capacidad que tiene la arquitectura para mutar en el futuro.

La incorporación de la tecnología wifi también está teniendo un efecto secundario en la manera de habitar los espacios domésticos. Los teléfonos móviles y los ordenadores personales están alterando la forma en la que consumimos el ocio dentro de casa. Si antes una familia se reunía alrededor de la televisión y tenía que ponerse de acuerdo en qué ver, ahora esa costumbre se está rompiendo gracias a la multiplicidad de dispositivos electrónicos individuales. ¿Existirá alguna consecuencia en el diseño de las piezas de nuestras casas? ¿Dejará de dominar el salón la jerarquía espacial en la configuración doméstica y ganarán peso los dormitorios como estancias capaces de incorporar estas actividades? ¿O será un cambio insignificante que acabará desapareciendo antes de que se desfragmente más la vivienda?

Si has llegado aquí buscando respuestas, tengo una mala noticia para ti: no las vas a encontrar. Es más, lo que seguramente descubras es que cada capítulo contiene más preguntas todavía. Dudar de todo es una costumbre muy impertinente que ya puso en práctica Descartes y le sirvió para obtener un nuevo punto de partida. *Cogito ergo sum*. Es decir, «pienso, luego existo». Si después de leer el libro te replanteas si de verdad es mejor cerrar la terraza para que gane superficie la sala de estar, si la altura del lavabo es la correcta o si un pasillo es una pieza desaprovechada como quizás habrás oído, me sentiré más que satisfecho. Porque esa es precisamente mi intención: que no pares de hacerte preguntas.

Tal vez vivas en uno de esos bloques anodinos de pisos que pueblan la geografía de nuestro país y que en algún momento alguien decidió construir, no con la intención de que tú estuvieras a gusto, sino para llenarse los bolsillos. O puede que lo hagas en un chalet adosado de esos que responden a una operación copia/pega en la que ni promotor ni diseñador se estrujaron demasiado la cabeza. Este libro trata de ofrecer otro punto de vista, para que descubras (si no lo has hecho ya) que existen proyectos maravillosos y soluciones arquitectónicas que pueden dejarte con la boca abierta.

Antes de que sigas leyendo, me gustaría que reflexionases sobre lo siguiente. ¿Cómo definirías tu casa? ¿Crees que es una proyección de lo que eres o más bien de lo que te gustaría ser? Y, sea cual sea la respuesta, ¿piensas que lo hace por sí sola o más bien por los enseres que guardas o muestras a los demás? ¿Te has planteado alguna vez qué quitarías de la vivienda porque consideras que no funciona? ¿Y qué añadirías?

Hablar de la casa como espacio doméstico es una manera de estudiar otros factores de la disciplina que son extrapolables a distintas situaciones. En ocasiones mencionaré ejemplos de edificios no residenciales que, con un poco de imaginación, podrían funcionar en tu propia casa. Y viceversa, porque eso es lo bonito de la arquitectura: hay referencias que se adaptan perfectamente a otros usos y situaciones. En caso de que seas compañero de profesión, conocerás muchos otros ejemplos de buenos proyectos y quizás eches en falta alguno de ellos. Pero a lo mejor te sorprendo y consigo enseñarte otro que no conocías, así que una cosa por la otra.

Me conformaría con que tuvieras en mente un único concepto mientras lees. Uno nada más, ya ves que no pido demasiado. No hace falta que lo apuntes en tu cuaderno, con que lo recuerdes es suficiente. Tanto los dormitorios, como los patios, las piscinas o las escaleras son elementos prescindibles en una casa. Pueden estar y mejorar su configuración o no aparecer y que esta siga funcionando. Pero hay un componente muy importante que hace que todo lo anterior cobre sentido: las personas. La arquitectura está pensada para nosotros, para contribuir a nuestro confort. Somos la pieza central del engranaje. Que las ventanas se fabriquen más grandes para introducir el paisaje en el interior y lograr espacios más luminosos solo tiene un objetivo: que lo disfrutemos quienes vamos a vivir allí dentro.

Cada una de las referencias que incluyo podrían alucinarte y hacer que te explote la cabeza o, por el contrario, no gustarte lo más mínimo. De eso se trata; date cuenta de que cada vivienda aquí descrita ha sido proyectada para un cliente en concreto con unas necesidades muy particulares. Sus gustos no tienen por qué coincidir con los nuestros, así que no caigamos en el error de evaluar su calidad arquitectónica en función de si nosotros viviríamos allí o no. La gran mayoría de ellos son ejemplos extremos que cambian por completo la percepción que tenemos de habitar y que conseguirán demostrarnos que no todo se ha inventado ya.

Y nada más. Si estás de acuerdo con esto que te cuento, adelante. Tu casa es mi casa.

DORMITORIOS

Una habitación para atraerlas a todas
y atarlas en las tinieblas

¿Qué es exactamente un dormitorio?

Acabas de empezar a leer y ya estoy haciéndote preguntas. Ya te lo había avisado: uno de los objetivos que quiero conseguir escribiendo sobre la vivienda es que reflexionemos juntos sobre lo que significa un espacio doméstico y qué pasa cuando lo habitamos. Y me gustaría que comenzáramos con una de las habitaciones más importantes de la casa. Piensa en ello. ¿Qué es lo primero que te viene a la mente cuando oyes la palabra *dormitorio*? Cierra el libro si hace falta, tómate tu tiempo y sigue leyendo cuando tengas una respuesta clara en la cabeza.

Puede ser que hayas reconstruido en tu imaginación el cuarto en el que descansas cuando te vas a dormir. O que te hayas acordado de tu primera habitación cuando eras joven, en el caso de que ahora estés independizado y ya no vivas en la misma residencia. De lo que estoy casi seguro es de que, en cualquiera de las posibles opciones, aparecía una cama.

Esencialmente, el dormitorio es el lugar de una vivienda donde dormimos. O, por lo menos, donde lo hacemos un mayor número de horas, porque en esta ecuación no entra cuando te quedas traspuesto en el sofá del salón mientras intentas terminar una serie aburrida. Tampoco tiene mucho misterio la cosa, pensarás. La propia morfología de la palabra ya nos da una pista de su significado. Al menos en español.

Además de proyectarse para que se conviertan en piezas de descanso, los dormitorios conllevan un concepto de privacidad mayor que el resto de las habitaciones de nuestra casa. El dormitorio es un reflejo de nuestra manera de ser. Una representación física de lo ordenados o desordenados que somos, con tanta carga íntima que en ocasiones preferimos no enseñárselo a nuestros invitados. Si vienen amigos a casa, se les recibe en el salón y la puerta de acceso a nuestro cuarto queda bien cerrada, por la cuenta que nos trae. Lo cual nos lleva irremediablemente a la siguiente pregunta: ¿pueden cuatro paredes definir a un individuo?

Dime dónde duermes y te diré quién eres

No solo nos define la limpieza y el orden que tenemos en el dormitorio, también lo hacen los objetos que hemos decidido colocar en él. Hablo de los armarios, muebles para almacenar trastos, estanterías llenas de cómics, fotografías enmarcadas, pósteres colgados en la pared y esa silla sobre la que apilas ropa porque no está lo suficientemente sucia como para meterla en la lavadora y todavía se le puede dar un segundo uso, y que algún día se ha desplomado por el peso de tanta prenda. Esta habitación es nuestro templo personal, una fortaleza sagrada donde desde que somos pequeños nos hemos sentido a salvo del resto de la familia y del mundo en general. Nuestros dormitorios nos han visto crecer, llorar por amores no correspondidos, y han sido cómplices de nuestros secretos más oscuros. Allí hemos sido nosotros mismos porque nos sentíamos seguros y no teníamos nada que esconder.

Es lógico pensar que nuestros gustos y costumbres se materializan en objetos y elementos que decoran el dormitorio. Estas habitaciones son prolongaciones espaciales de nuestra personalidad, y uno de los mejores ejemplos de ello nos lo trae la ficción. El apartamento de Barney Stinson, uno de los personajes más icónicos de *Cómo conocí a vuestra madre* (2005), es un magnífico santuario dedicado a la soltería como estilo de vida.

Su dormitorio es un artefacto demoniaco diseñado con un único objetivo: facilitarle a Barney una noche de sexo desenfrenado sin ningún tipo de ataduras. Elementos como una gran cama de matrimonio y una pantalla plana de 300 pulgadas pueden ayudar a que ese encuentro explícito tenga lugar. Pero su cama tiene una única almohada y una manta individual. En el cuarto de baño solo hay una toalla, no existe secador y el asiento del inodoro no puede bajarse porque un mecanismo lo vuelve a dejar levantado. Y la magia continúa en el resto del piso: un pasillo con baldas iluminadas cargadas de pornografía, un horno de cartón en la cocina que por supuesto no funciona y un sistema en su habitación que permite deslizar la cama fuera del apartamento y reemplazarla por una nueva exactamente igual, para expulsar a su invitada del interior en caso de que la cosa se alargue.

Pequeños detalles sin importancia que envían señales a las citas de Barney de que quedarse allí mucho más tiempo no es una buena idea. Su cuarto es un templo sagrado y la idea de compartirlo está vetada en su cabeza.

Barney no es el único que tiene problemas aceptando que su dormitorio sea de alguien más. Porque compaginar nuestra privacidad con otra persona es algo que, a determinadas edades, no hace demasiada gracia. Es curioso cómo sentíamos que nos estaban arrebatando lo más personal de nuestro ser cuando de adolescentes teníamos que compartir habitación con nuestro hermano, primo o familiar lejano, y ya de adultos hacemos lo mismo y sin ningún problema con nuestra pareja. ¿Ha cambiado nuestro sentido de la privacidad mientras crecíamos? ¿O hemos descubierto que ese lugar sagrado en realidad no lo era tanto?

La domesticidad en pareja podría dar para capítulo aparte porque, aunque vivamos con otra persona, en el fondo seguimos manteniendo ciertos comportamientos individualizados que no queremos perder. Es como una lucha de poder interna entre quienes éramos y quienes quieren que seamos, y donde pase lo que pase ya hemos perdido. Ocurre por ejemplo con la elección del lado de la cama donde vamos a dormir, que sea cual sea nos va a acompañar para el resto de nuestra vida. Da igual si estás en un hotel que visitas por primera vez o te han invitado a dormir en casa de tus tíos, que cada uno sigue conservando su lado de la cama.

No, en serio. ¿Por qué dormimos siempre en el mismo lado? ¿No te parece extraño que hayamos delimitado y consensuado un territorio imaginario dentro de un mueble de uso compartido? Prueba un día a hacer algo muy loco, algo que nadie se espera. Métete en la cama antes que tu pareja y túmbate en su lado de la cama. Y no, no hace falta que me cuentes su reacción, porque ya me imagino la respuesta: «¿Qué haces en mi sitio?».

Pero esta situación no ocurre solo con la cama. ¿Qué me dices de la elección de las baldas y cajones de un armario empotrado? ¿Se basa únicamente en la cantidad de ropa que tiene cada uno o existe algún otro motivo psicológico de preferencia personal que llevamos oculto y ni siquiera conocemos? Parece que hay muebles predestinados a dividirse, como la cama o el armario del dormitorio, y otros en los que no es tan necesaria esta fragmentación, como el sofá del salón o los armarios de la cocina. ¿Es porque nuestro sentido de pertenencia entiende que la ropa es de cada uno y necesita estar separada de la del otro, pero la comida, al ser comunitaria, no? Porque las prendas las lavamos todas juntas en la lavadora, pero luego las almacenamos separadas. Y en el sofá ¿por qué no tenemos nombres imaginarios que delimitan dónde podemos sentarnos y dónde no, como en la cama?

Quizás la respuesta a todas estas estúpidas preguntas sea que nuestro templo sagrado, aquel que conservábamos desde pequeños, se ha visto reducido a un lado de la cama y unas cuantas baldas en el armario. Para mí, es la única explicación lógica.

Uno de los libros imprescindibles en cualquier biblioteca de arquitecto que se precie (y que por supuesto yo no tengo) fue escrito por Ernst Neufert en 1936. En esta publicación que, a pesar de titularse *Arte de proyectar en arquitectura*, se conoce simplemente como «el Neufert», se recogen estándares constructivos, requisitos programáticos y dimensiones de habitaciones a la hora de proyectar. Un manual de recomendaciones para arquitectos y estudiantes universitarios lleno de medidas: desde el tamaño de los objetos que más se utilizan en una vivienda hasta su posición dentro de la habitación. Como no podía ser de otra manera, en su interior nos encontramos con un capítulo dedicado a las camas donde podemos leer lo siguiente:

> En la sensación de seguridad y descanso tiene una gran influencia la relación de la cama con la pared y el espacio de la habitación que varía según la cama. Una persona segura de sí misma duerme a gusto en medio de la habitación, alguien temeroso prefiere dormir junto a la pared, o aún mejor, en una esquina o en un hueco de armario.

Desconozco qué tipos de estudios psicológicos están asociados a dicha afirmación, pero todavía no he conocido a nadie que coloque su cama aislada en medio de la habitación, sin estar en contacto con alguna pared del cuarto. Vamos, que según Neufert somos todos unos cobardes de narices. Vergüenza debería darnos, de verdad.

Relatos de intimidad

Espero que a estas alturas ya no queden dudas de cuánto pueden decir de nosotros unos pocos metros cuadrados. Subamos la apuesta entonces: ¿pueden los dormitorios hablarnos de cómo se vive en otras culturas?

Para indagar más sobre esta cuestión, veamos el trabajo de un fotógrafo francés. John Thackwray visitó los dormitorios de 1.200 jóvenes de 55 países durante seis años, para retratar diferentes sociedades a través de sus habitaciones. El proyecto, bautizado como *My Room Project*, es una muestra de cómo la arquitectura de estos espacios y los objetos que incluimos en ellos son capaces de explicar las desigualdades entre las distintas culturas y los intereses que tenemos como individuos. Para componer sus imágenes coloca una cámara con un objetivo gran angular en el techo del dormitorio y así inmortaliza a los sujetos en sus habitaciones, junto a todos sus objetos personales.

Es curioso ver la evolución de las fotografías y cómo cambian en función de cada país: la proporción de las estancias, la materialidad del suelo y las paredes o la altura de los techos nos ayudan a hacernos una idea de cómo se construyen estos espacios domésticos en cada región y la importancia que tienen en su sociedad. La aparición de ventanas, ele-

mentos de instalaciones como radiadores, el uso de cortinas o moquetas e incluso la posición y el tamaño de la cama dentro de los cuartos (en el caso de que no sea simplemente un futón sobre el suelo) conforman el mejor estudio sociológico sobre la relevancia de los dormitorios dentro de la casa y la utilización que les damos cada uno de nosotros.

El hecho de encontrar una gran cantidad de objetos en un espacio tan reducido nos sirve de indicador de cómo viven los jóvenes en determinados países, en donde su poder adquisitivo alcanza solo para alquilar una habitación en un piso compartido. Nuestro estilo de vida, la religión o la educación que hemos recibido afectan directamente a la manera en que entendemos los espacios domésticos (mención especial para el chico de Dallas que ha desplegado sus cinco rifles y escopetas sobre la cama, además de tres pistolas, cuatro cargadores y un chaleco antibalas).

Es cierto que, cuantos más objetos haya en las estancias, más pistas tenemos sobre cómo es la sociedad en la que vive su dueño. Pero incluso si borramos todo lo indispensable podemos deducir algunos de sus rasgos fundamentales si nos fijamos, por ejemplo, en la cama. Por regla general, un dormitorio es una estancia con las dimensiones necesarias para contener al menos una cama o un artefacto que cumpla con las mismas funciones que este mueble.

En Japón todavía se utiliza el futón, que no es más que la unión de un colchón y una funda (similar a un saco de dormir) que se puede plegar y recoger cuando no se está usando. La cosa tiene truco, porque los suelos de las viviendas tradicionales japonesas estaban cubiertos por tatamis, unas piezas modulares de 90 por 180 centímetros fabricadas con tejido de paja que le daban cierta cualidad acolchada al pavimento.

Vamos, que no es lo mismo tumbarte en el suelo de tu casa que hacerlo en el de un *ryokan* japonés, y tu espalda estará de acuerdo con eso. Los tatamis, además de suavizar el contacto del cuerpo con la superficie del piso, servían para proporcionar y dimensionar las habitaciones de la casa. Pero quedémonos con una idea clave para desarrollarla a continuación: que el futón sea una pieza fácil de recoger y almacenar ayuda a que las habitaciones tengan variedad de uso y las viviendas sean mucho más flexibles.

Este concepto es interesante porque de él podemos sacar varias conclusiones. Por un lado, que el dormitorio como tal podría no existir, ya que si nuestra cama es portátil, tenemos la opción de dormir en la habitación que más nos apetezca en cada momento. Y, por otro lado, que el diseño de estas estancias ya no está ligado tan rígidamente a un programa doméstico que lo ordene. Es decir, que las habitaciones pueden variar en forma, tamaño, privacidad o cantidad de luz natural que reciben y el usuario es quien decide cómo utiliza cada espacio. A esto podríamos sumar el beneficio que supone no valerse de pasillos y concatenar diferentes salas gracias, entre otras cosas, a las puertas correderas de papel; pero lo trataremos con más detalle en un capítulo dedicado a ello.

En Occidente, el diseño de los dormitorios puede complejizarse todo lo que queramos para sacar el máximo provecho a un espacio privado que con el paso de los años se está convirtiendo en uno de los más utilizados de toda la casa. Teniendo en cuenta la calidad de la luz, la materialidad en suelos, techos y paredes, el número y posición de los diferentes elementos fijos que aparecen en su interior (como enchufes, puntos de luz o muebles empotrados) o la relación que existe con el resto de las habitaciones y el exterior de la vivienda, podemos delimitar sus cualidades espaciales sin comprometerlo funcionalmente.

Porque ¿cuál es la importancia real del dormitorio en la actualidad?

Según Roxana Morduchowicz, «en los años cincuenta la televisión ya había desplazado al hogar prácticas que tradicionalmente tenían lugar en espacios públicos». Este electrodoméstico reunía a toda la familia en el salón frente a la misma pantalla y el mismo contenido era consumido tanto por padres como por hijos. Se fortalecía así la idea de espacio comunitario dentro de la vivienda, en donde se congregaban sus diferentes miembros a compartir momentos de ocio.

Hasta que llegaron internet y los dispositivos móviles.

La aparición de los *smartphones* y las *tablets* como dispositivos personales de comunicación y entretenimiento está rompiendo con dicha hegemonía. Los ordenadores portátiles también han facilitado este desplazamiento; los dormitorios ya no solo se utilizan para dormir. Gran parte de la sociedad los emplea como lugar donde trabajar, ver series o películas, consultar las redes sociales, jugar a videojuegos e incluso desayunar o cenar. El efecto multipantalla ha destronado a la televisión como único dispositivo multimedia de entretenimiento y, como un efecto en cadena, el derrocamiento de la televisión está acabando con el dominio del salón como centro neurálgico del hogar. Hemos entrado en la era de los dormitorios.

El mínimo espacio habitable

Si los dormitorios dependen en mayor medida de la pieza de la cama, sus dimensiones y su posición dentro del cuarto, estaremos de acuerdo en que la actividad de dormir tiene unas implicaciones directas en la espacialidad de nuestras habitaciones. Pero ¿hasta qué punto?

Con la idea de explorar estos límites, los arquitectos de Studio NL han diseñado un escritorio que se transforma en cama. Durante el día puede utilizarse como un tablero en la parte superior y un mueble donde almacenar objetos, y por la noche se abren sus paredes para albergar una persona en su interior. Que ellos mismos lo hayan apodado *Working Hard* («trabajando duro») ya nos da una pista de que, aunque nos lo vendan como un mueble compacto que aprovecha el poco espacio disponible de un apartamento, en realidad no es más que un artefacto pensado para continuar con el estereotipo de que los diseñadores no tenemos horarios de trabajo.

¿Para qué ir a casa a descansar cuando puedo meterme un rato debajo de esta mesa? Podríamos hablar de lo malo que es no separar espacios donde realizar actividades tan dispares como dormir y trabajar, o de las consecuencias que supone para nuestro organismo no reposar lo suficiente. Sin embargo, el concepto de mueble portátil que podemos desplazar dentro de una vivienda (con todas sus implicaciones) sí me parece interesante y lo trataremos más adelante en este libro.

DISCLAIMER: Si eres estudiante de arquitectura y te sientes obligado a no dormir durante la carrera para seguir el ritmo que marcan tus profesores y cumplir con toda la carga de trabajo que se te asigna, por favor, no lo hagas. Quizás tardes algún año más en conseguir el título, pero, créeme, a la larga tu salud física y mental te lo agradecerán. Es hora de que entendamos que adoptar este estilo de vida como habitual a lo largo de nuestra carrera profesional puede acarrearnos graves problemas de complicada solución. Y quien dice estudiante de arquitectura, dice estudiante de lo que sea.

Volvamos al ejercicio del dormitorio. ¿Cómo debe ser una habitación en el caso de que no dispongamos de demasiado espacio? O, dicho de otra manera, ¿cuáles son los elementos imprescindibles que necesitamos para habitar una vivienda mínima? Es hora de adentrarse en el maravilloso mundo del Metabolismo japonés.

Para entender este concepto es necesario primero comprender cómo funciona Tokio y cómo son las vidas de sus habitantes, en una ciudad tan densa y aparentemente caótica. La rutina del japonés medio está muy ligada a su trabajo: salen de sus pequeños apartamentos, cogen el metro y se encierran en un cubículo a trabajar. De casa a la oficina y de la oficina vuelta a casa, casi exclusivamente para dormir. A diario sus vidas se realizan fuera de su residencia, donde permanecen muy poco tiempo. Tanto las comidas como las cenas suelen hacerse fuera debido, entre otras cosas, al excesivo horario de trabajo que predomina en el país. Y ocurre como el huevo y la gallina, que ya no sabes qué fue antes: ¿las cocinas diminutas en los apartamentos o los económicos precios de los restaurantes para comer fuera de casa?

Podría decirse que su día a día consiste en salir de una cápsula para meterse en otra cápsula abarrotada de gente que se mueve muy rápido y que los lleva a otra cápsula donde realizan su jornada laboral. Quizás ahora entiendas esa obsesión que existe en su cultura de manga y anime: en *Dragon Ball* los personajes lanzan al suelo pastillas que se transforman en vehículos, y en *Pokémon* (1997) brotan seres vivos muy achuchables del interior de otras cápsulas esféricas. Y, claro, con todo esto que acabo de contarte no te extrañará que el edificio más icónico del Metabolismo japonés sea precisamente una torre de cápsulas.

La *Nakagin Capsule Tower* fue un edificio diseñado por Kishō Kurokawa en 1970. El proyecto se convirtió en un símbolo del nuevo pensamiento japonés y consistía en dos núcleos de hormigón sobre los que se dispondrían una serie de viviendas mínimas, con la posibilidad de desarrollarse en el futuro. Las cápsulas prefabricadas eran ancladas a la estructura portante en únicamente cuatro puntos, factor que agilizaría el proceso de construcción y el posterior reemplazo de estas. Porque esa era la idea desde el principio: que las habitaciones tuvieran una vida máxima de veinte años y que, transcurrido ese tiempo, fuesen reemplazadas por otras (siguiendo el mismo concepto de la propia ciudad: crecimiento orgánico y mejora de sus construcciones a lo largo del tiempo).

En sus catorce pisos se colocaron 140 habitáculos con una disposición aparentemente aleatoria y unas dimensiones de 2,3 metros de ancho por 3,8 metros de largo. No, las cuentas no os fallan: son menos de diez metros cuadrados para vivir. Y si os parecen pocos, os diré que cada cápsula contiene una cama, un escritorio, un frigorífico, una televisión, una radio, un inodoro y una ducha. Todo perfectamente compactado para que un japonés pueda hacer vida en un espacio tan reducido, con la condición de que las cenas y comidas se hagan fuera de la cápsula. Una construcción que solo se puede entender en un país como Japón, con unas condiciones de vida muy específicas. En Japón y en la mente de los creadores de *El quinto elemento* (1997), porque el apartamento de Bruce Willis comparte muchos elementos con esta torre de viviendas.

El problema es que las cápsulas nunca fueron sustituidas y sus últimos habitantes malvivieron durante mucho tiempo sin agua caliente y con más de un inconveniente. El edificio terminó demoliéndose en abril de 2022. Los hoteles cápsula son otro producto habitable de mentalidad nipona que extiende la idea de habitación mínima. Con esta falta de espacio en sus núcleos urbanos es normal que hayan aparecido establecimientos hoteleros que reduzcan al mínimo sus dormitorios, para dar cabida al mayor número de gente posible. Estos alojamientos temporales, pensados para los ejecutivos que han perdido el último tren que los lleva a casa, consisten en unos baños compartidos y un cubículo minúsculo para pasar la noche.

Al final, estos hoteles no son más que una colmena de cápsulas para dormir, realizadas en plástico o fibra de vidrio y con unas dimensiones que rondan los 2 metros de longitud por 1,25 de ancho y 1 de alto. El interior es básicamente para descansar, aunque todas vienen preparadas con un equipo de ventilación, canales de radio, despertador y televisión.

Es una manera de comprender la domesticidad muy diferente a la nuestra, en donde pueden suprimirse piezas de la vivienda si se entiende que la vida se realiza fuera de ella. En el caso de que siempre se coma y cene fuera, el comedor y la cocina no son necesarios, y ocurre lo mismo con la sala de estar si el ocio se realiza en el exterior. De esta forma, el dormitorio puede reducirse al máximo y la vivienda se convierte en el mínimo espacio habitable.

Prefabricados y listos para llevar

Como hemos visto, hay ocasiones en que el diseño de un habitáculo con lo justo y necesario está más que justificado. Este tipo de proyectos pueden depender de factores sociales, problemas de densidad y falta de suelo urbano. Pero existen otros tipos de construcciones que no tienen estos condicionantes y también compactan todo su programa doméstico en espacios reducidos.

Uno de ellos son los refugios de montaña o las cabañas que forman parte de una red de alojamientos turísticos en medio de la naturaleza. El concepto de estas cabinas es el de interferir lo mínimo en el entorno para que la presencia humana pase lo más desapercibida posible dentro de su ecosistema.

Las bautizadas por los arquitectos Felipe Assadi y Mathias Klotz como *Tiny Cabins* consisten en unos módulos prefabricados de 24,5 metros cuadrados que contienen un dormitorio, una cocina y un baño, y pueden ser utilizadas por tres o cuatro personas dependiendo del modelo. Con un exterior estructural de acero y un interior de madera, los refugios se producen en serie y se entregan para que se puedan habitar después de un montaje básico. Uno de sus diseños se centra en la pieza del dormitorio y enfoca la cama hacia un gran ventanal, con la idea de disfrutar de las vistas que proporciona la naturaleza y, según Assadi, «la magia de apagar la luz y quedar con las estrellas y con el paisaje en su totalidad, metido dentro del espacio donde uno está».

Algo más grande que las *Tiny Cabins* es el *Ufogel*, de 45 metros cuadrados. Su nombre mezcla las palabras *UFO* ('ovni') y *Vogel* ('pájaro' en alemán) por la forma tan característica que tiene. Se basa en el mismo concepto de fabricación en serie y utiliza la madera como único material constructivo del habitáculo, a excepción de las patas metálicas que apoyan la edificación sobre el terreno. Estos refugios de montaña están pensados para aguantar el exceso de agua y nieve gracias a una cáscara aislada e impermeable y cuentan con una estufa de leña en su interior. Las habitaciones, separadas en altura del resto del programa, tienen capacidad para cuatro personas, y el comedor, para ocho. Supongo que porque nunca sabes cuándo puedes recibir invitados en medio del monte.

Los beneficios de una arquitectura prefabricada y en serie son precisamente abaratar los costes durante su producción y acortar los tiempos de ejecución que tiene una vivienda convencional. Como es lógico, si los elementos estructurales o de instalaciones llegan ensamblados en una única pieza, se facilita muchísimo su montaje. Es casi como un accesorio *plug and play* que introducimos en nuestro ordenador y el sistema operativo reconoce al momento, quedando listo para usar.

Gracias a este concepto de economización de la vivienda e inspirado por la fabricación en serie que incorporó Henry Ford en las cadenas de montaje de sus coches, Buckminster Fuller diseñó la *Wichita House*. Después de la Segunda Guerra Mundial, muchos estadounidenses vivían dentro de caravanas en núcleos disgregados, con unas condiciones lejos de ser las óptimas. El descenso en la producción de aviones supondría un obstáculo en el desarrollo que estaba teniendo la industria, y Bucky propuso aprovechar las instalaciones para fabricar algo que no se había fabricado antes: casas.

Su residencia modular estaba formada por partes industrializadas que se acoplarían *in situ*, dando solución a los pro-

blemas habitacionales que sufrían las familias con bajos recursos. El volumen semiesférico rematado con una chimenea de acero inoxidable se apoyaba en el terreno en varios puntos, pero quedaba levantado del suelo. En su interior, como quien parte una tarta con un cuchillo, se separaban los espacios habitables mediante tabiques y las instalaciones del baño o la cocina se incluían en los módulos prefabricados.

El prototipo, a pesar de ser brillante, nunca fue producido. La compañía llegó a la conclusión de que era un modelo demasiado avanzado a la época, y fabricar algo que la gente no iba a entender sería demasiado arriesgado.

BAÑOS Y ASEOS

Gasolineras domésticas

Si definimos el dormitorio como un templo, un lugar en donde nos escondemos de nuestros mayores miedos y nos sentimos a salvo del resto del mundo, el baño podría ser un altar dentro de este santuario. Es uno de los espacios más íntimos de la casa, dedicado a la higiene personal y relacionado directamente con el agua. Al ser un cuarto húmedo, su materialidad suele ser distinta a la del resto de la vivienda, y tanto sus pavimentos como paramentos verticales se revierten con piezas resistentes a los líquidos.

Según las estadísticas, pasamos un año y medio de nuestra vida en estas habitaciones. Piénsalo bien: más de quinientos días encerrados entre cuatro paredes y noventa y dos de ellos sentados en el inodoro. Lo cual hace que me plantee la siguiente duda: ¿qué pasa por la cabeza de algunos profesionales para tratar así de mal los cuartos de baño? Si nadie duda de la importancia que tienen estas piezas dentro del ámbito doméstico de nuestro día a día, ¿por qué hay tan poca delicadeza a la hora de diseñarlos? Los aseos son estancias pequeñas, reducidas a su mínima expresión, pensadas para albergar artefactos sanitarios como la ducha, el lavabo o el inodoro. Nuestra actividad parece vinculada exclusivamente a estos elementos, como si no se pudiera hacer nada más allí dentro. Son estancias frías, impersonales y poco confortables, a pesar del tiempo que pasamos en su interior. Algo similar a las gasolineras, diseñadas para que paremos, repostemos lo más rápido posible y continuemos con nuestro trayecto como si esa interrupción nunca hubiese tenido lugar.

Es un fallo de concepto. Y no solo por las reducidas dimensiones con las que se proyectan, sino también por su ubicación dentro de la vivienda. Todos conocemos dormitorios con vistas al mar. Comedores situados en amplias terrazas bajo la sombra de los pinos, con la inercia térmica adecuada para soportar las estaciones más calurosas. Piscinas sobre acantilados, donde podemos reflexionar sobre nuestra insignificante existencia mientras observamos el horizonte.

¿Y qué pasa con los baños? Encarcelados entre tabiques y en muchas ocasiones sin una triste ventana. Estancias que para su ventilación necesitan un pequeño motor que hace ruido y se enciende con el interruptor de la luz. Los cuartos de baño son como esas canciones que evitamos en nuestros discos favoritos. Como esos ingredientes que separamos del plato porque no nos gustan.

Este planteamiento no podría ser más contraproducente. Todos sabemos lo importantes que son los aseos, aunque sean pequeños o carezcan de iluminación natural. Miles de personas muestran lo orgullosas que están de sus cuartos de baño

en redes sociales. Aparecen en infinidad de fotos rodeados de gente que, para que no sospechemos que nos quieren dar envidia, disimulan poniendo morritos o sacando la lengua. A mí no me engañan. Sé cuál es la verdadera intención de la imagen: que veamos el alicatado *vintage* o el papel de flores que decora la pared.

Estoy convencido de que el espejo del cuarto de baño ha sido uno de los objetos más fotografiados de la casa hasta que mejoraron la cámara delantera de los teléfonos móviles. Si un historiador del arte del año 3000 d. C. tuviese que analizar cómo vivíamos en el siglo XXI y qué peso adquiría la pieza del aseo en nuestras viviendas, quedaría asombrado con tanto documento gráfico. Estas representaciones costumbristas son las que mejor escenifican la ropa que vestimos o los cortes de pelo del momento, y también aquellos actores secundarios que aparecen en un segundo plano, como la colección de frascos de gel o champú que apilamos en las baldas de la ducha o los canutos de cartón encima del retrete.

Remojones comunales e indecencia moral

El ser humano ha evolucionado a lo largo de la historia y la vivienda lo ha hecho a su lado. Para mejorar el confort y la higiene, las piezas de la cocina y del baño se han servido de las innovaciones de cada época. Introducir agua potable y eliminar residuos a través de las redes de fontanería y saneamiento no fue tarea fácil, y mucho ha llovido desde entonces. En la actualidad todos disponemos de acometidas de agua que abastecen nuestras casas, pero esta circunstancia es relativamente moderna. Acompáñame en esta larga, larguísima historia hasta el aseo moderno.

El asentamiento humano en torno a ríos y cuencas hidrográficas ha sido crucial para el desarrollo de las grandes civilizaciones que hoy conocemos. En Egipto, China o Mesopotamia, la proximidad a este elemento natural facilitó el riego de cultivos, así como la manutención del ganado y el sustento de toda su población. Intervenciones como los diques, las redes de alcantarillado y los sistemas de riego impulsaron el crecimiento de las ciudades.

Esta capacidad para dirigir y recircular el agua tuvo un impacto directo en el auge del progreso civil. Durante el Imperio romano fueron conscientes de ello y desarrollaron dos grandes estructuras para suministrar y drenar agua a sus principales núcleos urbanos: los acueductos y la Cloaca Máxima. El Estado asumió su trascendencia social y se encargó de edificar y dirigir estas obras de ingeniería en todas las ciudades en las que pudo. Porque, aunque la higiene fuera uno de los motivos principales de su construcción, tanto el baño en las termas como el empleo de las letrinas constituyeron una actividad en la que se solía socializar. Ambas fueron pensadas sin distinción de sexo y allí hombres y mujeres se reunían para bañarse y conversar en comunidad. El culto al cuerpo tenía lugar en público y de manera colectiva y, gracias a estas piezas, con un trasfondo cultural.

Como cuenta Joel Sanders, arquitecto e investigador, al llegar la Edad Media estas prácticas fueron desapareciendo. El feudalismo propició una sociedad menos cohesionada que antes y eso de bañarse en público con integrantes del otro sexo se veía como una indecencia moral. Asearse ya no estaba de moda.

Durante el Renacimiento, la población, influida por motivos religiosos, sociales y culturales, disimulaba su olor corporal con ropa interior y perfumes. Eso quien se lo pudiera permitir, porque las clases menos adineradas tenían que apañarse con lo que fuera. Si los nobles y aristócratas podían incluir una letrina en sus residencias, los plebeyos tenían que conformarse con orinales que vaciaban en ríos (en el caso de haber alguno cerca) o directamente sobre la vía pública. Se creía que el lavado aceleraba un proceso de contagio a través del agua contaminada, cuando esta entraba en contacto con la piel. Como sumergir el cuerpo en líquido era peligroso, la higiene se limitaba a cambiar la ropa sucia por ropa limpia. Este abandono del aseo personal tuvo mucho que ver con las infecciones y epidemias que asolaron una época empeñada en retroceder en muchos de los avances que ya habían sido aceptados en la sociedad.

Una habitación de lujo

Durante los siglos XVIII y XIX, la cultura de la limpieza corporal fue ganando peso en los hábitos colectivos de la población. Las ciudades volvieron a invertir en infraestructuras que mejoraban las redes de saneamiento, al tiempo que las clases medias y altas recuperaban la costumbre de lavar su cuerpo con agua caliente. Todavía no existía una habitación dedicada a ello dentro de la casa, así que era habitual encontrarse con artefactos de aseo en los dormitorios. Los barreños, jofainas de cerámica y jarras aguamaniles eran mobiliarios portátiles y no ocupaban un lugar fijo en la vivienda. Estos elementos debían cargarse previamente y descargarse tras su uso, labor que solía estar reservada a los sirvientes.

Con el perfeccionamiento de los sistemas de alcantarillado y redes de fontanería, en la segunda mitad del siglo XIX se produjo un avance notable en la evolución de los componentes sanitarios. El modelo de letrina quedaba obsoleto gracias a la aparición del inodoro con descarga de agua, y la ducha empezaba a instalarse en las residencias de la época. La sociedad estaba cambiando, y menos mal, porque las enfermedades e infecciones que diezmaban los núcleos urbanos daban argumentos de sobra para repensar la relación con la higiene. El desarrollo de la ciencia médica y la industrialización, que permitía reproducir en masa estos elementos, aceleraron la incorporación por parte de la clase media de estos sanitarios para mejorar su aseo personal.

Por fin, miles de años después del inicio de nuestra historia, se presentaba el cuarto de baño privado como un espacio independiente del resto de las estancias domésticas. Los hogares contaban con una nueva habitación cerrada donde las personas se lavaban y eliminaban sus desechos, por primera vez en la historia. Esta sala comenzó instalándose en las viviendas burguesas como símbolo de abundancia. Aunque estuviera destinada a unos fines higiénicos que hoy entendemos como básicos, los cuartos de baño fueron habitaciones lujosas que no todo el mundo podía permitirse. Nada que ver con las dimensiones que tienen hoy en día.

En aquella época, estas salas fueron una novedad fruto del avance tecnológico y ocupaban posiciones privilegiadas en la configuración de las residencias. Las habitaciones donde se colocaban los artefactos sanitarios eran grandes y estaban cargadas de elementos ostentosos: muebles macizos de madera, suelos de mármol y cortinas de terciopelo, acompañadas por obras de arte. El cuarto de baño era una estancia de la que sentirse orgulloso, digna de mostrar a los invitados cuando visitaran el hogar.

A principios del siglo xx se estandarizaron los lavabos, inodoros, bidés y platos de ducha y se ajustaron las medidas destinadas a esta sala. El cuarto de baño era un lugar pensado para la higiene y la salud, pero su popularización implicó una simplificación en el diseño de elementos que lo configuraban. Dejó de ser una habitación de la que alardear y quedó relegado a cumplir unas necesidades estrictamente funcionales.

Tenemos que esperar hasta 1960 para encontrar ejemplos de nuevos materiales, griferías y componentes decorativos que proponen un cambio en el aspecto de los aseos, propiciado por el incremento de poder adquisitivo de la clase media dentro de la sociedad de consumo. Las tendencias y la variedad de estilos se apoderan de estos cuartos, con infinidad de elementos asequibles fabricados en serie que permiten la personalización de los espacios. Surgen opciones como las bañeras de hidromasaje y los lavabos suspendidos, a medida que nos despedimos de una pieza que cada vez se utiliza menos y desaparece lentamente sin que nos demos cuenta: el bidé.

Imaginando el baño del futuro

Con el tiempo, el cuarto de baño ha evolucionado de una pieza que no existía a una estancia imprescindible dentro de la vivienda. Nadie imagina hoy su casa sin el aseo. Pero la mejora de sus componentes también ha traído otro tipo de consecuencias, como replantearse el funcionamiento de los distintos tipos de sanitarios en base a cómo opera nuestro propio cuerpo, o la posición que ocupan dentro de la habitación.

Seguramente habrás leído u oído que las dimensiones del inodoro no son las más adecuadas para nosotros. Existen numerosos estudios que aseguran que nuestra postura natural para defecar es agachados y en cuclillas, y estos aparatos son demasiado altos para hacerlo de forma correcta. Al estar sentados, nuestro torso forma un ángulo de 90° con las piernas, cuando la posición idónea es la de ángulo agudo, con las rodillas más próximas al pecho. De esta manera se le facilita al colon su trabajo.

Lo curioso es que, en vez de diseñar inodoros que beneficien esta postura, la solución propuesta es sentarse con un pequeño taburete que nos levante las piernas, lo cual más que una solución parece un parche temporal. ¿Cuál es el motivo de que estos sanitarios sigan replicándose con las dimensiones que todos conocemos? Quizás el mal diseño de los retretes tenga que ver con que están pensados como una pieza de descanso en lugar de para contribuir a su verdadera función.

El arquitecto y profesor Lloyd Alter denuncia alguno de estos conceptos, como que la altura del lavabo sea insuficiente (y tenga la misma función que la ducha a diferente escala) o que llenemos de productos tóxicos una habitación que suele estar mal ventilada. También nos hace pensar sobre los efectos de colocar el inodoro cerca del lavabo, ya que al tirar de la cadena cargamos el ambiente de bacterias, con nuestro cepillo de dientes a escasos metros de distancia. O el hecho de que gastemos cientos de litros de agua al día para contaminarla con residuos que pueden eliminarse de otra manera.

Y no es el único. John Mueller y Mark G. Stewart, en su investigación *Terrorism and Bathtubs: Comparing and Assessing the Risks*, asemejan las bañeras a trampas mortales domésticas, donde mueren más de cuatrocientos estadounidenses al año. Y no, no se refieren a la imagen en blanco y negro que tenemos todos en nuestra mente de Janet Leigh duchándose antes de ser asesinada en *Psicosis* (1960), aunque podría ser una metáfora. En su texto inciden en el hecho de que se está destinando mucho más presupuesto a luchar contra el terrorismo que a repensar otros aspectos aparentemente inofensivos y más dañinos para la sociedad.

Entonces ¿cómo debería ser el baño del futuro? Si todos los elementos sanitarios se juntaron en una misma habitación para economizar tuberías e instalaciones de desagüe, ¿sigue teniendo sentido a día de hoy que mezclemos aguas grises (obtenidas de la ducha o el lavabo) con aguas negras (provenientes del retrete)? ¿Existen métodos más eficientes para separar los residuos y reaprovecharlos de alguna forma? Solo en nuestro país existían hace unos años al menos treinta y nueve localidades de más de 10.000 habitantes que vertían sus aguas residuales en zonas medioambientales catalogadas como sensibles, sin ningún tipo de tratamiento, lo cual llevó a la Comisión Europea a quejarse ante el Tribunal de Justicia de la Unión Europea. Y con razón. Estamos gastando más cantidad de agua para eliminar nuestros residuos que para beber.

Uno de los motivos por los que los baños tradicionales japoneses se han vuelto a poner en el punto de mira es el aprovechamiento de los recursos, ya que se gasta una décima parte de agua que en las duchas tradicionales. En ellos hay espacios separados de los inodoros y están pensados para que los japoneses se sienten sobre un taburete, mojen la esponja en un cubo con el agua y jabón necesarios y vayan frotando su cuerpo hasta que quede limpio. Igual no parece demasiado confortable, pero no sé hasta qué punto es una decisión razonada o se encuentra condicionada por nuestras costumbres culturales.

Quizás sigamos diseñando los cuartos de baño y sus elementos de la misma manera porque no nos hemos parado a pensar si podemos optimizar cada uno de sus procesos. O si producirlos como hasta ahora es lo más higiénico en términos de salud y medio ambiente. Por mi parte, me es imposible pronosticar cómo serán los cuartos de baño dentro de unos siglos, pero estoy convencido de que van a seguir evolucionando con nosotros.

Aseos públicos orientales

Adentrémonos en este maravilloso concepto. Que los *onsen* sean lugares relacionados directamente con la naturaleza, donde la gente se sumerge en aguas termales de origen volcánico, ya nos hace ver que el baño es un hábito social que se ha conservado a lo largo de los siglos en Oriente.

Japón es un lugar fascinante. Sus ciudadanos son limpios, civilizados y muy respetuosos. Una de las cosas que más me llamó la atención cuando visité el país fue descubrir que en sus calles no había papeleras. Si alguien compra un helado en un *konbini* (tienda de conveniencia que permanece abierta las 24 horas del día), no le queda más remedio que tirar allí el envoltorio o guardarlo hasta que llegue a casa. Eso hace que me plantee qué vino primero. Es decir, si no hay papeleras porque no son necesarias o si la razón de que no existan en la vía pública es civilizar al personal.

Allí los baños tradicionales tienen un origen comunitario. Aunque su procedencia se remonta al periodo Heian (del año 794 al 1185), tuvieron muchísimo uso tras la Segunda Guerra Mundial. Después de los bombardeos, gran parte de los hogares carecían de instalaciones de fontanería y saneamiento, por lo que reunirse en un *sentō*, un baño público, volvió a adquirir ese componente social que se había perdido en etapas anteriores. La población acudía a estos lugares no solo para hacer uso de su función higiénica, sino también para empatizar con el resto de los compatriotas y reforzar ese sentimiento de comunidad que sirve de cohesión tras una catástrofe. Hoy en día se emplean menos, pero la cultura del baño sigue presente en la sociedad japonesa. La ajetreada vida nipona hace que el aseo personal constituya un momento de relax y purificación, tanto para el cuerpo como para la mente. Darse un baño ayuda a descansar y a alejarse de los problemas, aunque solo sea por un rato.

Que en el país del sol naciente hayan desarrollado una especial sensibilidad por la arquitectura no es una casualidad, porque la tienen por casi todo lo que diseñan: desde el mobiliario urbano hasta las luminarias. *The Tokyo Toilet Project* surgió en 2020 con el objetivo de mejorar diecisiete aseos públicos en la capital japonesa y contó con la implicación de conocidos arquitectos como Tadao Andō, Toyoo Itō o Kengo Kuma.

Al ser piezas exentas dentro de la ciudad, cada diseñador podía jugar con todos los parámetros disponibles: cómo se accede al aseo, sus recorridos o la materialidad de cada artefacto se repensaron de cero. Cada una de las propuestas explora diferentes aspectos que nos hacen comprender que no existe proyecto pequeño si lo enfocas desde la perspectiva adecuada.

El concepto de los aseos de Fumihiko Maki podría extrapolarse a cualquier vivienda. Divide el programa en cuatro piezas, para generar un vacío en medio. Ese patio sirve para relacionar los volúmenes e incluir un árbol en su interior, con zona de bancos por si te toca esperar. La cubierta, común a las cuatro piezas y de espesor mínimo, parece un velo que las protege. El gesto de levantarla logra inundar los aseos de luz natural y favorecer su ventilación. De esta manera los pabellones consiguen un espacio público limpio y seguro dentro del parque.

Para Shigeru Ban, las dos mayores preocupaciones que existen cuando entras a un aseo público son que esté limpio y saber si hay alguien dentro. ¿Qué mejor forma de resolver esta incertidumbre que construyendo un único volumen de vidrio? Así, de un simple vistazo, sales de dudas. Eso sí, no te asustes: la tecnología de los cristales, gracias a un impulso eléctrico, los vuelve opacos cuando hay alguien en su interior. Es decir, que solo son transparentes en caso de que no haya nadie utilizándolos y quedan ocultos en el momento en que el usuario cierra la puerta. Al caer el sol permanecen iluminados, convirtiéndose en un bonito farol de tres colores que alumbra el parque al anochecer.

En China también han experimentado con estas piezas y han intentado romper con las imágenes preconcebidas que tenemos de ellas. La propuesta *PP Garden*, diseñada por People's Architecture Office, suprime la diferenciación de sexos al proponer un único espacio para hombres y mujeres. Los lavabos se incluyen en el interior de un muro macetero del que cuelgan plantas y tiestos de jardinería y que está agujereado para favorecer la interacción social. Así, cuando sus usuarios se lavan las manos, quedan enfrentados entre ellos compartiendo el mismo sanitario. Un proyecto que defiende la igualdad de género gracias a distribuir equitativamente el tiempo de espera entre ambos sexos.

Abiertos a la naturaleza...

Se me ocurren pocos baños más desagradables que aquel en el que transcurre la película *Saw* (2004). Un lugar abandonado, sucio, sin ventilación, iluminado con lámparas industriales que cuelgan del techo y con evidentes problemas de humedad. Pero, claro, la ambientación de un filme de miedo conocido como «juego macabro» no podría ser un palacio renacentista. Al comienzo de la historia, el protagonista despierta encadenado a una de las tuberías que atraviesan un aseo transformado en celda. Pero también en rompecabezas, ya que la habitación contiene las pistas necesarias que revelan la manera de escapar de allí antes de que sea demasiado tarde. Supongo que, si cualquiera de nosotros pudiera elegir, preferiría no poner un pie (guiño, guiño) en un sitio como ese.

Afortunadamente, cuando se proyectan estos espacios se tiene en cuenta justo lo contrario. O al menos es lo que se pretende; no vayas a pensar que los arquitectos somos seres diabólicos como John Kramer que disfrutamos con el sufrimiento ajeno (aunque no descarto que alguno lo haga).

Contamos con numerosos ejemplos de cuartos de baño que rompen con esa idea de que *intimidad* es sinónimo de *ocultar*. Modelos que utilizan diferentes técnicas para abrirse al paisaje, recibir ventilación natural o prescindir de la iluminación artificial hasta que se esconda el sol. Estas piezas arquitectónicas, que habitualmente se encierran entre tabiques con una o ninguna abertura al exterior, también pueden transformarse en todo lo contrario.

En la India, y proyectada por Architecture BRIO, existe una casa rodeada de naturaleza. Tanto que incluso un pequeño arroyo atraviesa la parcela. La ubicación del proyecto y las condiciones climáticas del lugar permiten que *House on a Stream* se abra y cierre a la vegetación que crece a su alrededor. Esto posibilita que el aseo para invitados esté iluminado por un patio descubierto al cielo. Un muro de hormigón visto separa los elementos sanitarios de lo que ocurre en el resto de la propiedad y permite que la luz natural entre por el vacío que deja su cubierta. Arriba, cielo. Abajo, una colección de guijarros que se separa del pavimento. No hay ningún elemento que cierre el espacio por encima de las piedras, ni siquiera vidrio. Cuando llueva, las gotas de agua resbalarán por la pared de hormigón y golpearán sobre los cantos rodados mientras crean un murmullo continuo. Y el baño se podrá seguir utilizando, con unos matices nuevos añadidos por la propia naturaleza.

Como es lógico, este concepto de aseo abierto depende de unas condiciones muy específicas que aporta su emplazamiento y que deberían estudiarse para cada proyecto en particular. Pero es una solución que también puede ser adaptada a diferentes localizaciones. La vivienda *Grow*, diseñada por Apollo Architects & Associates, reproduce un pensamiento similar y añade los recursos necesarios para su materialización. Al apilar el programa doméstico en altura, los arquitectos ubican el baño en la segunda planta pegado a un patio y rodeado por paneles de vidrio. Esta es una de las diferencias con el proyecto anterior, ya que el clima no permite prescindir por completo del cerramiento en la fachada. También vemos variedad en la composición del suelo, conformado en parte por una malla metálica que puede pisarse y a la vez deja pasar la luz a la planta inferior, donde se encuentra la terraza privada del dormitorio principal. Esta operación logra que la iluminación natural atraviese dos pisos y llegue a dos estancias con usos diferentes.

Pero si hablamos de cómo introducir la naturaleza en un cuarto de baño, no podemos pasar por alto el que proyectó Sou Fujimoto en la estación de tren de Itabu. Aunque se trate de un aseo público, la estrategia de diseño que utilizó el arquitecto japonés podría replicarse en cualquier vivienda particular. Eso sí, es necesario que esta disponga de un gran espacio destinado al jardín.

El proyecto consiste en una zona verde vallada por una cerca de madera de dos metros de alto, con una cabina transparente en su interior. Y en este contraste es donde se explica su gran atractivo: quien use el aseo tendrá la sensación de hacerlo en medio de la naturaleza. Porque, aunque la empalizada oculte el interior y este quede escondido de miradas ajenas, el usuario experimentará estar sentado en un jardín rodeado por cerezos y ciruelos. O más bien usuaria, ya que el baño solo pueden utilizarlo mujeres y de una en una: cuando

el servicio está ocupado, la puerta del cercado permanece cerrada y hay que esperar fuera. Esta condición otorga al proyecto de Fujimoto la categoría de uno de los aseos públicos más pequeños del mundo. Y también de los más grandes, porque la cabina de acero y vidrio no se entiende sin los 200 metros cuadrados de jardín que la acompañan.

... y cerrados en la naturaleza

Para terminar el capítulo vamos a conocer un proyecto que explora justo lo contrario. Porque, aunque la siguiente casa no se abra a la naturaleza, permanece oculta en lo más profundo de su esencia.

Ca'n Terra de Ensamble Studio es seguramente una de las propuestas más radicales de habitabilidad que existen en el planeta. También bella y elegante, pero, como ocurrirá con muchos de los ejemplos citados en este libro, no apta para cualquier público. Porque lo que plantea el estudio liderado por Antón García-Abril y Débora Mesa es, esencialmente, vivir dentro de una roca.

El proyecto consiste en el vaciado de una cantera en Menorca para transformarla en vivienda. Un lugar, donde antes se extraía piedra, que se modifica y adapta para que una familia pueda desarrollar su rutina doméstica durante los meses de verano. Lo cual nos lleva a la siguiente pregunta: ¿qué implicaciones tiene habitar la naturaleza? O, mejor dicho, ¿hasta dónde debemos intervenir para convertir un lugar en habitable? Para responder a esta cuestión primero ha de realizarse un ejercicio de abstracción, eliminando cualquier elemento que no sea imprescindible. Esta casa experimental se encuentra en una galería por debajo de la tierra con más de 1.000 metros cuadrados de espacios excavados.

Si miramos las fotografías, descubriremos que la actuación en la cantera es la mínima para que un ser humano pueda asentarse. Las pocas divisiones que separan el interior del exterior están formadas con particiones textiles, y las piezas del dormitorio o el aseo parecen muebles colocados para la foto que luego se van a retirar. El lavabo, por ejemplo, se apoya entre dos rocas, y su instalación de fontanería queda completamente oculta bajo la superficie pétrea. La intervención es una operación precisa de acupuntura en donde se han localizado los puntos que deben perforarse para reducir el impacto de lo artificial sobre lo natural.

Ca'n Terra es una vivienda tallada en el terreno, sin más calefacción o refrigeración que la que proporciona la propia naturaleza de la gruta. Ha habido quejas por parte de la administración local, ya que las obras se realizaron sin licencia, y probablemente nunca llegue a obtener la cédula de habitabilidad. Da igual. El proyecto ha ganado algún premio de arquitectura y como experimento cumplió con la función para la que fue planteado: dar respuesta, desde una óptica contemporánea, al interrogante de cómo asentarse en una cueva.

COMEDORES Y SALAS DE ESTAR

Cómo conocí a vuestro apartamento

El Día de Acción de Gracias es una fecha ineludible: el cuarto jueves de noviembre para los estadounidenses y el segundo lunes de octubre para los canadienses. La fiesta, también conocida como *Thanksgiving Day*, fue en sus orígenes una forma de agradecer la cosecha y desde hace años se festeja cenando pavo asado. Es un día para celebrar todo lo bueno que ha traído el año, y qué mejor manera de hacerlo que poniéndose tibio de comida y bebida.

Estas reuniones congregan a la familia, los amigos o una mezcla de ambos. La costumbre está tan arraigada en la cultura norteamericana que no es difícil de encontrar en muchas de las series ambientadas allí. Tradición que continuaron los creadores de *Friends* (1994), durante los diez años que duró la serie, juntando a los protagonistas alrededor de la mesa del comedor. Si la has visto, visualizarás a Monica preparando el plato principal en la cocina, a Rachel y Ross discutiendo a pocos metros y a Joey y Chandler sentados en el sofá con la televisión encendida. Mientras tanto, Phoebe estaría..., no sé, haciendo cosas de Phoebe.

Analizar su apartamento nos da una pista sobre la posición que ocupan piezas como la cocina, el comedor y el salón en muchas de nuestras viviendas, y sobre la relación que existe entre ellas. En este caso se encuentra todo en un mismo ambiente y las únicas habitaciones separadas son los dormitorios y el cuarto de baño (sin olvidarnos del armario secreto que permanece cerrado durante casi todo el *show*). Ocurre lo mismo en el piso de Joey y Chandler, donde no hay división física entre dichas estancias y pueden entenderse como un único espacio. O en el apartamento de Ted Mosby y Marshall Eriksen en *Cómo conocí a vuestra madre*, que continúa el formato de *sitcom* heredado de *Friends* y replica la organización de sus espacios domésticos: cocina conectada con el comedor, sala de estar organizada en torno a la televisión y, levantada en un peldaño, la mesa de dibujo donde trabaja el arquitecto. Este tipo de configuraciones emula una residencia neoyorquina (aunque los episodios se grabasen en Los Ángeles) donde el alquiler es estratosférico. Cada metro cuadrado de suelo construido cuesta un ojo de la cara, razón por la que se aprovecha al máximo la distribución de cada espacio.

Quizás te estés preguntando el porqué de reunir en un solo capítulo dos piezas de la casa con tanta entidad. Salón y comedor. Comedor y salón. A pesar de que cada una tiene funciones diferenciadas, pueden complementarse a la perfección. La prueba de ello es que muchas residencias suprimen el comedor por falta de espacio, y la cocina o la sala de estar se adaptan a este cometido. En muchas otras no existe separación vertical entre el comedor y el salón y se proyecta una única sala para que cada propietario la amueble como considere oportuno. Son estancias más flexibles que aceptan diferentes configuraciones, en cuyo diseño la jerarquización de los espacios presenta un papel primordial. Por eso, para comprender sus vínculos y disparidades, es necesario reflexionar primero sobre cada una por separado.

En nuestras casas nos sentimos a gusto. O al menos es la idea para la que fueron concebidas: son contenedores equipados con las instalaciones apropiadas para que podamos habitarlos, llenándolos de electrodomésticos, enseres personales y, sobre todo, emociones. Porque, aunque se proyecten siguiendo unas bases programáticas definidas, nosotros somos los encargados de colonizarlos en última instancia. Y de hacerlos nuestros. Cada usuario tiene el deber de apropiarse del espacio doméstico en busca de su propio bienestar.

Lo cual nos lleva a la siguiente pregunta: ¿son las piezas de la vivienda las encargadas de modificar nuestros hábitos o la manera de vivir de cada uno prevalece sobre un diseño arquitectónico impuesto? Esta reflexión pasa por repensar los detalles más nimios de nuestra propia rutina. En mi caso, por norma general, las comidas y las cenas las preparo en la cocina y me las llevo hasta el salón para ver un capítulo de una serie en Netflix. El desayuno es otra historia, porque para no perder demasiado tiempo lo tomo en una barra que instalamos en la cocina. Cuando vivía con mis padres, la cosa era ligeramente diferente: se comía, desayunaba y cenaba en la cocina, lo que dejaba al comedor disponible muerto del aburrimiento. No he realizado un trabajo de campo exhaustivo, pero al preguntar a amigos y conocidos parece que la situación se repite. Da la sensación de que el comedor solo se utiliza para reuniones más formales o eventos en los que la comida adquiere un papel protagonista.

Y como veremos a continuación, no difiere demasiado del uso que ha tenido a lo largo de la historia. Saber cómo surgieron esta pieza y la sala de estar y sus evoluciones en el tiempo es clave para entender su situación dentro de la vivienda contemporánea, así como nuestro relato como civilización. Es importante ser conscientes de que la casa se transforma con nosotros: nuestras costumbres, hábitos y manera de relacionarnos influyen en los espacios que construimos; y la casa, tal y como la conocemos en la actualidad, tiene menos de cien años.

Comer en el suelo y dormir en la mesa

El comedor, como su propio nombre indica, es un lugar para comer. «Una pieza destinada en las casas para comer», según la RAE. Lo cual hace que nos salten las alarmas. O por lo menos a mí. ¿Es necesario que comamos en una habitación exclusiva para ello?

Ya hemos comentado numerosos ejemplos en los que el comedor comparte espacio con otras habitaciones como la cocina o el salón, pero también puede funcionar como estancia por sí sola. Sería lógico pensar que su ubicación debe estar próxima al lugar donde se preparan los alimentos, ya que una vez elaborados hay que desplazarlos de un sitio a otro. Pero te aseguro que haber trabajado para una empresa de reformas hace que veas disparates maravillosos, como encontrarse estas dos piezas separadas por un pasillo, estrecho, alargado y mucho más terrorífico que el que recorre en triciclo el niño de *El resplandor* (1980). Pero ya hablaremos de ello más adelante.

¿Qué es exactamente un comedor? O, mejor aún, transformemos la pregunta en otra mucho más interesante: ¿qué elementos son los que definen un comedor? Una mesa, habrás pensado. Y al menos un lugar donde sentarse, claro. Pero ricemos el rizo. ¿Qué relación guarda este objeto con la actividad de alimentarse? Para obtener la respuesta, vamos a hacer un pequeño viaje en el tiempo. Y puedes estar tranquilo, que no vas a encontrarte a tus abuelos bailando ni a alterar la línea temporal, poniendo en peligro la existencia de Marty McFly. Vas a acompañarme a conocer la historia del comedor. Lo sé, dicho así pierde gracia.

La mesa se ha convertido en uno de los muebles más importantes de la vivienda. Es un artefacto capaz de configurar espacios por sí mismo y generar dinámicas sociales alrededor de la comida. Sus orígenes se remontan miles de años, cuando en el Antiguo Egipto ya se utilizaba un objeto similar para apoyar alimentos y reunir a los comensales. En las residencias de la Edad Media era habitual encontrarse una mesa para estas labores, pero no se quedaban fijas: se montaban y desmontaban una vez se habían usado. De ahí viene la expresión «poner la mesa», ya que solían ser tablones sujetos con caballetes que luego se guardaban apilados contra la pared. Este mueble multifuncional levantaba la actividad del suelo, lo cual mejoraba la higiene, y se empleaba para preparar alimentos, comer e incluso dormir.

Como nos cuenta Anatxu Zabalbeascoa en *Todo sobre la casa*, «el comedor fue un espacio móvil, sin ubicación fija en las viviendas hasta el siglo XVIII». A esto hay que añadir que, antes, la mayoría de las residencias tampoco disponían de

varias habitaciones. Durante mucho tiempo todo se realiza-
ba en una misma estancia: comer, dormir y estar. Si las clases
altas disponían de un cuarto que acogía diferentes usos, las
bajas comían donde podían: cerca de donde se encontrara el
fuego o incluso en el exterior. Es a partir de este siglo cuando
la mesa deja de ser provisional y ocupa un espacio perma-
nente en la habitación. El mueble empezó a depurarse y a
fabricarse como objeto elitista; se mejoró su estabilidad y se
comenzaron a explorar diferentes materiales. Se vendía como
artefacto de diseño, manufacturado y adaptado a las diferentes clases sociales.

El verdadero cambio a nivel arquitectónico llegó cuando
se pasó de comer en el dormitorio o el salón a pensar que una
sala podía destinarse a ello. Comer o cenar adquiría importancia como ceremonia, y dedicar una habitación dentro de
la casa a ello reforzaba la idea de exclusividad. Servir los pla-

tos de uno en uno, la mantelería, los cubiertos..., todo formaba parte de un ritual que reunía a burgueses alrededor de la mesa. Separar el comedor de la cocina también tenía que ver con el acceso de determinadas clases a un servicio que acondicionase los elementos necesarios y se encargase de distribuir los alimentos en la mesa.

Ya en la segunda mitad del siglo xx se volvió a popularizar la fusión de la cocina con el comedor y a pensar que se podía crear un único ambiente al añadir estas dos estancias al salón. Una gran sala destinada al ocio, donde recibir a los invitados, que estuviera conectada espacialmente. Las «casas usonianas» de Frank Lloyd Wright y la *Casa Farnsworth* de Mies van der Rohe sirvieron de precursoras al introducir este concepto dentro de los círculos arquitectónicos de la época. La cocina ya no era un lugar de la casa oscuro y separado, aislado del resto de las estancias. Si la vida social se abría, ocurría lo mismo en el interior de las viviendas, y eliminar las barreras verticales era una forma de hacer partícipes a propietarios y visitantes del acto de reunirse a disfrutar de la comida.

El cuarto del comedor ha evolucionado en el tiempo, separándose o vinculándose a otras piezas según lo hacía nuestro comportamiento en sociedad. Y en estas modificaciones, la mesa ha tenido una posición privilegiada. Dependiendo de las culturas, este mueble se entiende de diferentes maneras. En muchas de ellas se engalana en ocasiones especiales como fiestas de cumpleaños o cenas de Navidad, para luego volver a desvestirse cuando han terminado. En otras, la mesa pierde consistencia y se desmaterializa hasta convertirse en una alfombra, donde se sientan los comensales y se colocan los alimentos. Independientemente de su altura, forma o color, la mesa es un espacio de relación dentro de la casa.

Durante la pandemia provocada por el coronavirus, los comedores se han empleado como zonas de estudio, lugares de reunión o escritorios donde recibíamos videollamadas o lecciones online. Y es así como nos hemos dado cuenta de que no tenemos espacios en nuestras casas para teletrabajar, colonizando salones, cocinas y dormitorios para la ocasión. También es interesante la idea de domesticidad fuera de casa, donde protagonizamos situaciones en las que nos apropiamos de objetos para utilizarlos como mesas: desde un alféizar para apoyar nuestro cubata cuando bebemos en la calle hasta una bandeja que colocamos en nuestras piernas cuando salimos al campo. Cómo trasladamos nuestra vivienda fuera de las paredes que la definen es un tema que daría para escribir largo y tendido.

De la chimenea a la televisión

La serie *Mad Men* (2007) está ambientada en la ciudad de Nueva York en la década de 1960. El piso de Don Draper, el exitoso creativo publicitario que protagoniza la historia, se divide en dos: la parte más pública, con el comedor, la cocina y la sala de estar, y la privada, con los dormitorios y cuartos de baño. Aunque la cocina y el comedor se encuentren separados, ambas piezas comienzan a abrirse hacia el salón. Una barra con cuatro taburetes divide dos estancias con diferentes funciones, pero conectadas visualmente. La sala de estar, hundida dos escalones respecto al resto de la vivienda, es con diferencia la habitación más importante de la casa. No solo en dimensión: allí es donde se celebran todos los eventos que ayudan al creativo a afianzar relaciones y subir en la escala de poder. Los sofás y las butacas se organizan en torno a un muro que contiene dos elementos imprescindibles en este capítulo: la chimenea y la televisión. Ambos forman parte del pasado y el presente de las salas de estar. Porque si antes la chimenea era el centro de la vivienda, desde que llegó la televisión la ha desplazado como pieza organizativa.

El salón puede utilizarse como objeto de estudio de diferentes sociedades. En la serie *Los Simpson*, creada por Matt Groening en 1990, la chimenea y la tele también forman parte de la sala de estar, pero aparecen en dos cuartos diferentes. Estas habitaciones están conectadas espacialmente, aunque se usan de manera distinta. El salón que contiene la chimenea se utiliza poco, para esperar a los invitados o en reuniones más formales. El otro corresponde a la imagen que todos tendremos en la cabeza de los cinco miembros amarillos juntos en el sofá de su casa, viendo la televisión. Las historias que nos cuenta *Los Simpson* son eminentemente familiares, y la habitación que más vemos es este salón interior donde ocurre la vida doméstica. Don Draper, en cambio, se debe a la vida pública, y por eso cuando entramos a su apartamento nos quedamos sobre todo en ese salón hecho para recibir visitas que tanto dista del de la familia Simpson. Dos estancias que son lo mismo sobre el papel pero que se transforman según el uso que les dan quienes viven allí y que sirven como reflejo de la transformación de la sociedad estadounidense durante el siglo xx.

Cuando no existían radiadores ni bombas de calor, sin embargo, había menos diferencias entre los usos que cada familia daba a estas estancias. La chimenea era la encargada de calentar la vivienda y, al estar ubicada en el salón, este se convirtió en la estancia más cálida del hogar, donde sus habitantes pasaban la mayor parte del tiempo. Para que la televisión pudiera sustituir a la chimenea como centro del salón, tuvieron que mejorarse el aislamiento y los sistemas de calefacción, de forma que la chimenea no fuera la única fuente de calor. Otro factor determinante fue el enriquecimiento de la clase media dentro de la sociedad de consumo.

La sala de estar se emancipa del resto de la vivienda, de igual manera que el comedor, en el siglo XVIII. El ascenso social de la burguesía supone la imitación de muchos de los comportamientos y hábitos de la nobleza en condiciones que antes no se podían permitir. Y como ha sucedido a lo largo de la historia, lo que primero fue elitista después se transformó en necesario para por último ser entendido como algo básico. Ocurrió con la cocina, con el cuarto de baño y, por supuesto, con la sala de estar. En el siglo XIX, esta habitación se vuelve un lugar imprescindible donde recibir visitas y realizar celebraciones. También para charlar, coser, escuchar música, tocar algún instrumento o leer. No disponer de un salón en la vivienda era un indicador de que la familia tenía problemas para llegar a final de mes.

El estatus de esta habitación dentro de la casa empezó a ganar fuerza. Al ser un cuarto donde se recibía a las visitas, su configuración se asemejaba a la de un espacio expositivo, una vitrina donde se exhibían las piezas de arte y se colocaban los mejores muebles de toda la casa. Los tapices, que antes colgaban de las paredes porque ayudaban a aislar mejor la habitación, pasaron a ser sustituidos por pinturas enmarcadas o espejos que producían una sensación de amplitud. La sala de estar era un anuncio publicitario de lo que sus propietarios querían mostrar a los demás. De sus aspiraciones y anhelos. De sus deseos como individuos.

Pero los cambios que han sufrido las salas de estar no han dependido únicamente de sus usuarios. La evolución de estas estancias también se encuentra ligada a la de los propios muebles que ocupan los espacios, que han pasado de ser diseñados a mano por ebanistas a ser replicados en serie gracias a la Revolución industrial. Estos objetos y la decoración de las habitaciones documentan la época en la que se habitaron. Los procesos artesanales se vieron reemplazados por un diseño modular que se fabricaba en grandes cantidades, más barato de producir y mucho más asequible. Hasta que llegó la televisión. A partir de entonces, tanto el mobiliario como la distribución se empezaron a organizar en torno a este aparato electrónico. Las mesas bajas que se instalan en los salones son una mutación a la que se le han reducido las patas, para que no interfiera con la vista de la televisión desde el sofá.

En la década de 1970 aparece en Nueva York un nuevo concepto de vivienda que congrega casi todas sus estancias en un único ambiente. Los *lofts* se originaron después de una crisis en la que gran cantidad de fábricas y almacenes quedaron abandonados. Muchos artistas, que requerían espacios amplios para desarrollar su actividad, adquirieron estos inmuebles a precios bajos y los transformaron en sus residencias y talleres. Esta novedad sorprendió a muchos, y comenzaron a ganar tal popularidad que se invirtió el mercado y se dio un efecto nuevo: el de gentrificación. Barrios como Tribeca o el Soho vieron cómo se llenaban de nuevo de gente con mayor poder adquisitivo que quería habitar aquellos híbridos entre fábricas y viviendas. Los techos altos, los grandes ventanales en las fachadas, la estética industrial que aportan las estructuras e instalaciones vistas y sus posibilidades espaciales frente a las residencias tradicionales lograron que los *lofts* se pusieran de moda entre un sector adinerado de la sociedad, revirtiendo el destino de barrios que habían sido planeados con un uso diferente. El apartamento que comparte Jess con Nick, Winston y Schmidt en Los Ángeles, para la serie de ficción *New Girl* (2011), es un ejemplo de *loft* readaptado que habría que preguntarse cómo pagan sus inquilinos.

En la actualidad el salón se entiende como la pieza más pública de la vivienda. Es aquí donde acogemos a nuestros amigos y familiares, y su configuración dentro de la casa suele ir acorde con este concepto. Si el dormitorio es la zona más privada, alejada del resto de las estancias para evitar ruidos y olores y priorizar el descanso, la sala de estar suele ocupar el centro de la vida social de sus habitantes. La evolución de la casa ha pasado por una mejora del confort y la habitabilidad, condiciones que se reflejan en la naturaleza de la sala de estar.

Todo en uno: juntos pero no revueltos

Los avances técnicos y estructurales han permitido el diseño de espacios diáfanos que no precisen de barreras verticales. Al igual que la mejora de las carpinterías de vidrio ha logrado que las viviendas sean cada vez más estancas e iluminadas, este concepto se ha trasladado a su interior. Que el salón y el comedor convivan en una misma estancia es cada vez más habitual; la sala se entiende como un único volumen que comparte privacidad. Situar estas dos piezas próximas a la cocina minimiza los recorridos y facilita la interacción entre ellas.

En Segovia existe un refugio mínimo. Una residencia clavada en medio del paisaje de Berrocal, proyectada por CH+QS arquitectos. El entorno de prados y fresnos invita a que cualquier asentamiento, por pequeño que sea, trate de pasar desapercibido. Y así se pensó la *Casa B*, como una pastilla de madera que se esconde en el horizonte para adueñarse visualmente de todo lo que allí ocurre.

La vivienda se distribuye en dos plantas y se apoya sobre dos muros longitudinales. En la planta inferior, por debajo del terreno y mucho más hermética, se disponen un cuarto de juegos y una sala de lectura. Entre ellos, un baño y una zona de instalaciones. La planta superior, abierta al paisaje en sus dos frentes de mayor dimensión, diferencia tres ambientes: los dormitorios y los aseos se ubican en los dos laterales y el centro queda abierto a una única estancia. La cocina, el comedor y el salón se conectan en este espacio, sin ninguna división que los separe.

Y se apoderan del lugar más privilegiado de la casa. Tanto la envolvente como el interior son de madera, y los huecos que se abren al paisaje siguen una estrategia. Los de la planta inferior y los dormitorios se colocan en los laterales cortos; son ventanas controladas y precisas que ventilan las estancias y salvaguardan su intimidad. Sin embargo, en la zona del comedor-salón-cocina se proyectan dos plataformas a ambos lados que prolongan la casa hacia el exterior. La materialidad de esos dos frentes es transparente, y llenan de luz y calor la estancia central.

La vida de sus usuarios puede ser todo lo inaccesible que ellos quieran cuando están separados. Sus cuartos tienen escritorios para que trabajen o lean a su antojo, sin que nadie les moleste. Eso sí, cuando se juntan en el salón, disponen de

todo el campo para ellos solos. La rutina en común está abierta al panorama y las condiciones que se generan en el interior de la casa favorecen que así sea.

Cortinas y separaciones mínimas

Como veremos más adelante, en el capítulo dedicado a pieles y fachadas, existen soluciones textiles que se incorporan al cerramiento de los edificios. Estas propuestas ofrecen una envolvente que pesa poco, es fácil de manejar y aporta una materialidad semitranslúcida al exterior.

Pero hay un elemento más ligero que la pared y que merece su hueco en este libro. Un componente que se ha empleado mucho en la arquitectura doméstica a lo largo de la historia y, aunque no fuese su cometido principal, puede utilizarse como división. Vamos a ver tres ejemplos que descontextualizan una pieza móvil pensada para impedir el paso de la luz: la cortina. Las tres referencias son reformas de apartamentos existentes, en tres ubicaciones distintas y llevadas a cabo por tres equipos de arquitectura diferentes.

Lo cual nos da pie a tratar otro tema importante que no me gustaría pasar por alto, el de rehabilitar espacios ya construidos. Parece que la práctica arquitectónica está ligada a edificar obra nueva en exclusiva, cuando no es así. Durante la burbuja inmobiliaria española se levantó una cantidad considerable de inmuebles para especular con su venta. En solo diez años, desde 1997 hasta 2007, el precio nominal medio de la vivienda nueva en nuestro país (en euros/m^2) llegó a triplicarse. Ya sabemos cómo sigue: cajas de ahorro en bancarrota, ayudas públicas a entidades bancarias y aumento de los desahucios. Si el crecimiento de la construcción de viviendas no es correlativo con el aumento de la población de un país, nos encontramos con un exceso de *stock* innecesario. Por eso es importante que desde las escuelas de arquitectura se tenga conciencia de que el futuro arquitecto debe adquirir las herramientas y el conocimiento necesarios para reacondicionar inmuebles antes de tirarlos abajo. Ya lo dicen Lacaton y Vassal: «La transformación es la oportunidad de hacer más y mejor con lo que ya existe. El derribo es una decisión fácil y cortoplacista. Es un desperdicio de muchas cosas: de energía, de material y de historia. Además, tiene un impacto social muy negativo. Para nosotros, es un acto de violencia». Por eso considero conveniente traer una serie de proyectos que, mientras mantienen intactos los elementos comunes del edificio como la estructura o la envolvente, modifican su configuración interior y la adaptan a las necesidades de los futuros propietarios.

El primero se encuentra en Bilbao, recibe el nombre de *Apartamento ready-made* y está diseñado por Acha Zaballa Arquitectos. La primera decisión del equipo liderado por Cristina y Miguel fue la de eliminar algunos de los tabiques y poner la casa patas arriba. El edificio original distribuye las viviendas en una planta semicircular con grandes ventanales en su frente curvo, condición de partida para la reforma. Tanto los huecos de fachada como la estructura se mantienen y quedan vistos los pilares y las vigas de hormigón en su tono gris original para que contrasten con el blanco de paredes y techos. Así logran que el esqueleto del edificio forme parte de la composición plástica de los espacios interiores. Los dos dormitorios son las únicas habitaciones que quedan separadas del resto de la vivienda mediante paredes, y el resto del programa doméstico utiliza otras estrategias para diferenciar los distintos usos. El cambio de pavimento en suelos es uno de ellos, al reciclar algunas de las piezas de mármol de la antigua cocina. Se distingue por materiales y también por colores, y logra ordenar piezas y objetos en relación a su tonalidad. Esta distinción cromática sirve para resaltar determinados artefactos, como las puertas o la campana extractora. Y un armado de ferralla (entramado metálico que se utiliza durante la construcción para reforzar estructuras de hormigón) que se colorea de amarillo y que ahora se usa para sostener unas baldas que hacen de estantería. Las cortinas, sacadas de contexto, igual que el armado, no se sitúan en las ventanas. Sirven de cerramiento móvil para ocultar los dos cuartos de baño, así como electrodomésticos y zonas de almacenamiento. Su tejido, por cierto, también ha sido coloreado de verde agua.

El apartamento, después de la intervención de los arquitectos, ha quedado transformado en un *collage* conceptual cargado de colores e ingredientes domésticos que definen una nueva manera de habitar.

El siguiente proyecto es la modificación de un piso de 72 metros cuadrados en São Paulo. La renovación, llevada a cabo por Metamoorfose Studio, fue bautizada como *Apartamento PNR*. ¿En qué consistió esta operación? En una reforma de un antiguo piso de dos habitaciones al que se le suprimieron todos los tabiques interiores, a excepción de los de los baños. Estos elementos no soportaban cargas de ningún tipo y solo funcionaban como separadores verticales, así que su eliminación no comprometía la estabilidad del conjunto. Al demoler uno de los dos dormitorios se regalaba ese espacio al salón, y la vivienda pasó a ser un único espacio abierto. El balcón se cerró y fue ahí donde se colocó el nuevo comedor. La residencia quedó inundada de luz.

La clave de esta intervención son unos paneles móviles, que cierran el dormitorio cuando se necesita intimidad, y una cortina situada en el centro del apartamento, que construye de la nada una burbuja privada dentro del ambiente diáfano. Esta compartimentación textil de color naranja puede quedar recogida, conectando el espacio, o cerrada por completo. Así se consigue un salón separado de la cocina, anexionado si se quiere con el dormitorio, o una habitación provisional donde los invitados se pueden quedar a dormir. Todo en uno.

La última referencia del capítulo pertenece a la vivienda de un músico. Francisco Contreras Molina, también conocido como Niño de Elche, contactó con Husos Architects para que reformaran su piso en Madrid. De tamaño es mucho más reducido que los anteriores ejemplos, ya que su superficie en planta es de solo 44 metros cuadrados, pero conserva el mismo concepto: un espacio único para vivir, con el cuarto de baño excluido de la ecuación.

La intervención aprovecha todas las paredes del perímetro al convertirlas en lugares de almacenamiento. Baldas de madera a diferentes alturas recorren la estancia y se adaptan a los huecos de las ventanas, para que los discos del artista, sus fotografías e instrumentos dispongan de un espacio propio en la vivienda. Todo el espacio interior es una escenografía aderezada con objetos, que puede quedar oculta tras unas cortinas. La zona de la cama se gira sobre un eje para que detrás del cabecero emerja un espacio que hace de vestidor, y también se puede esconder con otra cortina diferente.

La materialidad brillante de estas piezas textiles, así como la instalación de luces que colorea de noche el ambiente en diferentes tonalidades, mutan el apartamento de un músico en un escenario doméstico, preparado para recibir el aplauso del público.

COCINAS

Para chuparse los dedos

Si clasificamos las bellas artes utilizando los conceptos de tiempo y espacio, encontraremos las artes espaciales, en las que el objeto artístico debe ser físico y tangible, donde podemos englobar la arquitectura, la pintura, la escultura, el grabado y la fotografía, y las artes temporales como la literatura o la música, que necesitan la transcripción de un código previamente ordenado y con sentido para que un intérprete lo pueda descifrar. Existen también las artes espaciotemporales, como la danza, el teatro y el cine, en las que por lo general se combinan varias técnicas de las ya citadas.

Pero existe un arte mucho más perecedero que se ha obviado en cualquier lista de disciplinas artísticas, a pesar de ser el único que necesita la dedicación de nuestros cinco sentidos para ser comprendido en su totalidad. Porque, hasta donde yo sé, nadie se acerca a una pintura, una escultura o un edificio y le mete un lametazo para ver a qué sabe.

La gastronomía nunca había sido tan popular. Con la aparición de la cocina de autor a finales del siglo XX ha ido ganando reconocimiento y transformando la figura de los chefs. Muchos de ellos han dejado de ser artesanos anónimos escondidos tras los fuegos para convertirse en una nueva categoría de artistas, equiparables en fama a pintores, escultores o diseñadores plásticos. Escuchando a algunos de los más influyentes del mundo, nos daremos cuenta de la dimensión que ha adquirido su trabajo en la actualidad:

No me conformo con dar de comer: quiero crear emociones.

JOAN ROCA

La cocina no es química. Es un arte. Requiere instinto y gusto en lugar de medidas exactas.

MARCEL BOULESTIN

El acto de cocinar, históricamente asociado a responder a una necesidad fisiológica, ha evolucionado hasta convertirse en una disciplina creativa, donde se investiga con ingredientes, nuevas técnicas, herramientas y procesos. El auge del turismo gastronómico es solo una de las consecuencias que ha traído este desarrollo culinario.

Como es lógico, parte de esta transformación ha tenido efectos en el espacio físico de la cocina. Estas habitaciones han ido ganando peso dentro de la vivienda, que también se ha hecho eco de los cambios sociales que nos acompañan. En muchos casos, la cocina ha pasado de ser una estancia donde se preparan y consumen alimentos a un laboratorio creado para experimentar con ellos. Ha dejado atrás los tiempos en los que era una habitación apartada del resto porque producía ruidos y olores desagradables y se ha convertido en un espacio social con peso propio.

Antes de enfrentarse a cualquier proceso de diseño doméstico, es necesario comprender quién y cómo va a utilizar la cocina. Al igual que el resto de los espacios dentro de la vivienda, hay que plantearse distintos escenarios: ¿cómo va a moverse el usuario por ella?, ¿qué utensilios va a necesitar?, ¿cómo deben ser los espacios de almacenaje?

En nuestro imaginario colectivo, la cocina es una pieza proyectada para cumplir un fin muy específico. Allí se preparan los platos que después van a consumirse. Acción que, si lo pensamos fríamente, requiere mayor tiempo que su degustación posterior. Es decir, estamos dedicando esfuerzo y ganas a una creación que va a desaparecer a los pocos minutos, razón de peso suficiente para darle la importancia que se merece a esta parte de la casa.

No solo eso: habitar una cocina significa mucho más que guisar o comer. En muchas de las culturas que pueblan nuestro planeta tiene un fuerte componente social el hecho de reunirse alrededor de un fuego para preparar un guiso, un estofado o una barbacoa. Como veremos a continuación, la cocina ha ido evolucionando de la mano con las diferentes transformaciones que ha sufrido la unidad familiar dentro de la sociedad.

Y llegó la cocina de Frankfurt

La cocina es una de las piezas que más ha cambiado en el tiempo. En pocas estancias puede entenderse mejor el efecto de la sociedad de consumo en forma de mobiliario, utensilios o electrodomésticos. Nuestros hábitos y rutinas también se han modificado y el espacio lo ha hecho con ellos, variando su disposición y morfología dentro de nuestras casas. Dependiendo de la época o la cultura, la cocina podía ser una habitación de pequeñas dimensiones, separada del resto de la residencia, o una zona más grande en donde se reunía la familia, con un carácter más social. El mobiliario, el almacenaje o el equipamiento no habían sido modulados siguiendo ningún criterio, por lo que cada cocina tenía formas y tamaños muy dispares.

Hasta que llegó la cocina de Frankfurt. Diseñada por Margarete Schütte-Lihotzky, este modelo fue el precursor de la gran mayoría de las cocinas a medida que se instalan en la actualidad. Después de la Primera Guerra Mundial, los alemanes querían construir viviendas en serie, y eso suponía reducir los costes de fabricación e imaginar planteamientos que pudieran ser replicables a gran escala. La pieza de la cocina, pensada bajo los conceptos del racionalismo y el funcionalismo modernos, buscaba la mayor eficiencia en cada uno de sus componentes. Esto significaba eliminar todo aquello que fuera innecesario para reducir movimientos y minimizar tiempos dentro de la cocina. La optimización industrial llegaba al campo arquitectónico para quedarse.

El modelo de Schütte-Lihotzky, a través de la estandarización al máximo de sus elementos, ofrecía una respuesta al deterioro que había sufrido la vivienda de las clases bajas.

Distribuyó los muebles en dos líneas y dejó un vacío entre ellas para que una única persona pueda desplazarse dando el menor número de pasos posible. Todo lo demás se pensó hasta el más mínimo detalle: la zona de trabajo se colocó detrás de la ventana, para contar con la máxima iluminación posible, y con un taburete ajustable para que las tareas no tuvieran que hacerse de pie. La elección de los materiales en los muebles de almacenaje, aluminio y madera de roble, tenía que ver con evitar que los insectos accedieran a los envases de harina, azúcar o legumbres. Hasta la tabla de planchar, replegada en la pared para que ocupase menos espacio, formaba parte de un puzle arquitectónico donde cada pieza funcionaba como el engranaje de un reloj. Si alguna vez has jugado a *Los Sims*, puede que te suene esta disposición que aprovecha el espacio y reduce los pasos que se dan mientras se cocina: esta forma de estructurar los muebles era la recomendación de los creadores si querías que tu Sim pasara menos tiempo cocinando y se pudiera dedicar a otras tareas. Exactamente el objetivo que tenía en mente Schütte-Lihotzky.

Aunque en la actualidad la cocina de Frankfurt reciba críticas por ser un espacio separado e independiente del resto de la casa, en donde la mujer permanece confinada, hay que entender que supuso una novedad en la época en la que se diseñó. Su creadora esperaba que las amas de casa pudieran invertir más tiempo fuera de allí al acelerar el proceso de cocinado. Además, existía el problema de la salubridad, ya que muchas de aquellas viviendas sociales tenían una única estancia para realizar todas las actividades. Separar la cocina del baño o el dormitorio supuso una clara mejora en la habitabilidad de aquellas casas.

La cocina de Schütte-Lihotzky fue todo un éxito comercial y se instaló en más de 10.000 unidades habitacionales. Terminó convirtiéndose en el estándar de las construcciones europeas de nueva planta de la época.

Nixon, Jrushchov y el Kitchen Debate

En 1959, el vicepresidente de Estados Unidos y el dirigente soviético Nikita Jrushchov se reunieron en la inauguración de una exposición en Moscú. Era la Exhibición Nacional Estadounidense, y allí se encontraron Richard Nixon y Jrushchov para charlar sobre geopolítica y alabar los méritos de los modelos económicos que cada uno defendía. Todo ocurría en plena Guerra Fría, por lo que la discusión, al ser televisada, tenía mucho que ver con demostrar a los habitantes de cada nación quién la tenía más grande.

El debate improvisado ocurrió en torno a una cocina. Los estadounidenses montaron una casa prefabricada equipada con los últimos modelos de electrodomésticos en el mercado, garantizando que cualquier trabajador con un sueldo medio en su país podría adquirirla. A Jrushchov todas aquellas máquinas le parecían inútiles y mencionó que «evocaban la actitud capitalista hacia la mujer». La situación no podía ser más cómica: dos líderes políticos mundiales, rodeados de intérpretes (por supuesto de género masculino), hablando sobre cómo hacer más fácil la vida de las mujeres. Sin que ninguna de ellas estuviera presente para dar su opinión al respecto.

Aquella conversación entre dos grandes líderes del momento enfatizó una dinámica que llevaba siglos funcionando: la que definía las cocinas como el marco narrativo de la vida de muchas mujeres. En *Como agua para chocolate* (1992), escrita por Laura Esquivel Valdés, la vida de Tita, la menor de tres hermanas, queda ligada a esta habitación desde que llega al mundo. El olor de la sopa es, desde pequeña, lo único que calma su llanto, así que termina haciéndose muy amiga de la cocinera. Cuando, ya de mayor, el hombre del que está enamorada va a pedir su mano, la madre se la niega porque Tita debe cuidar de ella cuando sea una anciana. La cocina, lugar que vio nacer a Tita, se convierte en salvación y condena para la muchacha, que ve frustrada su relación por las leyes familiares que obedecen la visión de la mujer que imperaba en el México de principios del siglo xx.

Con el tiempo, la narrativa cambió. En lugar de una obligación, la publicidad convirtió los cuidados en la tarea que daría la felicidad a las mujeres a través de la realización personal. No hace mucho, los anuncios de frigoríficos mostraban a un ama de casa sonriente abriendo el electrodoméstico para enseñar a su marido lo repleto de comida y lo bien organizado que estaba. La patente registrada por Jacob Perkins en 1830 no tuvo demasiado éxito en la época, pero con el tiempo acabó revolucionando la manera en la que se conservaban y consumían los alimentos. La aparición de los electrodomésticos de línea blanca a mediados del siglo xx no solo mejoró las tareas domésticas en el ámbito de la cocina, sino que también se vendieron como un símbolo de modernidad, lujo y elegancia en el hogar. Muchas de las imágenes utilizadas para ilustrar las acciones comerciales situaban a una mujer dentro de la composición, arreglada y perfectamente maquillada para la ocasión, haciendo uso del nuevo aparato. La nueva domesticidad de estilo pop de esos anuncios pretendía influir en la cultura de masas mediante la creación de un símbolo aspiracional. La publicidad no solo vendía lo rápido y fácil que se podían resolver los quehaceres hogareños, sino lo estiloso y atractivo que podías ser mientras lo hacías.

¿Suena anticuado? Puede que hayan cambiado las formas y los medios, pero esa simbología sigue existiendo en muchas revistas de decoración y moda contemporáneas que nos muestran las cocinas de cantantes o artistas de Hollywood para que podamos imitarlas y tener su misma clase. Esas fotografías de cocinas lujosas con jarrones y flores sobre las encimeras no nos están enseñando un lugar de trabajo (cualquiera que disfrute cocinando sabe que no hay nada más incómodo que un montón de trastos decorativos sobre tus muebles). Lo que esas imágenes venden, como hace más de medio siglo, es el estilo de vida atractivo y lujoso al que pretenden que aspiremos.

Rebelión en la cocina

Históricamente, la cocina no solo ha sido un punto de encuentro entre diferentes miembros de la familia, sino también un lugar donde coexistían dos mundos distintos, dos sociedades diametralmente opuestas, con diferente poder económico e implicaciones físicas (en muchos casos injustas), dentro del espacio construido. Por un lado, el de los inquilinos que residen en el inmueble, y por otro, el del servicio contratado para realizar las tareas del hogar de las que el primer grupo prefiere no tener que ocuparse.

En el caso de que el empleado doméstico fuese interno, es decir, de que la familia necesitase de sus servicios las veinticuatro horas del día, la vivienda debía contar con una estancia para que pudiera «vivir» en la misma residencia donde trabajaba. Y las comillas están puestas porque, en muchas ocasiones, las dimensiones de esas habitaciones rozaban lo inhumano. Analizando la configuración de estas piezas dentro de la vivienda, descubrimos que muchas de ellas están ligadas directamente con la cocina, ya que se accede a través de ella. El dormitorio, si puede llamarse así, es notablemente más pequeño que el resto de los dormitorios de cualquier miembro de la familia, y muchos de ellos ni siquiera contaban con ventanas. Incluso si sumas la superficie de este cuarto y el pequeño aseo privado, el resultado sigue siendo inferior al tamaño que tiene la cocina.

Durante el siglo XIX en Francia surgió una pieza llamada *chambre de bonne*, 'cuarto de la criada', ubicada en la bajocubierta del edificio residencial. Allí, en un único espacio de solo siete metros cuadrados, se disponían los elementos necesarios para que la persona contratada pudiera habitar su propio espacio: una cama, un armario, un escritorio, una ducha, un fregadero y dos pequeños fuegos, todo junto en la misma habitación. Eso sí, ni rastro del inodoro.

En muchos edificios de vivienda colectiva proyectados en nuestro país todavía se conservan ciertos elementos pensados para el servicio doméstico. Uno de ellos era duplicar los accesos principales de la casa, colocando uno en el salón principal y otro en la cocina. Ese doble planteamiento del hogar marcaba dos recorridos claramente diferenciados: uno para el servicio y otro para los dueños. Si la habitación de la criada conectaba con la cocina y con su propia puerta al exterior, su presencia en el resto de las estancias se limitaba a cuando era llamada allí expresamente.

Con el paso del tiempo ocurrió algo significativo: la cocina se rebeló. Estas piezas han aumentado su tamaño e importancia dentro de la vivienda y han demostrado que ocupan una parte vital en la rutina de sus habitantes. Y no solo eso: han dejado de ser habitaciones cerradas y alejadas de las zonas vivideras y se han abierto cada vez más, ganando movilidad dentro de la configuración espacial de la residencia. La cocina ya no se entiende exclusivamente como un lugar donde se preparan los alimentos, sino donde se puede disfrutar de todo el proceso. La mejora de las instalaciones y los sistemas de extracción han facilitado la apertura de estas piezas y su posición en ambientes mixtos, compartiendo un único espacio con comedores o salones. En muchas reformas ya se parte de una concepción de la cocina como lugar de encuentro social y se prescinde de los paramentos verticales que separaban estas habitaciones, para contribuir a su luminosidad.

Además, la estandarización de los muebles de cocina en múltiplos y submúltiplos de 90 centímetros ha contribuido a que sean configurables desde cero por cada usuario, lo que favorece la producción industrial de sus elementos y abarata los costes de fabricación. La personalización de estos espacios es la más elevada de toda la vivienda.

Recoge tus cuchillos y vete

Cocinar está de moda. La proliferación de programas televisivos relacionados con la gastronomía tiene repercusión en el ámbito doméstico y despierta aficiones ocultas en gran parte de la población. A los clásicos *shows* de recetas, donde se explica cómo elaborar diferentes platos, se han sumado documentales de conocidos restaurantes internacionales, series en Netflix que narran la metodología de sus chefs, *reality shows* donde unos jueces puntúan el sabor y la presentación de la comida preparada por sus concursantes... Existen programas y series para todos los públicos. En *¿Es una tarta?* los participantes tienen que adivinar si el objeto que tienen delante de ellos es en realidad un pastel cubierto de fondant. Y las réplicas están tan logradas que no es fácil diferenciarlas del objeto que intentan simular.

Una mayor sofisticación a la hora de elaborar platos requiere de nuevos utensilios, herramientas y técnicas que antes no existían. Su implicación directa en la cocina pasa por un mayor espacio de almacenamiento para guardar los aparatos cuando no se utilizan o una mayor superficie de trabajo, por poner algunos ejemplos. Estas habitaciones comienzan a crecer dentro de la vivienda, en importancia y dimensiones.

Overcooked es una serie de videojuegos donde la cocina es la protagonista. Porque, aunque nosotros controlemos a los chefs, el espacio por donde nos movemos es mucho más que un simple escenario. Como en nuestras casas, la cocina ya no es el *backstage*, sino la tarima principal donde sucede la acción. La premisa inicial es la de elaborar las diferentes recetas que nos encarguen en cada nivel, y las actividades dentro de la cocina van desde cortar alimentos, hornearlos o freírlos hasta limpiar los platos después de que nos los devuelvan vacíos. La mayor diversión llega cuando lo jugamos en modo cooperativo, ya que con un mayor número de participantes las tareas pueden repartirse, pero el caos aumenta notablemente. Su dificultad radica en coordinar el trabajo en equipo en una cocina por la que tenemos que estar en constante movimiento. La posición de los electrodomésticos en la pantalla y las zonas de trabajo pueden interrumpir el tránsito de quien se está encargando de emplatar o entregar las comandas. Y a eso hay que sumarle que los electrodomésticos pueden cambiar de lugar, aparecer o desaparecer, y que las cocinas pueden estar ubicadas a ambos lados de unas aceras con vehículos pasando intermitentemente o en una balsa que desciende por el río. En este videojuego, lo de que sepa mejor o peor la receta es casi lo de menos.

Si *Overcooked* nos enseña las posibilidades espaciales de las cocinas y nos hace ver el baile que se crea cuando coinciden varias personas trabajando juntas, la película de animación *Ratatouille* (2007) nos ofrece otro singular punto de vista de estos espacios. El cambio de escala entre los dos protagonistas, el joven Lingüini y la rata Remy, nos hace entender la cocina desde dos perspectivas muy diferentes. La operación de ver moverse al animal por una arquitectura pensada para el ser humano, con el correspondiente cambio en la proporción de cada uno de sus elementos, es un ejercicio brutal de imaginación que desarrollaremos más adelante en el capítulo dedicado a las personas mayores y los niños. Esta unión entre el chico y la rata en el contexto físico de la cocina nos hace comprender cada una de las decisiones que se toman en cuanto a forma y proporción. Una maravillosa relación entre dos personajes a través de un gorro de chef, en donde el lenguaje utilizado para conectar ambos mundos se materializa a través de tirones en el pelo.

Transparencia, orden y limpieza

En mi barrio hay una panadería que me llama la atención cada vez que paso cerca. Su concepto es interesante, pero no termina de estar bien resuelto, lo cual me deja con una sensación contradictoria. Es un quiero y no puedo, quién sabe si por decisión de sus propietarios o porque les llegaron los condicionantes ya impuestos. El caso es que su local se encuentra en una esquina entre dos calles y sus fachadas están acristaladas. La idea de un comercio totalmente transparente donde se prepara el pan es atractiva, ya que todos los procesos industriales y de elaboración de productos quedan a la vista de cualquier transeúnte. *Transparencia* es sinónimo de no tener nada que esconder, así que como criterio de *marketing* para una empresa alimentaria es una idea brillante.

El problema es que, aunque las fachadas sean transparentes, las máquinas, los muebles y el equipamiento de trabajo no lo son. La distribución del establecimiento no es la óptima para potenciar esta idea de transparencia y han colocado algunos electrodomésticos pegados al cristal. Y claro, estos cacharros han sido creados para tener un frente más o menos agradable, pero su parte posterior en muchos casos está llena de resistencias, entradas y salidas de cables y no son precisamente de buen ver. Por algo se dice «eres más feo que una nevera por detrás».

Quizás un mejor reparto interior de las máquinas habría logrado el objetivo, modificando también la circulación y los espacios de trabajo. O quizás los dueños jamás se plantearon esta idea de tener una panadería transparente y me he montado yo solo una película en la cabeza.

Explorando este concepto, el estudio de arquitectura MVRDV diseñó para la Bienal de Venecia de 2016 la llamada *Infinity Kitchen*. Un conjunto de muebles fabricados en vidrio para que podamos ver a través de ellos, además de todo lo que guardan en su interior. Tanto los armarios como las encimeras o la grifería son transparentes, con la idea de crear cocinas más limpias y ordenadas. Y, hombre, tiene sentido. El hecho de que los cajones y su contenido queden visibles te obliga a que no se acumule la suciedad. Aunque solo sea por el qué dirán. Su proyecto busca «mejorar la experiencia culinaria y desafiar a la industria de la cocina», pero yo sigo convencido de que colocar la parte trasera de un horno en un mobiliario transparente no lo convierte en una obra de arte digna de ser contemplada.

Preparando recetas en el altar

¿Por qué se caen los edificios? Porque dejan de usarse. Simple y llanamente. Detrás de esta respuesta hay puntualizaciones estructurales y matéricas que pueden desarrollarse, pero el resumen podría ser ese. Si una edificación no se utiliza,

con el paso del tiempo se abandona, y ocurre lo mismo con sus labores de mantenimiento. Lo cual nos lleva al siguiente punto: si queremos que una construcción sobreviva, no nos queda más remedio que habitarla.

En Sopuerta, al norte de España, existe una vivienda que me gustaría que conocieras. Allí los arquitectos Carlos Garmendia y Álvaro Cordero han rehabilitado un proyecto abandonado. Todo comenzó con una llamada de teléfono: Tas, el cliente y promotor, contactaba con ellos porque había comprado una iglesia derruida y quería convertirla en su casa. La pequeña ermita, construida en el siglo xvi, llevaba décadas deshabitada y se había puesto en venta.

Los arquitectos trabajaron mano a mano con el cliente, escuchando sus necesidades e inquietudes, conscientes de que el proyecto suponía un reto que podría generar controversia. ¿Cómo transformar un edificio con un programa religioso tan específico en un hogar? La clave pasaba por conservar la ruina, tocándola lo menos posible, y reforzar su estructura en los puntos donde fuera necesario. Había que entender la actuación como un elemento ajeno que se coloca en el interior. La cubierta se levantó de nuevo utilizando perfiles de madera, ya que la original había colapsado por completo, y el dormitorio quedó suspendido en un altillo gracias a una subestructura apoyada que vuela sobre la nave de la capilla.

¿Y la cocina? Si algo tenían claro tanto cliente como arquitectos era que la pieza de la cocina tenía que ocupar el espacio más importante de la iglesia: el ábside. Allí, adaptándose al diseño original y debajo de la bóveda, se colocarían los muebles y electrodomésticos. Sí, en el mismo lugar en el que siglos atrás estuvo ubicado el altar durante la celebración de la misa. Para que todo el piso fuese continuo, se eliminaron las diferencias de altura en el pavimento y se convirtió la iglesia en una única estancia en donde cocina, comedor y salón quedan conectados espacialmente. Cuando le pregunté a Carlos los motivos de esta decisión, me habló de la importancia que tiene la cocina en el País Vasco y de cómo se utiliza como espacio de reunión social. Vaya, que nadie se había planteado en ningún momento que estuviera ubicada en otro sitio.

Movámonos más de cinco mil kilómetros, hasta otra vivienda en la que cocina-comedor y salón comparten ambiente, sin límites físicos que dividan la acción. Un lugar con la puerta morada más famosa de la televisión y que nos ha hecho preguntarnos a todos cómo era posible pagar ese alquiler con los sueldos de dos amigas. El apartamento de *Friends* es un lugar amplio donde el grupo puede reunirse y pasar el tiempo juntos aunque estén haciendo actividades diferentes. En la cocina de Monica se come, pero también se discute, ríe y llora. Y, como en el proyecto de Garmendia y Cordero, la cocina y la comida son prácticamente una religión.

Friends no es la única serie que usa la cocina como uno de sus escenarios principales. En las *sitcoms* estadounidenses es habitual que esta habitación también juegue un papel importante en la casa y nos dé pistas de cómo es el contexto de cada protagonista dentro de la sociedad de cada momento. La cocina de *El príncipe de Bel-Air* (1990) es seguramente una de las más grandes de la televisión: abierta al salón, con dos islas para comer o preparar platos y equipada con muebles y electrodomésticos a lo largo de todo su perímetro. Una habitación acorde con el estatus económico de la familia Banks, que acoge a su sobrino de Filadelfia con aire sonriente.

La casa sin cocina

A estas alturas del libro estaremos de acuerdo en que las viviendas deben aportar una respuesta técnica y funcional a cada una de las actividades necesarias para nuestra supervivencia. Pero también es cierto que las cocinas son estancias que requieren un paquete de instalaciones asociado: desde salidas de humos para ventilar hasta conductos y tuberías que aporten agua. Y, por supuesto, espacio para manipular los alimentos.

Así que planteemos una nueva pregunta: ¿es posible una vivienda sin cocina? O, dicho de otra manera, ¿cuáles son las consecuencias de eliminar una pieza así, en caso de que se quieran eliminar costes o metros cuadrados en la residencia?

Hay determinadas culturas en donde el ritmo de vida y la exigencia laboral obligan a sus ciudadanos a pasar poco tiempo en casa. Como explicamos en el primer capítulo, las viviendas japonesas de los grandes núcleos urbanos están pensadas para dormir, asearse y poco más. Muchos de los apartamentos se diseñan para personas que viven solas y su desarrollo es el mínimo posible, a veces de solo 20 metros cuadrados en planta. No sé dónde me estarás leyendo, pero es una superficie que bien podría acercarse a la del salón de tu casa. Imagina introducir en ese espacio todas las piezas necesarias, desde el dormitorio hasta el baño. Así ocurre que la cocina se instala en el pasillo de entrada. Los muebles de almacenamiento se pegan a la pared, se incluye un pequeño fregadero, una placa con dos fuegos, una nevera con un microondas encima y listo. Algo parecido a las habitaciones de muchas residencias de estudiantes en España, pero, en este caso, para una vivienda a largo plazo. Esto tiene sentido en una cultura como la japonesa, donde casi no se cocina a diario gracias, en parte, al precio de los restaurantes y al poco tiempo libre del que disponen sus habitantes. De tener una pieza tan pequeña en el pasillo a eliminarla por completo no hay demasiado. Aunque esta decisión generaría consecuencias.

La arquitecta Anna Puigjaner, integrante de MAIO, fue premiada en 2016 por la Universidad de Harvard gracias a su proyecto *Kitchenless City*. En él investiga sobre la creación de unas viviendas colectivas sin cocina que reduzcan las labores domésticas, los residuos que generamos y el consumo energético que da servicio a este tipo de actividades. Si entendemos la casa como una herramienta de transformación social y urbana, puede modificar nuestro entorno más inmediato y configurar nuestro comportamiento a una escala mayor.

Eliminar la cocina de la vivienda significa externalizar este servicio a un colectivo que se encargue de ello en un entorno no doméstico. La propuesta tiene sentido en situaciones concretas donde una actuación comunitaria resuelve una necesidad común, como por ejemplo en circunstancias de emergencia en donde muchas personas pierden su residencia habitual y necesitan un refugio temporal. Otro modelo donde podría funcionar este planteamiento es un alojamiento turístico, donde la estancia de los usuarios es reducida y prefieren evitar el engorro de tener que cocinar cuando visitan otras ciudades.

El problema es que este tipo de situaciones favorecen la gentrificación de los núcleos urbanos, convierten su centro en un parque temático que se visita puntualmente y expulsan a los residentes a la periferia. Al desaparecer las cocinas, se crea una doble consecuencia: los mercados de alimentos dejarían de tener sentido y el comercio acabaría siendo hostelería. Casi como la primera ley de la termodinámica: el trabajo ni se crea ni se destruye, solo se transforma.

Una casa sin cocina es posible, pero tiene unos efectos inmediatos en el desarrollo de nuestras ciudades y en el equilibrio entre la oferta y la demanda. ¿Conseguirán las aplicaciones móviles y los servicios de entrega a domicilio que dejemos de cocinar? Supongo que el tiempo nos dará la respuesta.

PATIOS

¡Por Tutatis, están locos estos romanos!

Obélix no entendía nada. A pesar de machacar una y otra vez incontables guarniciones de legionarios, ellos volvían a por más para intentar ocupar su aldea. Según el cómic de Goscinny y Uderzo, la pequeña villa gala se encontraba asediada por hasta cuatro campamentos romanos diferentes. Y ni por esas, oye. El poblado de Astérix y Obélix permanecía ajeno a la fuerza militar que se estaba haciendo con el control de medio viejo continente. Quizás Julio César no fue capaz de conquistar toda la Galia, pero lo que sí lograron los romanos fue dominar gran parte del sur de Europa, así como territorios en el norte de África y el oeste de Asia. Y la arquitectura que conocemos sería muy diferente si esto no hubiera ocurrido así.

Los romanos no solo invadieron territorios y sometieron culturas foráneas, también fueron capaces de identificar elementos útiles de otras civilizaciones e incorporarlos a la suya como propios. Los patios, por ejemplo, fueron una de esas piezas que adoptaron para las *domus* romanas, construcciones donde vivían familias con cierto poder económico. Porque, no nos engañemos, no toda la población romana vivía en aquellas mansiones de madera y ladrillo que se estudian en los libros de historia. A los menos favorecidos no les quedaba otra que levantar su vivienda con materiales menos duraderos y reconstruirla cada vez que fuera necesario.

No, los romanos no inventaron el patio.

De hecho, es muy complicado determinar cuál fue su origen exacto, ya que estas piezas se han utilizado en prácticamente todas las sociedades sedentarias. Desde Egipto hasta Japón, pasando por Persia, la India o China. La existencia de patios egipcios, asirios, sumerios, babilonios, chinos o mayas nos hace pensar que la genial idea de crear un espacio privado y al aire libre dentro de tu propia vivienda fue algo que ocurrió en muchos lugares a la vez o separados en el tiempo. En Occidente, los orígenes de la casa patio están relacionados con el *atrium* o atrio, una estancia donde se ubicaba el hogar. Crear fuego en el interior de una vivienda no era demasiado inteligente, ya que el humo se acumulaba en la parte más alta y no tenía manera de salir, y más pronto que tarde el techo quedaba completamente ennegrecido por el hollín. Para subsanar este pequeño defecto, se creó más tarde una abertura desde la que sus habitantes podían ventilar la habitación.

Los romanos, que no inventaron el patio, sí fueron un engranaje fundamental en la expansión de esta pieza arquitectónica. Porque mejoraron el modelo que habían conocido en Egipto, Mesopotamia o Grecia añadiendo lo que ellos denominaron *impluvium*, que no es más que un pequeño estanque que recogía el agua de lluvia que entraba por la cubierta no existente del patio, una lámina líquida situada por debajo del nivel del suelo de la vivienda que regulaba las temperaturas en días de calor extremo y almacenaba el agua para poder utilizarla en momentos de escasez. Piénsalo bien: el combo de *impluvium* más *compluvium* (así se llamaba la abertura en el tejado) lograba luz cenital a las estancias interiores, una mejora en la inercia térmica de toda la vivienda y agua para almacenar posteriormente. Dos piezas que, desde el diseño, aumentaban el confort en una época en la que no existía electricidad para iluminar ni aparatos de aire acondicionado.

En España, el patio se terminó fusionando con la casa musulmana, y a sus funciones prácticas se sumó un papel espiritual. Más adelante, cuando los colonos españoles invadieron América, exportaron este tipo de construcción y lo adoptaron como modelo a la hora de crear nuevas ciudades.

El patio no es una pieza exclusiva de las casas domésticas, ya que ha sido utilizado en diferentes tipologías a lo largo de toda la historia: desde templos hasta monasterios, pasando por los patios de armas de los palacios medievales. De hecho, su concepto es el mismo que el de una plaza, salvando la diferencia de escala y que el uso de uno es individual y el de la otra, colectivo. Si nos ponemos poéticos, podríamos decir que las plazas son los patios de las ciudades, un lugar donde se expande el espacio y las construcciones adyacentes respiran.

Podríamos definir el patio como un recinto abierto sin techar dentro de un edificio. Espacialmente sería como si colocásemos un prisma vacío e infinito dentro del suelo de la vivienda. Si fuésemos escultores, introducir un patio en una obra arquitectónica consistiría en una operación de vaciado de un elemento macizo, con sus correspondientes consecuencias. La primera y más obvia es la de que podemos movernos por él, razón por la cual los patios pueden usarse como elemento de comunicación entre diferentes piezas de la casa. Las estancias pueden dar directamente al patio o a una zona porticada que conecta las habitaciones y rodea el patio en su perímetro.

La segunda es la de incorporar elementos atmosféricos externos como agua, luz o aire dentro del edificio, una manera muy económica de mejorar el bienestar en su interior. En la Antigüedad, muchos de los patios servían también de lugares simbólicos dentro de las viviendas, ya que sus propietarios los utilizaban para incluir componentes que reflejasen su rango social y poder adquisitivo. Venían a ser como vitrinas donde colocar piezas de arte, columnas o jardines despampanantes, para que los invitados alucinasen con lo mucho que molaban sus anfitriones. Una demostración de poder más para los que podían permitírselo.

Introducir un patio en una construcción no es más que apoderarse de un espacio natural público y domesticarlo para su disfrute privado. Así, tan egoísta como suena. Hacerse dueño de una porción de naturaleza, con su cielo, sus soplos de aire fresco, su agua de lluvia en días de tormenta o sus rayos de sol en invierno para calentar diferentes estancias. Y quedárselo para uno mismo, sin compartirlo con nadie.

Pero miremos adelante en el tiempo.

En el caso de los bloques de vivienda colectiva, el patio ha evolucionado y recibido el nombre de «patio de luces», «patio de manzana» o simplemente «patio interior». Sigue siendo un espacio abierto y sin techar como su hermano ma-

yor, pero con algo menos de glamur. Aun así, es una zona tremendamente funcional dentro del proyecto, porque no solo se utilizan para tender la camiseta de los Ramones cuando ha terminado la lavadora o colocar las unidades exteriores de aire acondicionado y que no estropeen la fachada principal del edificio. Gracias al patio de manzana se puede iluminar con luz indirecta ciertas estancias interiores que de otra manera quedarían completamente oscuras o dependientes de la luz artificial. La existencia de este patio favorece también la ventilación cruzada en la vivienda, algo que se agradece en los días de excesivo calor. Además, es un lugar donde tradicionalmente se han situado parte de las instalaciones generales de todo el edificio, ya sean acometidas de gas o evacuación de aguas. Vamos, que estos vacíos comunales sirven para algo más que para escuchar la discusión a gritos de los del tercero o descubrir que tu vecina ha preparado sardinas a la brasa antes de que sea demasiado tarde.

Coches sí, naturaleza también

Con la llegada del movimiento moderno se continuó explorando esta pieza arquitectónica tan interesante y que tantos beneficios aportaba a la vida doméstica. La aparición de nuevos materiales y la mejora de los sistemas constructivos favorecieron una experimentación sin precedentes en el campo de la construcción, que por supuesto llegó a la vivienda.

Los *Cinco puntos para una nueva arquitectura* de Le Corbusier, como un manifiesto, sirvieron de inspiración para mucha de la producción arquitectónica que tuvo lugar en el siglo xx. De *Villa Savoye*, donde se materializaron estos cinco puntos en forma de hito, surge una valiosa consecuencia: la del interés de los arquitectos de este movimiento por la naturaleza. Tres de esos cinco puntos estaban claramente relacionados con introducir el paisaje exterior dentro de la vivienda y apoderarse de él, como ahora veremos. Porque en esta villa se presentaba una terraza patio, sí. Pero no en cualquier lugar: en la cubierta del edificio.

Le Corbusier fue un enamorado de la arquitectura de las ciudades mediterráneas, y esa fascinación se plasmó en gran parte de su obra. Defendía que la naturaleza debía incluirse en las viviendas de diferentes maneras. Una de ellas era a través del patio, que quiso despegar del nivel del suelo para que pudiese incorporarse a cualquier estancia que lo necesitara.

Al levantar el patio en altura estaba mandando dos mensajes. En el primero asumía la importancia del coche en la sociedad y regalaba parte de la planta baja del proyecto a los caminos que necesitan estos vehículos. Los residentes de su máquina de habitar llegarían a la casa en coche, y este tenía prioridad para moverse dentro de la parcela. En el segundo, diferenciaba la terraza patio del contexto que envuelve al edificio. Este nuevo espacio, que domina el territorio al estar por encima de él, es una creación del hombre y a su vez se relaciona con el paisaje exterior gracias a las vistas que proporciona. Son dos tipos muy diferentes de naturaleza y así deben entenderse.

Al situar el patio en la segunda planta, no solo modifica las circulaciones y los vínculos entre las estancias superiores; también consigue que la transición entre los espacios sea mucho más fluida. Aunque sean de carácter completamente opuestos, el interior y el exterior quedan ligados en un espacio casi continuo y el paso de uno a otro se difumina.

Seguramente Le Corbusier era consciente de que el coche había entrado en nuestras vidas para quedarse, pero a lo que no estaba dispuesto era a que la naturaleza no formase parte de ellas.

¿Por qué tener un solo patio pudiendo tener tres?

Corría el año 1929. La Villa Savoye había sido construida y publicada en medio mundo, y en cualquier charla o conferencia arquitectónica del momento aparecía el nombre de Le Corbusier, de su vivienda a las afueras de París o de su manifiesto arquitectónico de cinco puntos. Pero también el de un alemán que había construido precisamente ese mismo año uno de sus proyectos más icónicos y reconocidos: el *Pabellón de Alemania* para la Exposición Internacional de Barcelona (más conocido como *Pabellón de Barcelona*).

Ludwig Mies van der Rohe elevó, en un podio de travertino de mil metros cuadrados aproximadamente, un edificio más pequeño que una vivienda unifamiliar de la época. Quizás, como veremos más adelante, porque no le interesaba demasiado la familia como unidad de medida para escalar sus proyectos. A pesar de su reducido tamaño, en este pabellón se intuían algunas de las líneas de pensamiento que iba a desarrollar años más tarde y que le acompañarían durante toda su vida profesional.

El proyecto contaba con dos patios, uno grande de carácter más público y otro privado de dimensiones reducidas, ambos con láminas de agua de diferentes tamaños pero de similar propósito. Los dos estanques, a pesar del limitado espesor de sus láminas acuáticas, se encontraban rodeados de paredes de piedra oscura, lo que otorgaba al agua un aspecto pesado. Contraste, en el sentido más estricto de la palabra. Un líquido transparente por definición y que adopta el tono del recipiente que la contiene, en este caso se tornaba en salvaje y venenosa gracias al reflejo de los muros y el color negro del fondo. Porque el pabellón no solo estaba definido por los muros de mármol, la estructura metálica o los cerramientos de vidrio. El agua fue un material más de este proyecto desde el principio.

Pero quién querría habitar dos patios pudiendo tener tres, pensó Mies. Cinco años después de terminar el *Pabellón de Barcelona*, se enfrascó en una idea que llevaba tiempo rondando su cabeza. Una idea que nunca llegó a materializar, pero que le sirvió para abstraerse de la manera tradicional en la que se pensaban las viviendas.

Efectivamente, Mies proyectó una casa con tres patios.

Por aquel entonces, la sociedad estaba fascinada con el Ford Modelo T que Henry Ford estaba fabricando en serie. La industrialización había llegado al mundo del automóvil y su producción en cadena consiguió bajar el precio final del vehículo, haciéndolo más asequible a una clase media con cada vez más poder adquisitivo y ganas de moverse.

Muchos arquitectos, entre los que se encontraba Buckminster Fuller, investigaron aquel modelo de elaboración, pensando que la vivienda también podía manufacturarse en serie. Mediante unos patrones de diseño que se repetirían en fábricas, se podía sistematizar su construcción y facilitar el ensamblaje en la obra.

Pero a Mies no le interesaba demasiado esta idea de repetir patrones. O por lo menos no de la manera en la que muchas constructoras copian un modelo de vivienda y lo duplican a lo largo y ancho de su parcela edificable, el aburrido Ctrl + C y Ctrl + V que nos encontramos en muchas urbanizaciones costeras de nuestro país. Lo que Mies proponía era, utilizando ciertos elementos comunes de partida como muros perimetrales que delimiten la vivienda, una cubierta plana, vidrio y estructuras reticulares, ordenar una o varias viviendas solapadas que se pudieran adaptar a cada distribución de parcela. La unión de estos elementos entre sí generaría diferentes configuraciones para cada ocasión.

Una casa con tres patios. Como el proyecto no era para ningún cliente en particular, también se lo imaginó de un modo poco habitual. Igual que en el *Pabellón de Barcelona*, pensó que lo de diseñar viviendas para familias estaba muy bien, pero él la iba a plantear para un solo habitante. Desconozco si en aquel momento tuvo una epifanía de cómo creía que iba a evolucionar la humanidad, más y más individualizada, o simplemente tenía ganas de proyectar viviendas para solteros con mucho dinero. El caso es que, si observamos con detenimiento los planos de sus casas patio, podemos distinguir espacios amplios para una única persona.

De hecho, en la vivienda no hay habitaciones tal y como las reconocemos habitualmente. Imaginad un muro perimetral que rodea la casa y la separa del resto de la ciudad. Dentro, unos cerramientos acristalados delimitan la zona techada de los patios abiertos. Y ya en el interior, los muros ordenan los diferentes espacios. Mies propone una clara división en tres niveles: el muro perimetral es el encargado de separar lo privado de lo público; los paramentos de vidrio, de diferenciar lo natural de lo artificial, y los muros en el interior de la vivienda, de separar zonas de uso. Y dentro de toda esta amalgama de límites, los patios son los responsables de relacionar el interior con el exterior. Normal que su superficie en planta fuera mayor que la del resto de los espacios construidos de la vivienda.

Al delimitar la vivienda con ese gran muro perimetral ciego, se estaba abstrayendo de la ciudad (o de cualquiera que fuese el contexto que rodeaba a estas viviendas ficticias) para generar un espacio natural y regalárselo a ese único habitante. El patio de mayor dimensión también servía de acceso a la vivienda, consiguiendo gracias a muros, vidrio y cubierta que el residente atraviese un tamiz de privacidad que poco a poco y a su paso comprime el espacio.

Lo que pensaba Mies: tres mejor que dos.

El centro organizador de todo

Algo pasa con los patios. Cada mes, aproximadamente, comparto en mi cuenta de Twitter un proyecto diferente que utiliza esta pieza como elemento compositivo. Todos los tuits tienen idéntico formato: cuatro fotografías de la vivienda, el nombre del edificio, los arquitectos que lo diseñaron y la misma frase: «La importancia de un buen patio en arquitectura». No sabría muy bien explicar el porqué, pero cada una de las publicaciones consigue más de mil *likes* en esta red social. Al principio pensé que era coincidencia, pero viendo que se repetía la misma reacción cada mes, llegué a la conclusión de que quizás el patio sea una de las piezas más deseadas por el público general. ¿Más que una piscina o una terraza? No lo sé, pero parece que los proyectos que incorporan este elemento generan emociones significativas en quien lo ve.

Un patio, a diferencia de la piscina, puede utilizarse todo el año. Requiere poco o ningún mantenimiento y es una pieza que mejora el funcionamiento de todo el conjunto. Si los balcones o las terrazas relacionan el espacio doméstico con su entorno más próximo, los patios presentan una naturaleza opuesta: consiguen un ambiente íntimo que se abstrae del contexto. Los patios iluminan las estancias contiguas, favorecen la ventilación y también son pensados como elementos que configuran la distribución de una vivienda. Para tratar a fondo este último punto, vamos a conocer un proyecto de Louis Kahn que tampoco fue construido. Estos ejercicios sirven, en muchos casos, para explorar soluciones de habitabilidad que preocupan a su creador. Es una manera de alejarse de los condicionantes que lo atan a un lugar concreto y se utilizan para desarrollar propuestas que fomenten debate e investiguen el funcionamiento de un programa doméstico en configuraciones muy particulares. No tener cliente permite menos restricciones a la hora de diseñar.

El arquitecto probó diferentes organizaciones, a través de numerosos croquis, en las que exploraba la relación del patio con el resto de las habitaciones. Y en todas ellas lo situó en el centro, como semilla de la que germinan las estancias hacia el exterior. Cuando comenzamos un trabajo, solemos hacerlo por la parte que más clara tenemos en nuestra cabeza y adaptamos lo demás a esta decisión. Eso hizo Kahn. Por eso la casa nace desde el patio: es la pieza más importante y sirve para configurar todo el conjunto. Su ubicación hace de núcleo desde donde se extiende el resto de los espacios. Como un corazón que late, encargado de llevar los nutrientes a los demás órganos.

Allí también se encuentra un elemento que tuvo influencia en el origen del patio. Si los primeros patios nacieron como aberturas en los techos para que saliera el humo al exterior, la chimenea fue su evolución arquitectónica. La *Casa Goldenberg* se desarrolla en una sola planta y la chimenea es el único elemento que sobrepasa la altura de cubierta. El resto de las estancias se asocian por mayor o menor proximidad al patio y su programa se organiza en torno a él. La composición de la casa depende de esta pieza, que da sentido a todo el proyecto.

Casos y casas de estudio

Muchos compañeros de profesión restringen la disciplina al objeto construido. Dicen que, si no se edifica, no es arquitectura. Y yo no estoy de acuerdo con esta afirmación, al menos no del todo. Rem Koolhaas ha propuesto mucha más arquitectura con ensayos, conferencias y publicaciones que arquitectos que se han limitado a construir como si siguieran un libro de recetas. Sí, también se puede hacer arquitectura con maquetas, volúmenes en tres dimensiones, vídeos, *collages*, escritos, realidad virtual e incluso videojuegos. No solo construyendo. Los proyectos que no se materializan sirven para tantear ciertas cuestiones que pueden exprimirse más adelante. O servir de punto de partida en trabajos de otros diseñadores. Estoy de acuerdo en que una parte fundamental de la arquitectura es entender el espacio en sus tres dimensiones para moverse por él, habitarlo y ver cómo envejece. Pero no podemos sacar de la ecuación todo lo que no haya sido levantado con materiales de construcción.

La revista *Arts & Architecture* de Los Ángeles propuso en 1945 un programa para explorar las posibilidades de los nuevos materiales y sistemas constructivos de la época. Lo llamó Case Study Houses, y en diversas publicaciones se fueron presentando los planos y dibujos de los participantes. La número ocho correspondía a la vivienda proyectada por Charles y Ray Eames.

Si observamos imágenes del proyecto, lo primero que nos llamará la atención es el contraste. Por un lado, la estructura fría e industrial del acero que soporta una piel transparente. Y, por otro, el ambiente cálido de la madera que forra los suelos y los muebles. El exterior es una caja metálica con particiones de vidrio y cruces de San Andrés en aquellos puntos donde la estructura necesita refuerzo, pero también un cuadro neoplasticista con láminas blancas, amarillas y azules. El interior, gracias a la envolvente acristalada y el uso de cortinas que ocultan las estancias, nos traslada a una vivienda tradicional japonesa, que los arquitectos utilizaron como inspiración. Los aleros de la cubierta no se prolongan en sus lados largos porque no es necesario: los árboles que nacen justo delante ya se encargan de filtrar mucha de la luz que llega al interior.

«¿Y el patio? —me dirás—. ¿Dónde está el patio?» No se ubica en el centro, pero casi. El proyecto en realidad consta de dos volúmenes separados por un vacío. La caja más grande se destina a la vivienda y al otro lado se encuentra otro edificio de menor tamaño dedicado al estudio de los arquitectos. Una casa taller. Y el patio, que debe entenderse como un vano que divide los distintos ambientes, es precisamente el encargado de unirlos. Un espacio al aire libre que conecta trabajo y domicilio y que puede utilizarse como extensión de cualquiera de los dos. La vida de esta pareja no se puede separar de sus labores profesionales, y ocurre lo mismo con su residencia. El pavimento exterior de piedra combina los dos programas y favorece que se lean como un todo.

A Ray y Charles les gustó tanto el proyecto que no solo lo construyeron, sino que también tomaron la decisión de quedarse allí a vivir, transformándolo en su residencia. En una colina de Santa Monica, California, la *Case Study House #8* dejó de tener un nombre genérico y pasó a conocerse como la *Eames House*. La casa fue planteada como requerían las bases del programa; es decir, para ser fabricada en serie. Debía ser lo suficientemente rígida como para que sus componentes se manufacturaran en grandes cantidades y lo suficientemente flexible para que cada usuario pudiera personalizarla a su manera. La *Eames House* comparte ambos conceptos y se convierte en un contenedor de todo lo que forma parte de la vida de estos arquitectos. El espacio interior no puede entenderse sin cada uno de los muebles y elementos que aloja y que componen una obra de arte en sí misma. Tanto por dentro como por fuera.

El diseño de su arquitectura modular y de fácil montaje no llegó a encajar a ningún promotor que quisiera replicarla a gran escala. Es una pena, porque su casa es uno de los lugares más extraordinarios de los que se proyectaron durante el movimiento moderno.

La magia de habitar un búnker

Cuando leas u oigas que lo más importante de un edificio es su ubicación, no solo se refiere al valor que tiene el acantilado sobre el que se asoma (que también, quién pudiera tener una casa con vistas así). La localización del proyecto influye de muchas maneras en cómo debe integrarse en su entorno, la cultura y costumbres de los usuarios que lo van a habitar e incluso la materialidad con la que puede ser construido. Una vivienda en Ottawa no va a ser igual que otra enclavada en el Malecón habanero. Y si lo es, algo está fallando.

En Japón podemos identificar un modelo de edificación que nos explica muy bien cómo se comportan los japoneses en sociedad. A mí me gusta denominarlo «casas búnker», aunque no tengan nada que ver con la arquitectura bélica. O sí. Estas construcciones se caracterizan por cerrarse al exterior, sin apenas huecos en sus fachadas, y desarrollar la vida en el interior, con la incorporación de lucernarios y patios que introducen luz y aire. En las grandes metrópolis niponas tienen su razón de ser, ya que son completamente herméticas al caos urbano y escapan del ruido y la contaminación que las rodea. También se esconden de miradas ajenas para desplegar su personalidad en un ámbito mucho más íntimo y relajado. Es algo similar a lo que sientes cuando entras en uno de los vagones del metro de Tokio y no oyes ni un ruido alrededor. Nadie habla, ni escucha música sin cascos; todos permanecen en el más absoluto silencio. Pero, si te fijas, descubres que alguno de ellos está leyendo un manga *hentai* (género de cómic japonés que se traduce como 'pervertido') en el que su protagonista está haciendo guarradas con un bicho lleno de tentáculos.

Algunas de estas referencias podrían ser *House in Toyonaka* de FujiwaraMuro Architects y *Slice of the City* de Alphaville Architects. Aunque me gustaría que nos adentremos juntos en la que, para mí, es la casa búnker por excelencia: la *Casa Azuma* de Tadao Andō. Dentro de un distrito residencial de Osaka se levanta una caja cerrada de hormigón. La dimensión de la parcela es similar a la de sus vecinos, estrecha en el acceso principal y alargada, y obliga a que su desarrollo sea longitudinal. Esta disposición da una sensación de que las viviendas están muy pegadas las unas a las otras, con una ligera separación que las ayuda a moverse en caso de terremoto. El señor Andō utilizó este proyecto para materializar algo que llevaba mucho tiempo pensando: que la alta densidad de algunas ciudades japonesas destruye el contacto del habitante con la naturaleza.

¿Cómo se enfrentó al encargo? Si la metrópoli se entiende como un contexto salvaje del que se quiere huir, la solución es cerrarse a ella. Por eso propone una casa completamente estanca en la que desaparecen los huecos de las fachadas, para que el propietario se relacione con los agentes meteorológicos a través del corazón de su vivienda. Es ahí, en el centro de todo el meollo, donde coloca un patio. Esta pieza establece un vínculo entre los espacios domésticos y el clima exterior y da la bienvenida a la luz, el agua y el viento. Porque cuando llueve, dentro de la casa también lo hace. Si tienes que cruzar del dormitorio al baño es a través del patio, y te mojas si diluvia o te golpea el viento en la cara si hace frío. La relación con la naturaleza es directa y existe un contacto continuo con el cielo y lo que ocurre en él.

El armazón exterior de hormigón es duro y frío. No tiene detalles, porque no los necesita. La sobriedad y la sencillez con la que Tadao Andō moldea el bloque monolítico choca con el ambiente íntimo y reflexivo de sus interiores, demostrando que sí, puedes encontrar la naturaleza dentro de la ciudad si te abstraes de todo lo demás.

En muchas ocasiones, el patio es el núcleo de la vivienda. No solo a nivel funcional, espiritual o ambiental, sino tam-

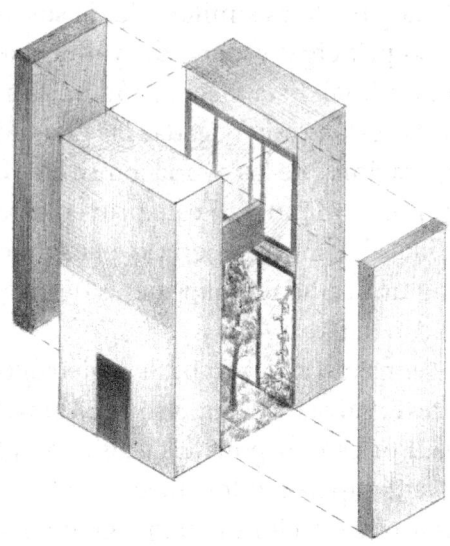

bién a nivel compositivo cuando se comienzan a pensar sus piezas desde cero. Prueba de ello es que los caracteres que usan en China para la palabra *patio* significan 'abertura del cielo'. Una muestra poética innegable de la importancia que tiene este espacio dentro de su cultura.

TERRAZAS Y BALCONES

No son lo mismo

Alquilar o comprar una vivienda puede ser algo agotador. Especialmente si tienes que enfrentarte tú mismo al proceso de búsqueda en ciertos portales inmobiliarios. Vale, es entendible que se maquille la descripción del inmueble a la hora de publicarlo para que tenga mejor pinta de cara a posibles clientes. Cualquiera lo haría. Todos tenemos tres versiones de nosotros mismos: ni somos tan feos como en la foto de nuestro documento de identidad o carnet de conducir, ni lucimos tan espectaculares como en la imagen de perfil de nuestras redes sociales. Lo más cercano a la realidad seguramente se encuentre en ese punto intermedio entre ambos extremos.

Pero hay anuncios que, más que haber sido maquillados, parecen obras de ciencia ficción. Existen ciertos clichés que se cuelan en prácticamente todos los reclamos de compraventa y que en algunos casos pueden advertirse al ver las fotos o los planos de la casa. Lo preocupante es cuando te fías del anuncio en cuestión y te llevas la sorpresa mientras estás haciendo la visita en persona; así que, para evitar sobresaltos, voy a darte algunas pistas para que seas capaz de reconocer estos pequeños engaños a tiempo.

- «Piso acogedor»: eufemismo para decir que el piso es pequeño.
- «Ideal para parejas»: el piso también es pequeño y solo tiene un dormitorio, pero si pones una cama de matrimonio pueden vivir dos personas.
- «Piso con muchas posibilidades»: el piso es pequeño pero abierto y con algo de suerte puedes poner la cama donde el salón y el salón donde la cama.
- «Excelente ubicación»: está lejos de todo, pero, ¡eh!, a quinientos metros han puesto una parada de metro, de autobús o un supermercado. Deberías sentirte afortunado.
- «Muy luminoso»: tiene una o más ventanas. La orientación del inmueble en este apartado es totalmente irrelevante.
- «Para entrar a vivir»: como mínimo hace falta pintar y acuchillar el parqué. La última reforma se hizo hace ocho años.
- «Terraza con vistas»: el comedor tiene un balcón de tres metros cuadrados y las vistas... Bueno. Tampoco nos dejaban cerrarlo, así que vienen incluidas.

¿Por qué la llaman «terraza» cuando quieren decir «balcón»? Un sabio dicho español dice que no es lo mismo «la tormenta se avecina» que «la vecina se atormenta», y ocurre lo mismo con estas dos piezas de la vivienda. De verdad, no son lo mismo. Aunque se utilicen como reclamo comercial.

Ambos espacios conectan el exterior con el interior de la casa, pero presentan diferencias. La principal reside en el tamaño, ya que los balcones suelen ser mucho más pequeños. Estos pueden ser lugares donde sentarse a leer un libro o tomar un café, pero la lista de actividades es más reducida que en la terraza, que al ser mayor tiene un carácter más social. Esta limitación influye en los objetos que se colocan en cada una de ellas, porque si las terrazas pueden tener muebles de exterior o pequeños jardines naturales, los balcones son más de macetas y un par de sillas para disfrutar de cenas románticas a la luz del alumbrado público.

Otra diferencia es la localización y construcción de las propias piezas, ya que los balcones suelen ser prolongaciones en voladizo de la fachada con barandillas, a partir de la segunda planta, y las terrazas se suelen situar en planta baja o en la cubierta del edificio. Y, precisamente por esto, los accesos a una u otro también varían: a los balcones se suele acceder a través de una única habitación y las terrazas pueden tener accesos independientes.

En lo que sí coinciden balcones y terrazas es en que ambos se han convertido en factores que pueden determinar el precio de venta o alquiler de un piso y que los propietarios utilizan para atraer clientela interesada. Mucho ojo con esta literatura de fantasía.

De aplauso colectivo

Con la llegada del COVID-19 pasó algo curioso. De la noche a la mañana, un virus de origen desconocido y extremadamente contagioso puso en jaque nuestro sistema sanitario. Los gobiernos de casi todos los países, sin apenas tiempo para reaccionar y con la intención de evitar la saturación en los hospitales, nos pidieron que nos quedásemos en casa. Era una situación anómala para la que casi nadie estaba preparado y que nos pilló a todos por sorpresa. Esta cuarentena se había impuesto sin saber muy bien su fecha de caducidad, así que nos tocaba recluirnos durante un tiempo indefinido.

Una de las primeras consecuencias fue que nos dimos cuenta de algo que muchos llevábamos tiempo sospechando: las casas en las que vivimos son una mierda. Esto es así, lamentablemente. La gran mayoría de los inmuebles no han sido pensados para satisfacer nuestras necesidades como colectivo, sino para engrosar las carteras de ciertos inversores. Esto significa que la vivienda se ha convertido en un pastel muy jugoso y que da mucho dinero, del que muchas personas quieren sacar tajada. Porque, además de un arquitecto que se preocupe de dar respuesta a todos los condicionantes a los que se enfrenta, un proyecto necesita en la cadena a mucha más gente que también prefiera entregarse a esa causa y no a la de llenarse los bolsillos. Cuando algún eslabón falla, el resultado es el que ya te puedes imaginar: muchas construcciones pequeñas, rígidas y mal diseñadas.

Durante la cuarentena tomamos conciencia de la importancia que tiene la casa. Al pasar las veinticuatro horas del día encerrados en nuestros domicilios, descubrimos sus carencias. Y los que ya éramos conscientes de ellas, las hemos vivido con mayor intensidad. Muchas parejas no podían teletrabajar en el mismo piso porque no disponían de lugares aptos para ello, y al tener que separar ambientes, a alguno de ellos le ha tocado ocupar el dormitorio o la cocina. Por no hablar de quienes han tenido que seguir desempeñando su labor con un pequeño en casa, una auténtica misión imposible.

Mientras descubríamos que nuestras casas no son el refugio que nos gustaría, nos dimos cuenta de que sus balcones sí valen su peso en oro. Una pieza que aparentemente no se utilizaba se convirtió en nuestro punto de conexión con la ciudad. Tanto es así que se volvió un altar abierto al exterior, desde donde agradecimos a nuestros sanitarios el trabajo que estaban haciendo con un aplauso colectivo. Esa cita que tenía lugar a las ocho de la tarde y que surgió de manera espontánea no solo nos sirvió para reconocer el esfuerzo de médicos o enfermeros. Aquella iniciativa, junto con muchas otras que aparecieron durante la pandemia, nos unió como sociedad y nos hizo tener esperanza en que podríamos salir juntos de una situación en la que nadie quería estar.

El pequeño balcón de nuestro piso fue, durante unos meses, el rincón más social de nuestra vivienda. Desde allí no solo aplaudíamos, también charlábamos con nuestros vecinos, espiábamos a los que se saltaban el toque de queda y, en definitiva, tratábamos de recuperar la sensación de libertad que el confinamiento nos había arrebatado. Durante unos meses, nos convertimos en protagonistas de una peli de Disney. ¿O acaso Jasmín, la protagonista de *Aladdín* (1992), no podría habernos enseñado un par de cosas sobre ver la vida desde un balcón? En la cinta, la hija del sultán vive en un fastuoso palacio en el reino árabe de Agrabah. El enorme dormitorio de la princesa está plagado de elementos lujosos como cortinas con más de cinco metros de altura, lámparas que cuelgan del techo, alfombras que cubren el suelo de mármol o divanes repletos de telas y cojines. Pero por mucha riqueza que veamos, su cuarto es lo más parecido a una cárcel. A pesar del tamaño de la habitación, ella se siente controlada como en una prisión.

Sin embargo, el balcón ovalado al que se accede desde su dormitorio (que en metros cuadrados podría ser como nuestro piso entero) es su vía de escape a otro mundo que no conoce. Allí es donde Aladdín le pide que se suba en su alfombra mágica y le enseña una ciudad que ella no podría visitar de otra manera. El balcón en este caso sirve de elemento de conexión entre dos posiciones extremas dentro de una misma cultura, donde la desigualdad entre clases termina desapareciendo. ¿No empieza a sonarte? Vale, puede que en nuestro caso el balcón no nos hiciera descubrir un reino insospechado, pero sí actuaba como ese puente entre exterior e interior, entre la normalidad del pasado y la incertidumbre del presente que estábamos viviendo.

Para muchos, esta pieza se convirtió también en la tarima desde la que compartir nuestros *hobbies* con el mundo. Estos lugares se transformaron en espacios donde participábamos en la vida colectiva que nos había sido arrebatada: los músicos los utilizaron para dar conciertos improvisados a todo el vecindario e incluso mutaron a pequeños patios de butacas, desde donde se podían ver películas proyectadas en fachadas de edificios contiguos. De repente, los balcones ya no solo servían para ventilar nuestra vivienda, iluminar los interiores o protegernos del soleamiento. En una situación de encierro temporal se emplearon como catalizadores sociales, se convirtieron en escenarios de teatro para artistas, en platea para los espectadores o en espacios expositivos.

Algunos de los proyectos colaborativos que surgieron durante la cuarentena utilizaron los balcones como actores protagonistas. *Die Balkone* fue una de las iniciativas artísticas que aparecieron en Berlín, que aprovechó los balcones de la ciudad como lienzo sobre el que exponer obras. Cerca de cincuenta artistas del barrio de Prenzlauer Berg adaptaron sus creaciones a las ventanas y balcones para que pudieran verse desde la calle o los edificios colindantes, como si de una galería de arte temporal se tratase. Con los museos cerrados, se encontró una manera diferente de exhibir el trabajo que muchos artistas habían seguido creando. Una exposición dentro de la ciudad con todo lujo de detalles, ya que recogía en un mapa la ubicación y explicación de cada una de las piezas. Tuvo tan buena acogida que se repitió un año después.

En nuestro país, la artista argentina Paula Moscuzza replicó algo similar en veintiuna de las barandillas que protegen los balcones de sus vecinos en Lavapiés. El nombre de la exposición, «Quería exponer», ejemplifica muy bien cómo estas estructuras pueden servir como algo más que un elemento de seguridad para que no nos caigamos al vacío.

Seguimos empeñados en cerrarlos

Desde que el coronavirus llegó a nuestras vidas, las casas con balcones, terrazas y áticos se han convertido en un objeto de deseo. En los principales portales inmobiliarios, las búsquedas de viviendas con estas características han aumentado

hasta un 40 %, invirtiendo una tendencia histórica en la que estos espacios se consideraban lugares de los que prescindir. Durante muchos años, hemos estado empecinados en eliminar este tipo de piezas de nuestra vivienda.

Todos los beneficios que nos aportan deben de parecernos pocos. Da igual que sirvan de filtro con el exterior, que ayuden a la ventilación de la casa, que mejoren la iluminación de los espacios interiores o que suavicen las condiciones climáticas extremas. Si tenemos la oportunidad de cerrarlos, lo acabaremos haciendo. Parece que nos resulta más interesante ganar unos pocos metros cuadrados y regalárselos al salón o a la cocina que seguir conservando estos espacios.

Pero ¿lo es realmente?

Una de las características principales del Movimiento Moderno, estilo arquitectónico que tuvo lugar en la primera mitad del siglo xx, era la de mejorar las condiciones habitables de la vivienda. Las consideraciones estéticas quedaban relegadas a un segundo plano frente a factores como la higiene, la salubridad, el contacto con la naturaleza o la función de cada una de las estancias. Uno de sus rasgos estilísticos fue precisamente la utilización de voladizos en balcones y terrazas como declaración de intenciones de que una casa con espacios abiertos, más luminosos y saludables, era una casa mejor.

Las construcciones que se desarrollaron en nuestro país a partir de la década de 1960 tuvieron en cuenta este tipo de implementaciones e incluyeron espacios intermedios para mejorar la habitabilidad de los pisos dentro de los bloques de vivienda colectiva. El problema es que esta supuesta mejora nunca fue entendida como tal por los usuarios.

En general, los propietarios, en un (mal) intento por mejorar su vivienda, deciden anular estas piezas y añadirlas al resto de su residencia. En la mayoría de los casos, de manera ilegal, todo hay que decirlo: sin proyecto técnico ni licencias de ningún tipo, necesarias para comprobar la edificabilidad del conjunto en cada caso. Esto significa que nuestras casas tienen unos metros cuadrados máximos según la normativa que se deben respetar, y que lo lógico es que el promotor, queriendo sacar el máximo provecho a su inversión, los haya agotado.

Los balcones, terrazas y porches que estén cubiertos computan al 50 % de su superficie, salvo que estén cerrados por tres de sus cuatro orientaciones, en cuyo caso computan al 100 %. Es decir, que si alguien cierra un balcón está seguramente ampliando su vivienda de forma irregular. Y este ingenuo propietario no solo está haciendo algo que no está permitido, está también empeorando su residencia al dificultar la ventilación entre estancias, reducir la iluminación interior, modificar el aislamiento de su fachada y, en definitiva, alterar la estabilidad estructural del edificio. Casi nada.

A pesar de todo, esta es una práctica que se ha estandarizado en cualquiera de nuestras ciudades, sin que apenas exista repercusión para quien infringe la ley. Te animo a que lo compruebes tú mismo cuando vayas caminando por la calle: con solo alzar la vista te encontrarás con muchos balcones cerrados que han sido incorporados a la vivienda sin ningún miramiento. Sí, seguro que ves muchos tipos de cerramientos diferentes, pero estoy convencido de que todos o casi todos rompen con el sentido estético de la fachada. Muchos de los proyectos residenciales que se desarrollan a día de hoy incluyen terrazas, azoteas ajardinadas y fachadas vegetales para promover la biodiversidad en las ciudades, pero nosotros seguimos prefiriendo eliminarlos para «agrandar» nuestra vivienda. Algo así como: «Qué más me da cómo funcione la ciudad mientras mi casa sea como yo quiero que sea».

Desde aquí me gustaría rendir homenaje a Tristán, un ciudadano de sesenta y un años que denunció a ochocientos vecinos de Salamanca porque a él no le dejaron cerrar la terraza de su casa. Bueno, en realidad sí lo hizo y le llegó una multa del ayuntamiento de 18.200 euros, así que retiró el cerramiento para que no se hiciera efectiva la sanción, pero le dijeron que ya era demasiado tarde porque lo había denunciado un vecino. Él, como venganza, decidió apuntar en un papel todos los inmuebles que habían cometido la misma infracción. El resultado: trescientas denuncias que afectaban a ochocientos salmantinos por cerramiento ilegal y alteración de fachadas. Un héroe sin capa que debería aparecer en la saga de *Los Vengadores* de Marvel.

Si no existen, se inventan

El largometraje *El discurso del rey* (2010) bien podría haberse llamado *El balcón del rey*. Colin Firth interpreta al rey Jorge VI del Reino Unido y toda la película gira en torno a un balcón, lugar donde el monarca se enfrenta a sus miedos más intensos: desde pequeño sufría problemas de tartamudez, y cuando asciende al trono debe mandar un mensaje a su pueblo. En este discurso, que será difundido por la radio y escuchado por millones de personas, declara la guerra a Alemania. Gracias a las clases de locución que ha recibido del fonoaudiólogo Lionel Logue consigue superar su trastorno del habla y pronuncia el comunicado sin trabarse. En una emotiva escena final, el rey vuelve al balcón y se dirige a su pueblo en el inicio de lo que será la Segunda Guerra Mundial.

En la película, el palco desde el que se asoma Jorge VI pasa de ser una barrera física y mental a un podio metafórico donde recibe la aprobación de toda su patria. La metáfora funciona a la perfección porque hay pocos elementos arquitectónicos con la fuerza simbólica de un balcón, un elemento que conecta dentro y fuera, que acentúa las diferencias de rango o que, por el contrario, permite la entrada de cosas que normalmente no se relacionarían entre ellas. Funciona como atalaya, palco o vía de escape, y resulta tan útil desde el punto de vista narrativo que hay quien se ha inventado balcones falsos para poder recurrir a ellos. Ocurre en la serie *Friends*, ya que, aunque los protagonistas han vivido allí muchas situaciones divertidas a lo largo de diferentes capítulos, el apartamento de Rachel y Monica no tiene ninguno en el bloque. Cuando aparecen planos desde la calle donde se ve el edificio, no hay ni rastro de él. Ni en su fachada principal, ni en su parte trasera. Pero, claro, ¿desde dónde iban a espiar si no al famoso hombre desnudo?

Pero si existe un balcón que ha trascendido más allá de la literatura y el cine, es el que custodia el comienzo de una de las historias de amor más repetidas de nuestra civilización: la de Romeo y Julieta. La tragedia de William Shakespeare se ha copiado en series y películas en mayor o menor medida, con otros personajes y diferentes localizaciones. Tal vez te suene el argumento de *West Side Story* (1961), *Step Up* (2006) o *High School Musical* (2010) y seas capaz de encontrar las similitudes con la obra del dramaturgo inglés. Y ocurre lo mismo con *Grease* (1978), *Titanic* (1997) o *Crepúsculo* (2008), aunque quizás en estas versiones nos costaría algo más identificar el elemento arquitectónico que simboliza el balcón original. Pero estar, está. Incluso me atrevería a decir, sin miedo a equivocarme, que la película de Disney del genio y su lámpara bebe de esta referencia.

Curiosamente, la casa de Julieta es un palacio medieval que se puede visitar en Verona, Italia, donde se dice que vivieron los Capuleto. Aunque no exista confirmación de ningún tipo de que aquello fuera real, el ayuntamiento adquirió la casa y la transformó en un museo que recibe cientos de turistas al día. Y su balcón es lógicamente el elemento arquitectónico que más fotos recibe, ya que allí es donde tiene lugar una de las escenas más icónicas de la historia.

Tamizando el exterior

Al final la terraza no es más que un patio. Como elemento arquitectónico, suele crear una transición entre el interior de un edificio y el jardín contiguo, en caso de que este exista y se encuentre en planta baja. En alturas superiores puede servirnos de filtro con el resto de la ciudad o el entorno natural donde nos hallemos, gracias a las vistas que ofrezca su ubicación. Siempre hay un lugar al que se pueden orientar las terrazas para sacar partido a la localización del inmueble. Y en caso negativo, si ese contexto que nos rodea no es interesante, la vivienda tiene la opción de encerrarse en sí misma abstrayéndose de todo al convertir la terraza en patio, como ya hemos visto.

Las habitaciones contiguas a la terraza suelen abrirse a este espacio mediante la utilización de grandes puertas y ventanales que aprovechen el vacío. Porque esto es importante aclararlo: también se construye vaciando, igual que el silencio compone canciones o el color blanco configura obras de arte.

En la costa de Chile hay una casa sentada en lo alto de un acantilado, esperando cada día a la puesta de sol. Una construcción levantada con un esqueleto de madera local y piel de vidrio, para no perderse nada de lo que ocurre a su alrededor. El estudio WMR Arquitectos entendió a la perfección la importancia de incluir la terraza en una ubicación tan buena, así que colocó dos en la vivienda. Una en su parte superior, aprovechando la cubierta, y otra que rodea el edificio en sus caras norte, oeste y sur. El lateral que corresponde al este, por donde sale el sol, está pegado a la montaña y deja oculta la residencia desde sus accesos.

En la bautizada como *Casa Till*, las dos terrazas proyectadas tienen diferente utilidad. La superior, siempre soleada, es un lugar donde se pueden realizar actividades más sociales o que requieren mayor espacio, como hacer ejercicio o juntarse para comer o cenar. La inferior, además de servir de conexión entre las otras estancias de la casa, consigue un espacio intermedio techado que proyecta sombra al interior. De esta manera se obtienen tres filtros diferentes que se adaptan a las condiciones generadas por las estaciones y se pueden utilizar a placer: completamente abierto al exterior, semiabierto y cerrado.

La terraza también puede emplearse para dar continuidad a la ciudad dentro de nuestro espacio privado. Algo así como un tamiz que prolonga las condiciones exteriores y las hace partícipes de nuestra vivienda.

En una esquina de Shinagawa encontramos a nuestra siguiente protagonista, la *Weather House* proyectada por n o t archi-

tects studio, una vivienda que rompe con esa idea de casa búnker japonesa que se abstrae de su entorno para evadirse de la ciudad. En este caso, los dos parques que rodean al domicilio se introducen en él gracias a la utilización de las terrazas y crean un recorrido abierto que comienza en la entrada y culmina en la cubierta jardín del edificio. Sus fachadas son solo un filtro transparente, una malla metálica con la única función de delimitar el espacio privado del público. Lo que en una construcción convencional debería ser un muro grueso que aísle el interior del exterior, aquí es una fina lámina permeable.

Este recorrido verde perimetral que asciende en altura hasta el césped que se ha plantado en el tejado genera un límite ambiguo. ¿Dónde termina la ciudad y dónde comienza la casa? La división de la zona vividera con la terraza se hace mediante grandes ventanales que se recogen en una sola hoja, para reforzar el concepto de casa abierta. Si el propietario quiere, el límite entre el interior y el exterior puede ser prácticamente nulo. Además, la elección de la malla como separación hace que, con el paso del tiempo, puedan crecer las enredaderas por ella para que la naturaleza se adueñe de todas las fachadas.

Lo que está dentro y lo que está fuera

Indaguemos un poco más sobre la presencia de esta pieza en torres o bloques residenciales. A priori se podría pensar que, en edificios que suelen repetir el mismo diseño de vivienda en cada una de las plantas, no existe demasiada exploración. Pero estaríamos cometiendo un error.

La primera referencia es un edificio diseñado por Herzog & de Meuron en la capital del Líbano: un proyecto que recibe el nombre de *Terrazas Beirut* y cuyo principal atractivo se centra en este elemento arquitectónico. La torre de 119 metros de altura es una superposición de forjados en altura, en donde se fomenta la vida flexible entre el interior y el exterior gracias al tamaño que adquieren sus terrazas. En un vistazo rápido, da la sensación de que cada uno de sus pisos ha sido desplazado hacia fuera en alguna de las dos direcciones y de alguna manera se pierde el efecto tan compacto y monolítico que tienen la mayoría de los bloques de viviendas.

El proyecto es una acumulación de capas verticales, todas diferentes entre ellas, en las que las losas de forjado se prolongan más o menos para conseguir retranqueos de distinto tamaño. Estos salientes proporcionan sombra en el interior de las estancias, reducen la ganancia solar y favorecen el empleo de técnicas pasivas para el control de la temperatura. La estructura se concentra en el núcleo y unos soportes verticales de gran formato que atraviesan los forjados, lo que libera a los muros de esa función portante. De esta manera se logra una flexibilidad interior en las paredes de los apartamentos, que pueden modificarse en el futuro. Un proyecto que juega con las vistas, la luz y la interacción continua entre lo que está dentro y lo que está fuera.

Con un concepto similar, pero cambiando las terrazas por balcones, tenemos un edificio que ha recibido numerosos reconocimientos: *L'Arbre Blanc* o 'árbol blanco' de Sou Fujimoto, Manal Rachdi, Dimitri Roussel y Nicolas Laisné.

¿Que por qué eligieron ese nombre? Cada vivienda dispone de una zona exterior de entre 7 y 35 metros cuadrados que sobresale en voladizo de la torre y que no sirve solo para promover la vida en el exterior de sus habitantes. Este caos de plataformas y pérgolas proyecta sombra sobre las estancias interiores y utiliza estrategias pasivas para reducir el consumo energético del edificio y mejorar su confort térmico. Los balcones, anclados al forjado gracias a una estructura de tirantes, confieren a la torre una imagen única. El bloque de viviendas de diecisiete plantas, con una galería de arte en su base y un jardín panorámico en la cubierta, busca convertirse en un peculiar faro que ilumine la región de Montpellier. Un árbol blanco con decenas de ramificaciones que intenta captar luz y proteger a sus inquilinos al mismo tiempo y donde el aplauso que dábamos a los sanitarios durante el confinamiento debió de ser todo un espectáculo.

La arquitectura que llevan desarrollando Anne Lacaton y Jean-Philippe Vassal desde que comenzaron su práctica profesional también está siendo un espectáculo. Y no lo digo porque construyan artefactos llamativos, de esos que se etiquetan como tal y sirven para que cierto arquitecto canadiense levante su dedo corazón cuando le preguntan por ello.

La preocupación de Lacaton y Vassal cada vez que intervienen en algún inmueble es la de ser lo más eficientes posible. Esto significa lograr lo máximo gastando lo mínimo y transformar en lugar de derribar. Ellos consideran que tirando lo ya construido se está desperdiciando energía, materiales y un pedacito de historia de sus habitantes, así que demoler no es la única opción. «Debería ser la última», reivindican ellos. Y razón no les falta.

Desde que fundaron su estudio en París se centraron en la vivienda social. Pero no de cualquier forma: readaptando edificios ya existentes a través de materiales económicos. Por eso llevan más de treinta años construyendo con lo mínimo y buscando soluciones a grandes problemas energéticos. Uno de ellos fue el que les plantearon en la ciudad francesa de Burdeos. En 2017, transformaron 530 viviendas de una manera muy peculiar: por el mismo coste que el aislamiento al que obligaba la nueva normativa, generaron una nueva fachada que las ampliaba mediante una galería interior. Los arquitectos añadieron otra piel al edificio que no solo cumplía con la regulación, sino que también aumentaba en al menos un 50 % la superficie de cada vivienda con una estructura autoportante, levantada en dos semanas y sin desplazar a sus inquilinos.

«Lo existente nunca es un problema, cada lugar permite la intervención y el imaginario. Hay que saber mirar, observar, analizar y preguntarse: "En vez de condenarlo y rechazarlo, ¿qué podemos hacer con ello?"», se planteó Anne Lacaton. Y la respuesta a esa duda casi siempre mejora la habitabilidad de los espacios intervenidos. En el caso de Burdeos, lograron añadir terrazas-salón y jardines de invierno a un bloque de viviendas ya maltrecho y el coste de la operación fue solo un tercio de lo que habría costado tirarlo abajo y reconstruirlo desde cero.

La de Burdeos no era la primera vez que recurrían a las terrazas para revitalizar una vivienda. En uno de sus primeros proyectos, los padres de Lacaton querían ampliar su casa de verano. Como tenían poco dinero, los arquitectos galos propusieron agrandarla como los invernaderos de la zona, incluyendo un volumen diáfano de dos alturas. Así, en invierno el sol calentaría el nuevo espacio, rebajando la factura energética, y en verano podría abrirse para ventilar y aprovechar la sombra generada. En la *Casa Latapie* lograron un aumento de espacio a un coste muy bajo. Dieron más por menos, un principio que adoptaron como propio y que les marcaría durante el resto de su trayectoria.

PASILLOS

Callejones sin salida

Llamas al timbre y esperas. Al otro lado se oyen ruidos, hasta que sientes los pasos de alguien acercándose. Aprovechas ese instante para estirarte las mangas de la chaqueta y colocarte el cuello de la camisa. A los pocos segundos, la puerta se abre y accedes al interior del edificio. Mientras observas el espacio a tu alrededor, te percatas de algo que ya estaba aguardando tu llegada. Paciente y silencioso. El recibidor, hall o vestíbulo es la primera estancia que se despliega ante tus ojos, un umbral que conecta el exterior con el interior y sirve de límite entre dos mundos enfrentados. Una habitación que, aunque tenga unas medidas más o menos variables, no deja de ser un pasillo distribuidor que recibe tu presencia.

Cada día pasamos por corredores sin darnos cuenta. Desde que salimos de nuestra habitación hasta que llegamos a la cocina. O cuando alcanzamos el último escalón del rellano y caminamos para introducir la llave en la cerradura de nuestra casa. La ciudad está repleta de ellos: galerías que atraviesan inmuebles en planta baja para que no tengamos que rodear la manzana o callejones sin salida que interrumpen la circulación con grandes puertas de garaje.

Muchos de ellos son espacios aburridos, sin vida y con el único interés de cumplir la función para la que fueron diseñados. Oscuros, estrechos e impersonales, son encargados de vincular dos áreas y nos trasladan por habitaciones, calles o edificios de un ambiente a otro, sin que ese recorrido despierte ningún aliciente en nosotros. Parece que su único objetivo es el de llevarnos de una estancia a otra, sin que disfrutemos del trayecto. Hay ocasiones en las que ese desplazamiento lo hacemos a toda velocidad, para minimizar el tiempo de transición entre dos actividades o porque las condiciones de ese pasaje no son del todo agradables. De ahí que recibieran en su día el nombre de *corredores*. Como explica Roger Luckhurst en su libro *Corridors: Passages of Modernity*, estas piezas en su origen fueron pensadas dentro de las ciudades como recintos donde los mensajeros pudieran moverse con rapidez, en caso de que sucediera alguna emergencia.

Debido a su origen práctico, a veces da la sensación de que estos emplazamientos son desaprovechados espacialmente y despreciados dentro de la arquitectura. ¿Sería posible cambiar la forma de pensar estos espacios? ¿Es inamovible su menosprecio dentro de la disciplina? Aunque a menudo entendamos estos lugares intermedios como zonas de paso, también pueden ser muy sugerentes.

Un pasillo está irremediablemente asociado a varias puertas o accesos. Son sitios dinámicos cuya función primaria es la de conectar dos o más ambientes y que ofrecen un carácter más público que el resto de las estancias. Pero también pueden convertirse en lugares estanciales donde uno espera, como los pasillos de los hospitales, o albergar diferentes actividades, como juntas de vecinos dentro de una misma comunidad. Si se entienden como espacios comunitarios y puntos de encuentro, poseen un enorme potencial que no debemos pasar por alto. Las dimensiones, configuraciones y materialidad de los pasillos pueden determinar su éxito dentro del edificio o, en el extremo puesto, que ni siquiera sirvan para que nos desplacemos por ellos.

La nobleza quiso separarse

Uno podría pensar que, con la primera casa de la historia, llegó también el primer pasillo. Nada que ver: si analizamos las plantas y las configuraciones espaciales de las villas renacentistas, nos daremos cuenta de que en aquella época todavía no existía el pasillo como tal. Los espacios domésticos se sucedían unos a otros y conectaban directamente entre sí. Esto supone que la privacidad de la vivienda dependía más de la ubicación de sus estancias y la relación que guardaban entre ellas que de las circulaciones que ocurrían en su interior. Para acceder a una sala había que atravesar otras por el camino, y daba igual que formaras parte de la familia o fueses un individuo ajeno a ella: los recorridos eran los mismos para todos. En los palacios era igual: las estancias se concatenaban y se conectaban mediante puertas.

Robin Evans, arquitecto e historiador inglés, publicó en 1978 un ensayo titulado *Figures, Doors and Passages* donde indagaba sobre la utilización de esta pieza dentro de la arquitectura doméstica. En este texto detalla cómo el pasillo aparece en las viviendas de los nobles ingleses a finales del siglo XVII con el objetivo de dividir las circulaciones en su interior. O más bien a sus transeúntes, porque su creación tuvo que ver con que los aristócratas y sus invitados no coincidieran con los sirvientes que trabajaban para ellos. De esta manera, podían moverse por salas secundarias sin interrumpir los quehaceres de la nobleza. Es curiosa la contradicción que supone: el diseño del pasillo, una pieza con una función claramente comunicativa dentro de la vivienda, se pensó en un inicio para separar encuentros. Y acabó evolucionando en justo lo contrario: en lugar de dividir, se logró unir todavía más.

Evans y otros historiadores sitúan la aparición del primer corredor en la *Beaufort House* proyectada por John Thorpe en 1597 y, aunque sus dimensiones no se acercan a lo que entendemos por pasillo en la actualidad, ya servía para conectar numerosas estancias dentro de la vivienda. Un siglo más tarde, el arquitecto John Vanbrugh construyó el *Palacio de Blenheim* y en el proyecto utilizó corredores interiores para unir cada una de sus habitaciones. A partir de ese momento, las estancias quedaban independientes y no hacía falta atravesarlas para llegar hasta sus adyacentes. Con el tiempo, el pasillo ha ido ordenando la configuración interna de la casa, facilitando sus recorridos y emancipando salas durante el proceso. El pasillo había llegado para quedarse.

Roger Luckhurst, en *Corridors: Passages of Modernity*, comenta algunas de las consecuencias que tuvo la aparición del pasillo en el resto de las tipologías arquitectónicas. Según el académico británico, una vez implementado en las viviendas y palacios de los adinerados, llegó el momento de probar el pasillo para ordenar masas de gente. Durante el siglo XVIII, los corredores formaron parte de los nuevos diseños de hospitales, prisiones y manicomios, para facilitar el desplazamiento del personal. Sus posibilidades funcionales eran innegables: mejoraban los flujos en el interior y ayudaban a adaptar las estancias a parcelas irregulares. Pronto evolucionaron para superar las intenciones originales con las que se planteaban.

Al final del pasillo

Una vivienda puede diseñarse con pasillo o sin él, dependiendo de la distribución de las habitaciones y la circulación entre ellas. Es lógico que en ocasiones su inclusión sea irremediable, pero en muchas otras se podría plantear una configuración diferente. Al final los metros cuadrados de los pasillos computan igual que los del salón o los del dormitorio, por lo que su importancia en el cómputo global del proyecto es como para tenerlo en cuenta. Si se edifica en un lugar en donde el precio del suelo es elevado, cada espacio construido debe tener su relevancia y razón de ser.

Sin embargo, en la mayoría de las viviendas los metros cuadrados no sobran, y por eso estamos acostumbrados a ver pasillos estrechos u oscuros en los que es fácil adivinar que quien configuró la vivienda pretendía gastar el menor espacio posible en esa parte de la casa. Si le preguntamos a un futuro propietario si prefiere un poco de amplitud más en el salón o en el pasillo, casi seguro elegirá la primera opción. ¿Quién no lo haría?

Quizás por eso a ninguno nos importa demasiado ver un pasillo minúsculo o apenas iluminado. Al menos, hasta que lo recorremos de noche, porque si hay alguna habitación que los realizadores de películas de terror amen, esa es el pasillo. Estrechos y angostos, poseen una enorme carga simbólica que se potencia cuando el espectador adopta la visión en primera persona del protagonista. Puertas que se abren y se cierran, figuras que se camuflan con la oscuridad y la certeza de una amenaza aproximándose hacia nosotros. No me digas que no has visto esta escena unas cuantas veces. Seguramente, si hubiéramos entendido estas estancias de una forma más libre y abierta en el pasado, no tendrían esta carga en la ficción.

Uno de los pasillos más famosos no es ni oscuro ni angosto, pero se aprovecha de esa tradición fílmica para transmitir la sensación de que algo malo está por venir. Seguro que recuerdas esa memorable escena en donde el niño de *El resplandor* recorre los pasillos del hotel en su triciclo. La perspectiva frontal y simétrica es un tipo de plano reiterativo en la filmografía de Stanley Kubrick. Aquí, la cámara se sitúa inmediatamente detrás y a su altura, para reproducir el punto de vista del pequeño, y todo lo que aparece en la secuencia nos lleva a mirar hacia delante. Los patrones geométricos de la moqueta se repiten y las puertas simétricas a uno y otro lado concentran nuestro interés en un único punto de fuga. Hasta que nos encontramos con la presencia de alguien más al final de pasillo.

La escena de Kubrick funciona tan bien porque, cuando transitamos por un corredor, centramos nuestra atención en el final de ese trayecto y olvidamos lo que ocurre en su periferia. Perdemos la noción del lugar y dejamos solo dos puntos de referencia: de dónde viene un personaje y hacia dónde va, es decir, una línea con un origen y un final. Incluso en los videojuegos se utiliza el término *pasillero* para categorizar las historias lineales, que no permiten a los jugadores salirse de los guiones establecidos. Los mapas se asemejan a un corredor: solo se puede ir hacia delante o hacia atrás, y ocurre lo mismo con la narrativa. Es un término con una clara connotación negativa, ya que no se pueden explorar los escenarios libremente y da la sensación de que es el juego el que nos obliga a seguir unos pasos establecidos de manera ordenada.

La próxima vez que veas una película o juegues a algo en tu ordenador, intenta fijarte en la arquitectura de los escenarios y descubrirás que dice más de lo que pensabas. La disposición y materialidad de los espacios sintetizan muy bien algunos de los conceptos que nos quieren transmitir los creadores, y los pasillos, esas piezas supuestamente anodinas, están repletos de información. Nada explica mejor la arquitectura de un edificio que su pasillo. Ocurre en los asépticos complejos que se nos muestran en las sagas de *Los Vengadores* o *X-Men*, los corredores tecnológicos plagados de tuberías o luminarias en películas de ciencia ficción como *Star Wars* (1977) o *El juego de Ender* (2013), así como las agónicas y apretadas atmósferas que tienen lugar en *La naranja mecánica* (1971).

Laberintos vegetales

Antes de analizar el funcionamiento de los pasillos en algunas referencias construidas, me gustaría considerar un fenómeno que se popularizó en Europa entre los siglos XVI y XVIII: el jardín laberinto.

Esta construcción vegetal, que también ha aparecido en numerosas películas y videojuegos de terror, no es más que un pasillo de grandes dimensiones que transcurre por los caminos que dejan los árboles o arbustos. Dependiendo de su morfología podían ser de dos tipos: de recorrido lineal con entrada y salida diferentes, planteados como lugares de entretenimiento, o con un único acceso. En este segundo caso se situaba una zona abierta y sin salida en el interior del laberinto, de manera que se pudiese utilizar como espacio estancial. Era un lugar recogido y privado dentro del jardín, escondido de miradas ajenas, al que solo se podía acceder después de haber finalizado el trayecto. Para volver a salir, había que repetir el mismo camino en dirección contraria. Y ya es cosa de cada cual imaginarse para qué usarían los nobles de la época aquella estancia escondida en la naturaleza y alejada del resto de las edificaciones.

Los laberintos se diseñaron con plantas y arbustos perennes para que funcionaran todo el año, porque ya me dirás tú qué gracia tiene si alguien ataja por un lugar donde se han caído las hojas. Más adelante, para complicar el asunto, se empezaron a añadir bifurcaciones y callejones sin salida para que los viandantes tuvieran que tomar decisiones durante el recorrido. La confusión es mucho mayor cuando has elegido varios caminos y tienes que volver sobre tus pasos recordando de dónde venías.

Según la mitología griega, el Laberinto de Creta fue construido por Dédalo para ocultar en su interior al Minotauro. La leyenda cuenta que al final de aquel pasillo edificado se escondía una bestia a la que alimentaban con vidas humanas. Desde entonces, este tipo de construcciones han aparecido en conocidas obras literarias como *Alicia en el País de las Maravillas, La historia interminable* o *Harry Potter y el cáliz de fuego*. Ya ves, una tipología utilizada en la ficción para exiliar a criaturas no humanas que en la actualidad se ha convertido en destino turístico para recorrer con amigos y familia. Lo que son las cosas.

El engawa *como filtro*

Si hablamos del pasillo dentro de la arquitectura doméstica, no podemos olvidarnos de la evolución que ha sufrido esta pieza en Oriente. Pongámonos elegantes para la ocasión, porque ha llegado el momento de conocer una de las pasarelas más bellas de la construcción tradicional nipona: el *engawa*.

Históricamente, las viviendas japonesas se han levantado del suelo por un motivo higiénico. Al no estar en contacto directo con el terreno se lograba ventilar el forjado, evitando que absorbiera humedad y se formase moho. Los pilares que habitualmente elevaban la casa eran de madera, igual que el resto de la construcción. En su interior, las salas se concatenaban y quedaban divididas por paneles correderos que podían abrirse hacia los extremos y permitían anexionar habitaciones en caso de que fuera necesario mayor espacio. Este entendimiento de la domesticidad era del todo distinto al occidental, no solo en cuanto a la polivalencia de las habitaciones, sino también en la conexión entre sus piezas y la circulación.

Lo más parecido a un pasillo se encontraba rodeando perimetralmente la vivienda y separaba el interior del exterior. Sí, el *engawa* servía para acceder a las diferentes habitaciones sin tener que interrumpir las actividades que estuvieran ocurriendo dentro, pero también tenía una función introspectiva. Esta pasarela de madera, al estar levantada del suelo, se utili-

zaba como estructura para sentarse y socializar o contemplar la naturaleza. Los jardines japoneses son piezas de orfebrería para la meditación, lugares donde parece que no pasa el tiempo, y el *engawa* es el nexo de unión entre la arquitectura residencial y el entorno natural que envolvía sus rutinas.

Es importante entender la trascendencia de esta pieza en numerosos aspectos, ya que no se percibía como una zona de paso, sino como una estancia en sí misma. Una sala intermedia, a medio camino entre el interior y el exterior, que se encontraba cubierta por el tejado y conseguía una graduación lumínica dentro de la residencia. El *engawa* permitía que el edificio quedase abierto bajo la lluvia o el sol, sin que se mojase o aumentara la temperatura de sus habitaciones, favoreciendo la ventilación de todo el conjunto. Un regulador térmico, umbrío y sonoro que domesticaba los agentes ambientales antes de autorizar su entrada en la edificación.

Para encontrar algo similar al *engawa* en las viviendas japonesas contemporáneas tenemos que acudir a casos muy concretos que han reinterpretado esta pieza a su manera. En las grandes metrópolis, el suelo es un bien codiciado y los edificios de apartamentos crecen en altura con viviendas muy compactas. Allí se aprovecha cada centímetro cuadrado y sus distribuciones son puzles en tres dimensiones, donde cada habitación encaja en el espacio que le ha sido asignado. Por eso no es de extrañar que en los pisos de 20 metros cuadrados no quede más remedio que instalar la cocina en el único hueco libre disponible: el pasillo.

Cáscara sobre cáscara sobre cáscara

Afortunadamente siempre aparece la excepción que confirma la regla. Porque no todas las viviendas de Japón se apelotonan las unas sobre las otras para agotar al máximo la edificabilidad de su parcela. En el caso de las unifamiliares, existe una mayor exploración en el diseño y la forma de habitar dichos espacios, que se adaptan a las necesidades de cada cliente.

Ōita es una ciudad en la isla de Kyūshū con unas condiciones de densidad muy inferiores a las que tienen sus vecinas Osaka o Tokio. En uno de sus distritos residenciales, donde los edificios alcanzan las dos alturas, el arquitecto Sou Fujimoto proyectó un experimento habitable no apto para cualquier cliente. La conocida como *House N* sirve de residencia a una pareja y su perro, basándose en un concepto de cáscaras que modifica la idea que tenemos de casa.

Imagina que caminas por la calle observando el vecindario. Ante tus ojos se levantan construcciones en tonos ocres, con tejados a dos y cuatro aguas. El barrio parece tranquilo, ya que no circulan demasiados vehículos y se oye el canto de los pájaros. Los edificios se asemejan los unos a los otros, con ligeras variaciones volumétricas y de materialidad. Pero algo cambia en esa rutina urbanizada. Al girar la esquina te encuentras con un volumen blanco de siete metros de altura, que esconde algo en su interior. No alcanzas a comprender bien lo que ves, pero otra cáscara blanca de menor tamaño parece desplegarse dentro. Todo esto lo percibes gracias a los enormes huecos que agujerean las fachadas y que se repiten como en un queso gruyer. Levantas la mirada y te sorprende descubrir que incluso la cubierta de la edificación ha sido perforada.

Para comprender *House N* en su totalidad, tenemos que imaginarnos tres pieles. Una exterior, casi lindando con los límites de la parcela, sirve de frontera con el espacio público. Aunque la casa no tenga escaleras y todas las habitaciones se desarrollen en una única planta, las fachadas se elevan hasta alcanzar la máxima altura permitida. Las cuatro paredes blancas simulan una gran muralla que esconde un tesoro en su interior. Entre la primera piel y la segunda hay un jardín con árboles y un garaje. Pero también una cocina y un baño. La segunda cáscara guarda otros espacios más privados, como el cuarto del tatami y una zona para dormir. Y a su vez, dentro de esa segunda cáscara se desarrolla otra tercera, de menor altura que las dos anteriores, que cobija el comedor y la sala de estar.

Los muros se quiebran y desdoblan a diferentes alturas, creando un puzle de llenos y vacíos. Dentro, las estancias se comunican las unas con las otras a través de diferentes filtros de privacidad, luz y sonido. No se sabe si es una casa sin pa-

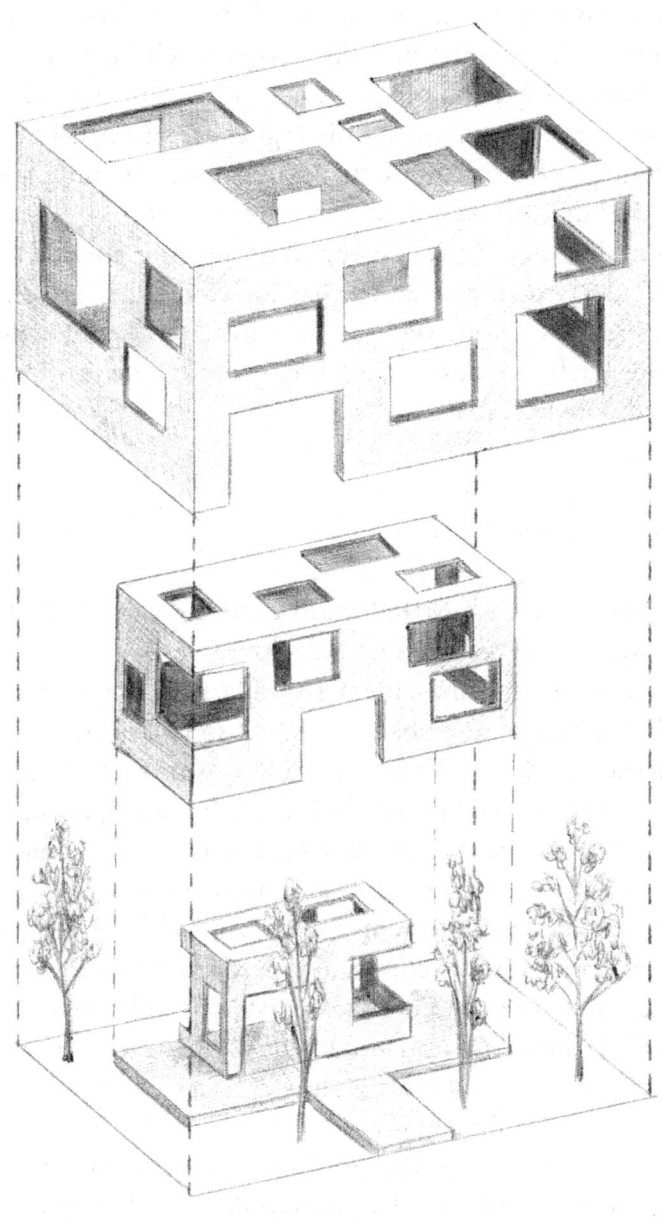

sillos o con corredores que pueden habitarse. Todo está conectado y a la vez diferenciado, porque se elimina ese límite que separa el espacio libre del construido, el íntimo del compartido. En esta vivienda no distingues si estás dentro, fuera o todo lo contrario. No existe un muro que delimite la casa de la ciudad, sino tres membranas que se abren o cierran en función de la actividad que ocurra en sus intersticios.

House N es capaz de regular los elementos externos y domesticarlos en una serie de espacios concatenados de diferentes cualidades espaciales. Una fortaleza de luz y viento en medio de la ciudad.

Un palacio con el hall en el centro

Hace unos años, en 2018, Emilio Tuñón y Carlos Martínez de Albornoz proyectaron un palacio.

Situado sobre una ladera rodeada de encinas y dominando un paisaje que observa silencioso la ciudad de Cáceres desde la lejanía, esta construcción se esconde dentro de su entorno natural. Levantado con piedra del lugar, un único volumen de planta cuadrada encierra las habitaciones de la vivienda. La cuarcita que se amontona en sus fachadas no deja ver nada de lo que ocurre dentro, a excepción de nueve huecos cuadrados que conectan las estancias con el exterior. Por debajo del terreno también existe vivienda, pero es imperceptible desde fuera. Todo lo que distinguimos es un bloque pétreo con tres aberturas simétricas a cada lado, envuelto por la vegetación de la zona.

¿Qué tiene que ver una gran roca que sobresale de la superficie con un palacio? La peculiaridad de esta casa se encuentra en su organización interna. Si la huella de la casa es un cuadrado de dieciséis metros de lado, su distribución continúa con esta misma idea. Las nueve habitaciones que dan lugar a los dormitorios, las salas de estar, la cocina, el comedor y un patio se concatenan siguiendo la estructura clásica de un palacio, repitiendo en este caso la composición de una malla ortogonal. Aún más fácil: las nueve habitaciones de la vivienda se organizan como un tablero de tres en raya. Todas las estancias tienen la misma dimensión, exceptuando el salón y el comedor que permanecen unidos en un mismo volumen. ¿Y dónde se sitúa el hall de entrada a la vivienda? En el centro de todo el meollo.

Aunque las ocho habitaciones del perímetro estén conectadas con el exterior, gracias a los huecos en sus frentes, el acceso principal a la residencia se hace desde la planta sótano a través de una escalera de caracol. Esto significa que no existe ninguna fachada más importante que las demás, y el recorrido para alcanzar los espacios útiles de la casa es ascendente, una vez que ha quedado el coche aparcado en el garaje. Desde ese hall de entrada en la planta baja se puede acceder a las salas contiguas situadas al norte, sur, este y oeste; las de las esquinas siguen ocultas. Imaginemos de nuevo nuestro tablero de tres en raya, pero con las líneas que dividen las casillas de un grosor mucho más grande de lo habitual. Cada nexo entre estancias se realiza a través de cuatro puertas abatibles, que garantizan la privacidad de los espacios cuando se encuentran cerradas y los ensamblan visualmente cuando están abiertas. Como esas puertas atraviesan unos muros excepcionalmente gruesos, en esos huecos se abre espacio para elementos como baños, aseos y armarios para almacenaje. Son muros habitables que pueden utilizarse y se esponjan para albergar funciones en su interior.

Así es como la *Casa de Piedra en Cáceres* optimiza la pieza del pasillo, reduciendo al máximo su expresión. Este elemento, a priori secundario en una vivienda tradicional, gana muchísimo peso en la utilización del conjunto y es uno de los componentes clave del proyecto. Los corredores son zonas de paso entre salas que han perdido importancia en la configuración general de la residencia para favorecer la aparición de unas particiones habitables.

Experimentando el no pasillo

Como hemos visto antes, los corredores surgieron en un momento histórico en el que la nobleza pedía independizar las habitaciones del recorrido de los sirvientes. Pero este servicio doméstico ha ido modificándose con el tiempo, igual que el número de componentes de la unidad familiar y sus hábitos dentro del espacio doméstico. ¿Es entonces posible plantear una casa que funcione correctamente sin pasillos? ¿Y cuáles son sus consecuencias? Conozcamos dos proyectos que indagan en esta cuestión con diferentes argumentos.

El primero se encuentra en Cornellà de Llobregat y reúne ochenta y cinco viviendas sociales en un único edificio. El proyecto de Peris+Toral se basa en dos conceptos organizativos: la inclusión de un patio como plaza comunitaria y la supresión de los pasillos como elementos de circulación para aprovechar al máximo la superficie de cada piso. Sus núcleos de comunicación, formados por escaleras y ascensores, se sitúan en las esquinas interiores para fomentar el encuentro entre vecinos en la zona del patio. Son viviendas sociales que han sido pensadas para que sus inquilinos socialicen. Además, cada residencia cuenta con terrazas en el anillo exterior, de manera que todos los apartamentos tienen doble orientación y ventilación cruzada.

¿Cómo funciona la disposición interna en estas casas? Cada una cuenta con cinco o seis módulos idénticos de unos 13 metros cuadrados. Todas las habitaciones se conectan entre ellas y tienen la posibilidad de quedar independientes, gracias a la introducción de puertas correderas. Y, en el centro de la vivienda, la cocina como pieza organizadora. De esta manera se sustituye un hipotético hall que solo serviría para conectar estancias por una sala del mismo tamaño que las demás y capaz de albergar actividades. Así, la persona que cocina no queda recluida y aislada de lo que ocurre en el resto de la casa.

La decisión de que todas las habitaciones tengan la misma superficie elimina la jerarquía espacial dentro de la vivienda y permite que cada una se utilice como el usuario quiera. Los únicos módulos diferenciados son los que contienen instalaciones, como la cocina y el baño, y se colocan enfrentados entre sí. Con estas reglas, el resto de las salas pueden destinarse a lo que los propietarios prefieran y en la ubicación que ellos elijan, modificándose la relación entre las piezas y la circulación por las mismas.

Pero esta decisión es un arma de doble filo, porque el hecho de que sean todas idénticas en tamaño obliga a que el salón sea igual de importante que el dormitorio o el despacho. Además, al haberse eliminado los pasillos, el baño se convierte en una pieza de paso entre dos habitaciones. Son imposiciones estrictas que no gustarán a todo el mundo. Al ser una vivienda social, sus compradores suelen ser personas con pocos recursos a quienes se está obligando a vivir de una determinada manera con la que ellos podrían no estar de acuerdo. A mi modo de ver, es una exploración arquitectónica necesaria e interesante, pero no apta para todos los públicos.

Tampoco lo es el siguiente ejemplo de vivienda unifamiliar, aunque hay que entender que en este tipo de encargos cabe una mayor personalización hacia el cliente final. No por nada, sino porque va a ser él y no otro quien viva en esa casa, y las decisiones que se tomen durante su diseño influirán en el modo de habitar dichos espacios.

Volvamos por enésima vez a Japón, donde los experimentos residenciales están a la orden del día. Diseñada por Shigeru Ban y cerca de un río se encuentra la conocida como *Naked House*, o 'casa desnuda'. Y aunque el nombre ya nos dé pistas de lo que podemos descubrir en su interior, empezaremos el recorrido desde fuera.

La casa se levanta en una parcela de Kawagoe, localidad a media hora en tren de Tokio y rodeada por campos e invernaderos. «Quiero una casa que dé a todos la libertad de realizar actividades individuales en un ambiente compartido, como familia unida que somos.» Esta fue la petición del cliente al arquitecto. Dicho y hecho. Shigeru Ban proyectó un único espacio con una carcasa de plástico, similar a las construcciones de la zona, favoreciendo esa luz difusa tan característica de la arquitectura tradicional japonesa y reinterpretándola con materiales contemporáneos.

Dentro de esa gran nave, y siempre según los requisitos de su propietario, las habitaciones se dispusieron en módulos sobre ruedas para que pudieran moverse por todo el espacio común. ¿Que un integrante de la familia tiene frío? Puede acercar su habitación al dispositivo de calefacción. ¿Que de repente tiene calor? Lo aleja. Los módulos también pueden juntarse entre sí en caso de que sea necesaria una habitación más grande si se retiran sus puertas correderas. O sacarse al jardín si hace buen día. Incluso las cubiertas de estas unidades pueden ser colonizadas por grandes y pequeños para leer o escribir en las alturas. Una solución extremadamente flexible que permite el continuo movimiento de las piezas dentro y fuera de la nave.

Para que este desplazamiento tuviera sentido, había que liberar a los módulos rodados de cualquier elemento pesado o vinculante a cualquier red externa. Por eso, las estancias que precisan de instalaciones para su funcionamiento (como los baños o la cocina) se colocaron en los extremos de la nave, para no interrumpir el tráfico de cajas con ruedas. La única compartimentación de la casa es la destinada a los aseos y la lavandería, por un tema de higiene y privacidad. Todo lo demás queda abierto en el espacio colectivo. Las paredes de la nave, diseñadas para la ocasión con hilos aislantes de polietileno, también se pueden retirar para contribuir a la ventilación de la vivienda.

No hay pasillos porque no se necesitan. Los módulos pueden dejarse aparcados en los laterales para maximizar el espacio común o moverse por el interior generando distintas configuraciones. *Naked House* es el mejor ejemplo de casa que vive en continua mudanza.

PISCINAS

Quien tiene un amigo, tiene un tesoro

Pero déjame actualizar el dicho: quien tiene un amigo con piscina cuando el calor aprieta en verano, tiene una fortuna. Esto es así, la vida en las grandes ciudades durante los meses de bochorno puede hacerse muy dura. Ya lo advierte la ONU: las temperaturas en las grandes urbes están aumentando el doble de rápido respecto al resto de lugares del globo. El crecimiento desmedido de los núcleos metropolitanos, así como la costumbre de reemplazar vegetación por asfalto o infraestructuras para que se desplacen nuestros coches, está ayudando poco o nada a que nos planteemos salir de casa a determinadas horas del día.

Solo en España y en la última década, nueve ciudades han aumentado más de un grado su temperatura media anual. Y recordad que hablamos de la media, porque en verano ya no os quiero ni contar: por más que se intente incrementar las zonas verdes no se está consiguiendo contrarrestar el efecto de isla de calor en las grandes urbes. Entender esto es muy sencillo: a lo largo del día, el hormigón o los cementos asfálticos tienden a acumular calor y, como es lógico, las zonas edificadas ofrecen más superficie para la absorción. Durante la noche, cuando las áreas no urbanas se enfrían, se generan unos vientos locales desde el exterior hacia el interior de las ciudades, y la alta densidad, la escasez de espacios verdes y los gases contaminantes favorecen que este efecto ocurra. ¿Qué significa todo esto? Que a las ciudades no les da tiempo a respirar.

La dureza de los solsticios depende en mayor medida de la latitud y altitud en la que nos encontremos, ya que no es lo mismo vivir en el valle de la Muerte en California (sí, este sitio existe, y no es la guarida secreta de un supervillano) que en alguna de las 17.508 islas que componen la República de Indonesia. ¿Y en qué lugar es mejor construir una piscina? ¿En un desierto donde se han registrado 53,8 °C de máxima o en un país donde la variación de temperatura anual es de solo once grados?

Pues depende.

Y justo de esto vamos a hablar en este capítulo, porque una piscina es algo más que un lugar donde podemos darnos un chapuzón cuando el calor aprieta o sacar una foto de nuestros pies para subirla a alguna red social. Arquitectónicamente, una piscina es mucho más.

Imagina encontrarte en la *Stahl House* una calurosa tarde de verano de 1960. La también conocida como *Case Study House #22* de Pierre Koenig está a punto de ser fotografiada por Julius Shulman y convertirse en un icono de la arquitectura moderna de Estados Unidos. La vivienda vuela sobre una de las colinas de West Hollywood, con unas vistas increíbles a la ciudad. Mientras apoyas los brazos en el bordillo de la piscina ves cómo se pone el sol lentamente en el horizonte y comienzan a encenderse las luces de los edificios más altos de Los Ángeles. Una pequeña brisa mece las hojas de las plantas que rodean la casa y el color del cielo se tiñe de pigmentos rojizos. También lo hace el agua de la piscina, reflejando los últimos rayos de luz del día, mientras el astro desaparece por completo en la lejanía.

Si el 70 % de la *Stahl House* son sus vistas y paredes de vidrio, el 30 % es la pieza de la piscina. Toda la vivienda se configura alrededor de ella y tiene accesos desde los dormitorios, la cocina, el salón y el comedor. Supongo que para solventar la urgencia de zambullirse desde cualquier estancia de la casa, claro. Cada segundo que tardes en llegar al agua es tiempo perdido pasando calor.

La piscina como elemento compositivo dentro de la configuración de una vivienda es solo una de sus funciones, como veremos más adelante. En climas tropicales, de temperaturas constantes, se integran dentro del programa doméstico y llegan a invadir espacios interiores de la vivienda. Esto ayuda a que se generen microclimas que regulan la temperatura de ciertos espacios. En contextos más hostiles, como Australia, el hecho de proyectar una piscina tiene que ver con dominar el entorno y hacerlo más humano, apropiándose de una parte del paisaje. Disponer de una piscina o un jardín es civilizar la naturaleza exterior.

Al final, cada cultura desarrolla en el tiempo y el espacio diferentes relaciones con sus recursos naturales y los incorpora a sus sociedades con distintos significados. Hasta el extremo de lo que quieren hacer en Londres, ya que en 2019 se viralizó en redes sociales la noticia de lo que será la primera piscina infinita de 360°. Si nunca has oído hablar del término «piscina infinita», no es otra cosa que situar el muro perimetral del vaso al mismo nivel del agua. Esto significa que el fluido estará permanentemente desbordando fuera de la piscina y deberá recogerse en un depósito inferior para bombearla de nuevo al vaso. Una inteligente obra de ingeniería para no tener un bordillo por encima del agua como en cualquier piscina tradicional. ¿Qué se consigue con esto? Potenciar las vistas desde el interior de la piscina, ya que no son interrumpidas por ningún elemento constructivo.

La gracia de esta piscina infinita de 360° es que se quiere colocar en la azotea de un edificio. Hasta aquí todo bien. Así de primeras suena bastante impresionante: una piscina desde la que podemos disfrutar de todo el *skyline* de Londres a nuestro antojo, como si estuviéramos en lo más alto de un mirador, pero mojados. Y tiene sentido si la función de estas piscinas es fomentar la contemplación del paisaje que nos rodea, situarla en lo alto de un rascacielos es una idea formidable. Con un pequeño matiz: ¿lo es realmente?

Por si nadie se ha parado a pensarlo durante un instante, situar una piscina sin bordes a lo largo de todo su perímetro plantea un nuevo problema: los accesos. Para introducirnos en el vaso, los ingenieros han estudiado diseñar una escalera en espiral que rota y sube desde el suelo de la piscina cada vez que alguien quiera entrar o salir. Algo así como una cápsula despresurizada como la que existe en los submarinos. Una operación ligeramente enrevesada, si ya somos conscientes de lo que supone alojar 600.000 litros de agua sobre la parte más alta de un edificio, con su correspondiente peso y problemas estructurales. Y luego está el hecho de que Londres no es una ciudad conocida precisamente por su buen tiempo y, quizás, estar a remojo en lo alto de un rascacielos con las temperaturas y el viento que podemos encontrar ahí arriba no sea la idea más placentera. Aunque también os digo que peores cosas se han visto.

Las termas romanas estuvieron más concurridas que la taberna de tu barrio

¿Cómo surgieron las piscinas?

Etimológicamente es una palabra que ha derivado del latín *piscis*. Quizás tenga que ver con que en la Antigüedad se comenzaron a crear estanques artificiales en donde se introducían peces, para que posteriormente sirvieran de alimento. La limpieza de estos depósitos estaba ligada a los propios peces, ya que se nutrían de las larvas de insectos que aparecían en el agua.

Unas recientes excavaciones arqueológicas de la ciudad de Mohenjo-Daro han permitido a los historiadores situar aquí la que creen que pudo ser una de las primeras piscinas de la historia. El apodado como «montículo de la muerte» (no, tampoco es una guarida de un supervillano) fue probablemente una de las mayores urbes de la antigua cultura del valle del Indo, situado en el actual Pakistán. En esta ciudad, con una población estimada de 35.000 habitantes, se encontraron unas estructuras enterradas de ladrillo y accesos en sus dos lados cortos con una profundidad máxima de 2,4 metros, orificio para vaciar el depósito incluido. La hermeticidad del vaso se conseguía con piezas de barro y un enlucido de tiza en las juntas, además de quedar impermeabilizado en suelo y paredes por una densa capa de betún. Si esta maravilla ingenieril de hace más de cuatro mil años no te deja pasmado, yo ya no sé. Se piensa que su fin no era lúdico todavía, ya que la religión tenía mayor peso en las actividades de la época, y posiblemente el agua sirviera de líquido purificador para limpiar el alma sucia de sus bañistas.

Hubo que esperar a que las sociedades griega y romana introdujeran diferentes actividades en este tipo de piezas. Las piscinas artificiales comenzaron a ganar popularidad gracias a Cayo Mecenas, un consejero político del emperador César Augusto que, además de ser conocido por apoyar a jóvenes talentos dentro del mundo del arte, participó en la construcción de la primera piscina climatizada en la Roma del siglo I a. C.

En aquella época se utilizaba la natación como actividad educativa para los más pequeños y era tan importante como que aprendieran a leer o supieran matemáticas. Ya lo cuestionaba Platón en su libro *Las leyes*: «¿Debería confiarse un cargo oficial a personas que son lo contrario de gente culta, los cuales, según el proverbio, no saben ni nadar ni leer?». Las condiciones de vida estaban mejorando tanto en estas comunidades, gracias a los avances sociales y en tecnología aplicada, que se permitieron lujos impensables como bañarse en aguas calefactadas.

Acumular agua en depósitos y reunirse en torno a ellos no era una actividad exclusivamente ligada al aseo o los eventos religiosos. Las termas romanas surgieron como baños públicos y se convirtieron en un símbolo de prosperidad, ya que cualquier ciudad de cierto renombre debía disponer de al menos una de ellas dentro de sus trazados. Y evolucionaron con el tiempo, porque allí no solo se iba a higienizarse. El proceso de asearse era tan largo que estos lugares se volvieron puntos de encuentro para reunirse y compartir el último cotilleo del momento. Se intercambiaban opiniones, se cerraban acuerdos y, por qué no, se fraguaban conspiraciones. Un espacio multiusos que servía de catalizador social y centro neurálgico de muchas actividades. También estaba permitido comer y beber, así que había pocas diferencias con el concepto que tenemos actualmente de bajar al bar a tomar una cerveza mientras comentamos el último partido de fútbol.

Y aunque suene a algo muy antiguo, los baños termales siguen siendo lugares significativos en ciertas culturas. Muchas de ellas están separadas de los núcleos urbanos y quizás hayan perdido ese valor social que tenían en Roma, pero a cambio se han transformado en puntos de desconexión de la rutina cotidiana, perfectos para escaparse un fin de semana y olvidarte de todo lo que te rodea.

Durante mucho tiempo, estas cualidades relajantes que nos ofrece el agua fueron el principal atractivo de las piscinas. De hecho, hubo que esperar hasta finales del siglo XVIII para que se fundara en Londres la National Swimming Society, una organización que promovía las competiciones deportivas en el agua. El primer campeón de natación se coronó ganando una carrera en el Támesis de una milla. Y, hombre, nadar en el río estaba bien, pero hacerlo en un recinto interior donde puedes controlar las condiciones del agua y del público que va a ir de espectador está mucho mejor. La natación fue ganando popularidad en el país y se terminó exportando a otros países como Australia o Nueva Zelanda, lo que provocó que se empezaran a construir piscinas públicas donde practicarla.

En los primeros Juegos Olímpicos modernos de Atenas en 1896 ya se incluyó la natación como deporte, a pesar de que nunca hubiese formado parte de los Juegos Olímpicos antiguos. Estas circunstancias, sumadas a la mejora de calidad de vida que experimentó la sociedad de la época y la estabilidad económica que atravesaban los países desarrollados, favorecieron la aparición de piscinas en muchas viviendas.

Durante el siglo xx se continuó avanzando en los procedimientos tecnológicos existentes, y la creación de los sistemas de cloración y filtrado ayudaron a mantener limpia el agua durante todo el año. Ya no era necesario cambiar el agua de la piscina cada vez que se ponía verde, lo que abarató muchísimo el coste de mantenimiento y utilización de estas piezas. Además, la llegada del gunitado (técnica para proyectar hormigón con una manguera a alta presión) contribuyó también a que las piscinas se expandieran como un símbolo de estatus social, acelerando su aparición en muchas viviendas unifamiliares. Los ideales del sueño americano se habían actualizado: la democracia, los derechos civiles, la libertad, la igualdad, la oportunidad y tomarse un mojito bien frío dentro de tu piscina.

Hay que pensar que, en nuestros días, este tipo de piezas están muy relacionadas con el ocio y la diversión, tanto que fueron la inspiración para los *skate parks* actuales, con formas redondeadas excavadas en la tierra. Durante la gran sequía de California de 1976, todas esas piscinas que representaban el éxito de las familias estadounidenses permanecieron vacías y los adolescentes de la época las asaltaban para patinar por sus curvas. Cuesta creer que un espacio que asociamos tanto a la diversión fuera hace unos años un lugar casi exclusivamente para la higiene y la limpieza. De hecho, la primera piscina que se inauguró en Estados Unidos daba servicio a un vecindario de Boston donde la mayoría de las viviendas ni siquiera tenían baños.

Contempla el horizonte y abraza el infinito

Y nosotros ¿cómo podemos incluir una piscina en nuestra vivienda? ¿A qué factores debemos dar importancia? ¿Qué ocurre cuando reservas la ubicación más privilegiada a la piscina?

En la playa de Zahara de los Atunes (Cádiz) y a pocos metros del mar se encuentra varada una vivienda. Un volumen pétreo semienterrado que vigila cada día el movimiento de las mareas. Un muelle horizontal de travertino romano que pasa casi desapercibido, mimetizado con la línea del horizonte, y que a pesar de su apariencia pesada parece haberse levantado con la propia arena de la playa.

La conocida como *Casa del Infinito* de Alberto Campo Baeza es una provocación. Una provocación a la naturaleza que la rodea, al paso del tiempo y a las inclemencias del tiempo. Porque allí emplazada, con arena a sus pies y vegetación en sus márgenes, parece haber sido colocada delicadamente sobre la ladera y, a su vez, haber brotado ella sola de la tierra sin ayuda del hombre.

Esta vivienda desarrolla todo su programa en dos alturas, dentro de un único volumen de 20 metros de frente y 36 de fondo, para regalar el plano horizontal más importante del proyecto a la piscina. A la piscina y las vistas contenidas del horizonte, por donde se esconde el sol cada noche abrazando el infinito.

Este plano horizontal elevado que hace de cubierta está protegido por tres muros, que conceden privacidad desde los accesos superiores, y refugian la retaguardia y los costados de los fuertes vientos de levante que existen en la zona. En la pequeña piscina, con un agua de mar ya domesticada y sin flora o fauna, puede uno bañarse contemplando el inmenso océano. Porque la vivienda es plenamente consciente de que, aunque se encuentre rodeada de naturaleza, está un peldaño por encima de ese paraíso terrenal. La piscina se levanta sobre el plano más horizontal de la casa para fundirse con el mar infinito, protegida del agua salvaje y del viento que la acorralan. Un plano líquido de condiciones completamente diferentes al océano Atlántico al que se enfrenta, preparado para ser disfrutado por el hombre.

Lázaro, ¡levántate y nada!

La *Casa del Infinito* que acabamos de ver cuenta con una ubicación privilegiada frente al mar, y esa condición trae consigo otra quizás aún más valorada: no tiene vecinos. En general, un proyecto arquitectónico debe lidiar con la idea de compartir el entorno con mucha más gente y asume que eso influirá de una manera u otra en el día a día. Así les ocurrió a los arquitectos de los tres proyectos que te voy a enseñar.

El municipio de São Paulo aloja la nada desdeñable cifra de doce millones de habitantes en su área metropolitana, muchos de los cuales aprovechan el clima templado recorriendo en sus días libres los sesenta minutos que los separan de la playa. El tráfico que se genera es caótico y fue el responsable de que los dueños de una parcela en la ciudad pidieran a los arquitectos una piscina propia para no tener que sufrir los atascos si querían refrescarse.

El estudio SPBR Arquitetos analizó la parcela y llegó a una conclusión: si los clientes querían construir una piscina privada, esta iba a recibir sombra durante todo el día. Por la mañana, el vecino situado al este tapaba la salida del sol y por la tarde hacía lo propio el del oeste. Así que dedujeron que la única solución posible para no darse un chapuzón en penumbra era levantar la piscina hasta la altura máxima permitida por la normativa urbanística de la zona: seis metros. Porque si quieres bañarte y estar expuesto a la luz solar durante todo el día no queda más remedio que elevar el vaso hasta el límite de coronación. Seguramente también te expondrás a que te vean algunos vecinos, pero, oye, una cosa por la otra.

Como la vivienda no es una residencia principal, se dedica mayor esfuerzo al recreo y el ocio y las piezas domésticas quedan en un segundo plano. De esta manera, el dormitorio, la zona de cocina y comedor y un pequeño departamento para el servicio se convierten en elementos secundarios y dejan que todo el protagonismo lo acaparen la piscina, el solárium y el jardín, que ocupa prácticamente toda la planta baja de la casa. Los espacios de piscina y solárium se levantan del terreno buscando el calor en dos volúmenes paralelos, soportados por grandes vigas de hormigón. En esta *Casa de fim de semana em São Paulo*, todo lo que no esté relacionado con la luz y el reposo se considera anecdótico.

En realidad, esto de levantar habitaciones del terreno no siempre tiene que ver con buscar el sol y regalar tu intimidad a los vecinos. De hecho, suele ser lo contrario: uno de los mecanismos habituales dentro de la arquitectura doméstica unifamiliar para ganar privacidad es separarse del suelo. O para conseguir unas vistas que no son posibles a ras de suelo.

A las afueras de París existe una curiosa casa levantada con varios volúmenes. Una vivienda compuesta por diferentes materiales, como un *collage*. La piedra, el vidrio y distintas chapas de aluminio corrugado configuran la fachada de la

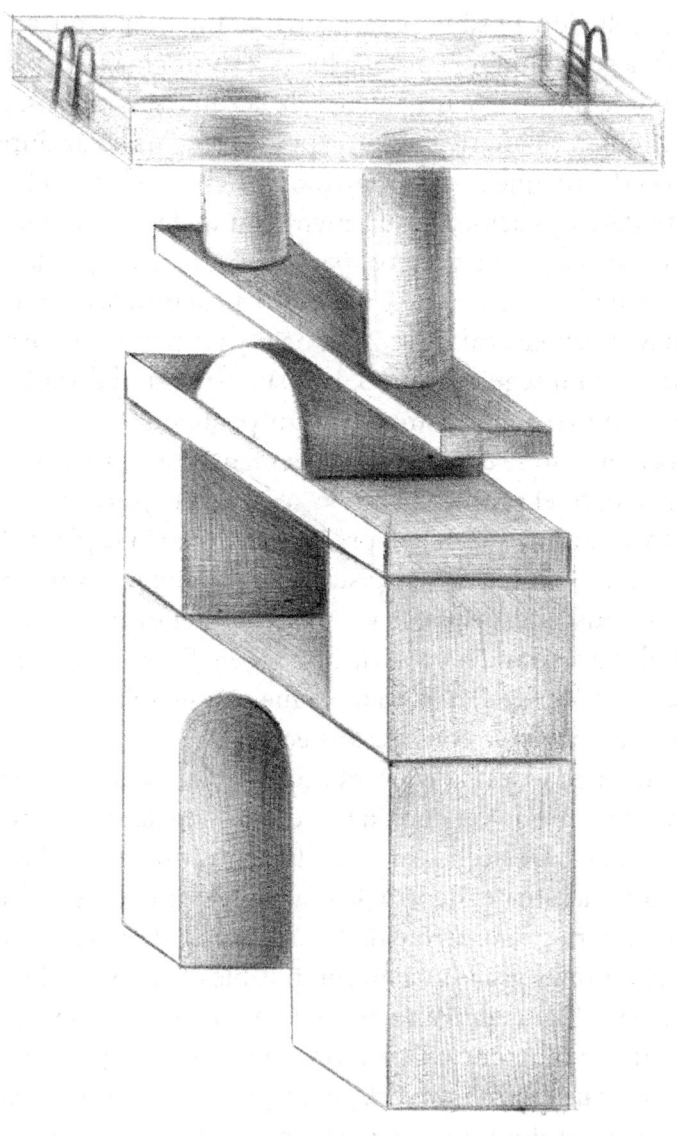

Villa dall'Ava, una de las primeras obras de Rem Koolhaas en OMA. Un hogar para una familia, formada por un padre, una madre y su hija, que necesitaba funcionar como dos alojamientos independientes a los que se les añadirían piezas comunes que compartirían los tres. Si nos pidieran dibujar un esquema de la privacidad de esta vivienda, podríamos utilizar un sándwich, en el que la zona más reservada queda en el medio y las más públicas arriba y abajo.

La parte inferior, la más transparente de todas, está directamente ligada al jardín trasero y no puede entenderse sin este. Una planta baja sin apenas compartimentar, con un núcleo de instalaciones destinado a la cocina y unas ventanas correderas que permiten entrar y salir al patio. La naturaleza exterior está relacionada abiertamente con el interior, uniendo de forma visual el espacio habitable con su entorno.

En el segundo nivel se encuentran las habitaciones, desplegadas en dos volúmenes perpendiculares al inferior y sobrevolando el jardín, cada uno de ellos con dormitorio y baño independiente para asegurar la autonomía de sus habitantes. Un volumen de color rojo y otro gris, haciendo visible desde el exterior que son estancias para personas diferentes, con accesos individuales desde la planta baja. Desde luego, con unos padres tan entregados a la causa, es difícil decir que quieres emanciparte para tener tu propia libertad.

¿Y con qué nos encontramos en el nivel superior? Si has pensado en una piscina y una cubierta ajardinada, no solo lo has adivinado, sino que me has estropeado el *cliffhanger*.

A pesar de hallarse a nueve kilómetros de la capital francesa, la ubicación de la vivienda en una colina sobre el río Sena permite observar la ciudad de París desde la lejanía. Situar la piscina en la cubierta fue una de las peticiones de los propietarios, para poder ver la Torre Eiffel en la distancia cuando se iluminase por las noches. Los árboles existentes en la parcela ocultan ciertas vistas de las edificaciones colindantes y permiten disfrutar de una de las mejores panorámicas de la zona.

Para ver el último ejemplo de este apartado nos vamos a Marbella, la ciudad con uno de los puertos deportivos más caros del mundo. Atracar el yate o sacar a pasear el deportivo de último modelo por sus calles no está al alcance de cualquiera. Y precisamente allí, a unos pocos kilómetros del centro urbano, se levanta una peculiar vivienda en hormigón blanco. Una casa proyectada por Wiel Arets Architects que recibe el nombre de *Jellyfish House* o, lo que es lo mismo, 'casa de medusas'.

Este proyecto comparte elementos similares con las otras dos: otorga el protagonismo de todo el diseño a la piscina, como ocurría en la construcción de SPBR Arquitetos, y maximiza las vistas del paisaje que lo rodea, en este caso un mar Mediterráneo oculto por los edificios circundantes. La ubicación de esta edificación no es igual de privilegiada que la de la *Casa del Infinito*, ya que tiene casas por delante que dificultan la presencia del horizonte azul, por lo que si quieres simular que te estás bañando en el mar no te queda otra que aupar la piscina hasta la última planta.

Pero en este proyecto se añaden dos novedades. La primera es la de situar el muro perimetral del vaso al mismo nivel del agua a modo de piscina infinita, que ya de por sí se encuentra en voladizo, para potenciar esa sensación de que estás nadando en el océano. La segunda, que también tiene que ver con que la piscina vuele sobre la terraza de la vivienda, es la de colocar un fondo de vaso transparente.

Esta operación trae consigo dos bonitas consecuencias. Una, quizás más obvia, es la de que puedes observar cómo se baña la gente desde diferentes lugares de la planta baja. Cuerpos flotando sobre el agua, moviendo sus extremidades lentamente como si fueran medusas. Y la segunda y más poética es la de que la piscina se convierte en una cubierta viva, que filtra el sol a través de los movimientos del líquido y los refleja en tonos turquesas, tanto en los suelos como en las paredes de las estancias que se encuentran por debajo. Una especie de caleidoscopio orgánico que se mueve con el paso del sol y cambia de tonalidad a lo largo del día, iluminando la terraza ubicada en la parte inferior. Una envolvente de casi 60.000 kilos que no solo permite ver y que te vean, sino que también colorea la luz que atraviesa su denso espesor líquido.

Agua y luz, agua y oscuridad

Pero ¿qué ocurre si queremos introducir una piscina dentro de la vivienda? ¿Es una locura infame de un arquitecto perverso que quiere conquistar el mundo o puede aportarnos algo más que goteras y problemas de humedad?

Si alguna vez has oído aquello de que el agua es uno de los principales enemigos de la construcción, que sepas que es completamente cierto. En realidad, no es que el agua se lleve mal con nadie, pero sirve muy bien para identificar errores durante los procesos de ejecución de las obras. Las terrazas, por ejemplo, deben pasar pruebas de estanqueidad antes de dar por finalizada la construcción de la vivienda, para garantizar que no existan filtraciones al interior del hogar o al vecino de abajo. La prueba no es otra que inundar esta pieza

con varios centímetros de agua, como si una tormenta del Pacífico hubiera descargado todo su potencial en la terraza, y dejarla allí durante varios días para determinar si aparece algún tipo de humedad en los paramentos. El líquido, que es muy listo, siempre va a encontrar la manera de salir en caso de que se lo pongamos fácil. Más vale que esté todo nivelado y bien impermeabilizado si no queremos sorpresas.

Con este panorama, ya te habrás imaginado que colocar una piscina en el interior de una casa requiere de un buen sellado en cualquier superficie que vaya a estar mínimamente en contacto con el agua. En cualquiera de sus estados, ojo, que a veces nos olvidamos de que las altas temperaturas evaporan el agua y esta asciende en forma de gas. Pero dejemos los tecnicismos de lado y hablemos de las bondades que nos puede aportar el tener este tipo de piezas dentro de nuestra vivienda.

En North Bondi (Australia) existe un curioso proyecto planteado por CplusC Architectural Workshop. El programa de la vivienda se desarrolla en una estrecha y profunda parcela que condiciona la distribución de sus espacios. La organización interna se basa en una premisa que veremos en numerosos ejemplos de arquitectura doméstica: la planta baja se destina a las actividades sociales y la superior a las familiares. Esto no deja de ser un esquema más o menos convencional en donde se agrupan cocina, comedor, sala de estar y zonas al aire libre por un lado, y los dormitorios y aseos privados por el otro.

La parte inferior casi puede entenderse como un único espacio, ya que no existe compartimentación interna. Las estancias están una a continuación de la otra de manera que siempre haya una conexión visual entre ellas y los únicos elementos que diferencien las habitaciones sean unos pequeños peldaños que elevan la casa hacia el noreste.

Hasta aquí todo bien. Pero la particularidad de esta vivienda, como no podía ser de otro modo, está en la ubicación de su piscina. No porque se encuentre en la planta baja, sino porque forma parte de esa concatenación de espacios que hemos hablado antes. Al estar pegada (literalmente) a la biblioteca, el comedor y la cocina mediante una pared acrílica impermeabilizada, el agua es visible desde cualquier estancia. Puedes estar leyendo un libro en el salón y ver cómo alguien pasa buceando a pocos metros de ti, sin que te salpique ni una sola gota de agua. Esos tonos azules del vaso de la piscina colorean cualquiera de las salas contiguas y junto con el resto de los materiales (madera y hormigón pulido) vuelven mágicas sus atmósferas.

Los paneles de GFRP (plástico reforzado con fibra de vidrio) utilizados en fachada, que tamizan la luz al interior; los espacios a doble altura (y su escasa compartimentación), que nos ofrecen unas visuales cruzadas tanto en planta como en sección, así como los reflejos del sol en el agua, refractando la luz en toda la casa, hacen de *Living Screen House* un lugar maravilloso para ser habitado. Un fabuloso ejemplo de cómo una piscina puede regalar más luz a sus ocupantes.

En cambio, a las afueras de Madrid, en Pozuelo de Alarcón, hay una casa en la que el agua pierde esa función de iluminar los espacios contiguos y el color azul cristalino se trasforma en un verde sombrío. Los arquitectos Ignacio Vicens y José Antonio Ramos proyectaron esta vivienda formada por un gran volumen pétreo de granito, roca ígnea muy abundante en Madrid, sobre cuya fachada aparecen grietas que dejan pasar la luz. Ese contraste entre piedra y vidrio otorga un carácter pesado y liviano a la vez y se acentúa gracias a la propia materialidad del mineral elegido: la textura del cerramiento de granito, colocado en planchas y con distintas profundidades, choca con la perfección del vidrio.

En un espacio de la planta sótano encerrado entre rocas y cubierto por uno de sus lados, se coloca una pieza para bañarse. A pesar de encontrarse bajo rasante, recibe luz gracias a una de las aberturas que han dejado en el muro perimetral: los rayos de sol bañan la piedra lateralmente, recurso habitual en la arquitectura de Vicens y Ramos, que han repetido con acierto en algún edificio de carácter religioso.

En esta piscina el agua es diferente, la temperatura es diferente e incluso la luz es diferente. Juntar todos estos condicionantes le confiere al baño unas cualidades muy distintas a las que tendría sobre el terreno y al aire libre. Las sensaciones de estar allí, protegido del exterior en una gruta artificial, no son fáciles de replicar en otro lugar.

Y es que la arquitectura al final va de esto. La buena arquitectura, al menos. De crear espacios que nos transmitan sensaciones, lugares en los que se detenga el tiempo, sonidos que
se guarden en nuestra memoria y olores que se impregnen en
nuestros recuerdos, trasladándonos a momentos específicos
cada vez que los percibimos de nuevo. La arquitectura no solo es
el marco en donde se desarrolla nuestra existencia, también
es un catalizador de emociones que incide directamente en
nuestro estado de ánimo. Por eso es tan importante rodearse
de buena arquitectura. Nuestra vida depende de ello.

MUROS Y PAREDES

Para los altos, para los bajos... para todos

Ya lo dijo Italo Calvino: «Si levantas un muro, piensa en lo que queda fuera».

Las paredes o tabiques son elementos imprescindibles en la arquitectura y se utilizan habitualmente para delimitar espacios. El propio hecho de construir ya significa poner límites, marcar fronteras entre lo natural y lo artificial. Entre lo público y lo privado. Cuando edificamos estamos fijando una frontera que acota diferentes usos y cualidades. Estos límites pueden ser más o menos permeables o estancos, pero no dejan de ser límites.

Los muros se proyectan en el interior de las viviendas para separar estancias con funciones diferenciadas. Sus cometidos pueden ser diversos, desde lograr diferentes condiciones lumínicas hasta insonorizar ambientes. O simplemente proporcionar privacidad a sus usuarios. En los tabiques también se alojan las tripas de los edificios: muchos de ellos ocultan los pilares que soportan la estructura, las instalaciones de electricidad, las comunicaciones o las redes de fontanería y saneamiento que abastecen aseos y cocina. Son piezas versátiles con una implicación directa en el funcionamiento del edificio.

Antes de entrar en materia es importante que entendamos el alcance que tiene este concepto. Un muro es una barrera visual que esconde lo que se encuentra detrás. O que trata de protegernos de lo desconocido, como las murallas que rodeaban las ciudades medievales de posibles asaltos. Un muro también es una frontera que separa habitantes de diferentes naciones, que son tiroteados cuando intentan llegar al otro lado. O un símbolo de vergüenza, que divide a ciudadanos de un mismo pueblo. Las implicaciones de este elemento arquitectónico tan simple asustan.

En Jerusalén existe un Muro de las Lamentaciones y en China una muralla que hasta hace poco se creía que podía verse desde el espacio. Hay muros fabricados con distintos materiales, conformados por ladrillos, hormigón o bloques de piedra. O incluso hielo, como el que se extiende al norte de Poniente y protege los Siete Reinos de *Juego de tronos* de unos salvajes que quieren ver el mundo arder. Existe también un muro que hace unos años trató de imponer un presidente estadounidense amante de la laca y los rayos uva y que quedó inacabado. Un muro que enemistó a su propio país y se utilizó como emblema de campaña política y que sirvió para que dos artistas, Ronald Rael y Virginia San Fratello, colocasen unos columpios rosas atravesando la frontera que lograron que niños y niñas a ambos lados pudieran jugar entre ellos.

Un muro nos protege, sí. Pero también nos divide. Porque ¿cómo nos defendemos de nosotros mismos cuando nos hemos quedado incomunicados? La verdadera naturaleza de estos elementos es la de separar y crear divisiones donde antes no existían. ¿Cómo delimitamos nuestra parcela del resto de la calle? Con un muro. ¿Cómo reorganizamos el terreno geográfico y sus recursos, para después repartirlo entre unos cuantos? Con un muro. ¿Cómo separamos y enfrentamos a nuestra población? Con un muro.

Y no siempre han de ser construidos. Hay muros invisibles que pesan mucho más que los que pueden tocarse. Muros ideológicos, levantados con miedo y horror. Muros de contención que no soportan ninguna carga. Incluso muros lingüísticos, que configuran barreras incorpóreas entre individuos que solo quieren comunicarse. Muros que levantamos nosotros mismos y cuya única utilidad es la de ser derribados.

Continuidad y discontinuidad

Super Mario Bros. fue el primer videojuego que apareció en mi vida. Nos lo regalaron mis padres en las Navidades de 1988, junto con el *Tetris* y la NES. Por aquel entonces yo tenía menos de cuatro años y mi hermano la mitad, así que te puedes hacer una idea de lo que supuso: a pesar de ser unos retacos, ambos quedamos enganchados a aquella maravilla digital.

Esto nos sirvió para dos cosas. La primera, odiar con todas nuestras fuerzas a esa seta que se acercaba caminando despacio y sin ninguna intención aparente. La segunda, descubrir que no todos los muros en los videojuegos son infranqueables. En el nivel subterráneo, los bloques de ladrillos se unen formando plataformas y barreras verticales que pueden atravesarse o romperse desde abajo. Algunos de ellos incluso ocultan monedas o ítems que nos dan poder en el juego. Y, claro, aprender esto con tres años y medio es como tener una de las mayores revelaciones de tu vida. A partir de ese instante no vuelves a dejar un muro entero porque hay cosas que el juego te esconde y tú no piensas permitírselo. Hasta que se agota el tiempo, te matan y descubres que el cartucho está plagado de lecciones para el día a día.

Puede que los creadores de *Super Mario Bros.* se inspirasen en su propia vida cuando pensaron en la idea de esconder algo en un muro, porque ocurre lo mismo en nuestras viviendas. Como cuando en el popular programa de reformas *La casa de tus sueños* los gemelos Drew y Jonathan Scott golpean con los nudillos diferentes partes de un tabique para saber si esa partición vertical es un muro de carga o puede tirarse abajo. En realidad, no están haciendo cálculos matemáticos ni estudios complejos sobre la resistencia de los materiales. Solo esperan oír un sonido que les dé una pista de la composición de esa pared antes de reventarla con un mazo. Si el sonido que devuelve el paramento es grave con mucho eco, la división vertical no tiene función portante. Si por el contrario la resonancia es menor, es posible que ese muro sea de carga o que hayan encontrado un pilar. Puedes probar a hacerlo en tu casa, en el caso de que alguna vez te hayas preguntado dónde se esconde la estructura. Eso sí, te recomiendo que lo hagas cuando no haya nadie cerca si no quieres que piensen que estás completamente tarado.

El excelente trabajo de investigación que realizó Jesús Aparicio y publicó con el nombre de *El muro* nos da muchas pistas para analizar la naturaleza de este elemento constructivo. En su texto nos habla sobre la continuidad matérica de los muros y las implicaciones que estos tienen dentro del conjunto. Para entender estos conceptos, hagamos un ejercicio de imaginación. Improvisemos en nuestra cabeza un edificio completamente tapiado. En él, todos los paramentos verticales se encuentran unidos, con quiebros en varias direcciones. Los tabiques salen del suelo y terminan en el techo. Ahora comencemos a perforar los muros en diferentes puntos. Si la abertura la hacemos en la fachada, estaremos creando una ventana. El tamaño del hueco incidirá directamente en la cantidad de luz que llegará al interior y en la mayor o menor presencia que tendrá el paisaje en aquella habitación. Si la abertura la hacemos en un muro interno, con unas medidas aproximadas de 80 centímetros de ancho por 200 de alto, estaremos definiendo una puerta. El resultado de estas perforaciones será el que aporte diferentes cualidades a los espacios que se encuentran dentro del edificio.

Nosotros atravesamos espacios gracias a la ausencia en los muros. Es más, la posición y relación entre estos huecos va a determinar cómo nos movemos por ellos. Si lo piensas, habrás cruzado muchas puertas que solo eran un vacío entre muros, sin necesidad de hojas que se abatiesen o desplazasen para abrir y cerrar las estancias. Ocurre lo mismo con las habitaciones, que al final no son más que volúmenes de aire entre tabiques. La disciplina arquitectónica puede entenderse como una adición de elementos para delimitar superficies o como un vaciado de materia para generar huecos en su interior.

Si el conjunto está determinado por una serie de muros que podemos desplazar en el espacio, la separación entre estos elementos definirá la escala de los cuartos que nos encontremos dentro. Como ejemplo, la presencia de dos muros muy pegados entre sí podría originar la formación de un pasillo, que iría ganando identidad a medida que esta distancia fuese mayor.

La continuidad o discontinuidad de los muros de una vivienda nos habla de la relación que tienen sus piezas en el total, así como del vínculo del exterior con el interior. Estos parámetros definirán un tipo de arquitectura introvertida o más permeable con el paisaje.

Estructuras que son otra cosa

A principios de 2016, tres curiosas fotografías se viralizaron en redes sociales. En ellas pudimos ver cómo un libro encajado en la base de un muro de ladrillos deformaba toda la pared. Este muro pesado y de grandes dimensiones perdía su acostumbrada rectitud y adquiría una curvatura en la parte central. ¿El culpable? Una versión impresa de *El castillo* de Franz Kafka. Esta obra de arte diseñada por el artista mexicano Jorge Méndez Blake fue bautizada en redes como *El impacto de un libro*, aunque en realidad no se llamaba así. La pieza ya había visitado varias galerías de todo el mundo unos años antes, pero no se popularizó hasta que un usuario compartió las imágenes en internet.

El muro, levantado con ladrillos cerámicos de los países en donde se celebraba cada exposición, no tiene ningún tipo de mortero ni sustancia química que le aporte cohesión. El peso de sus piezas es lo único que las mantiene unidas. Bueno, eso y unos contrafuertes en la parte trasera para que no vuelque. Y, aun así, un simple libro es capaz de alterar la configuración de una tapia entera.

Este muro creado por Méndez Blake es algo más. Ni protege, ni divide, ni tiene función aparente. El contraste entre dos elementos tan diferentes logra una bonita metáfora que no necesita explicaciones. La imagen de un libro que no pesa nada modificando una muralla de dos mil ladrillos es abrumadora.

Skogskyrkogården es una palabra que seguro que te costará pronunciar. Corresponde al nombre que recibe el cementerio diseñado por Gunnar Asplund y Sigurd Lewerentz en medio de un bosque de Estocolmo. Rodeado de pinos y habitado por animales salvajes como ardillas, liebres y zorros, en su interior se esconde una capilla. Dentro, en una de las salas de espera de la *Trons Kapell*, los arquitectos jugaron con uno de los muros que delimitan el espacio para otorgarle un uso adicional.

Allí las paredes revestidas de madera se desdoblan para transformarse en un banco. Este mobiliario integrado parece liberarse de su posición vertical hasta cobrar vida y dar asiento a quienes aguardan antes de acceder a la capilla. Sostenido con unos ligeros perfiles anclados a la pared en su parte inferior, el banco vuela por encima del pavimento sin llegar a tocarlo. Un precioso ejemplo de cómo integrar un mueble dentro de su arquitectura y que ha sido replicado por otros compañeros de profesión, como el asiento que diseñó Gonçalo Byrne en el *Interpretation Center of the Atoleiros Battle* o con el que Hans Asplund homenajeó a su padre en el centro cívico de Eslöv.

Un muro puede cumplir con su función portante o divisoria hasta que entra en juego la creatividad de su diseñador. A partir de ahí es algo más. Pensar en cualquier elemento de proyecto como una pieza que mejore el funcionamiento de todo el conjunto es una habilidad al alcance de pocos.

La siguiente referencia nos lleva hasta la planta baja de un edificio en Nueva York. Y aunque tampoco sea una vivienda, se centra en el mismo objeto que recibió todas las miradas en la obra de Méndez Blake: un libro. El proyecto de Abruzzo Bodziak Architects para la galería Storefront consiste en una instalación para la Feria del Libro en la que los muros de cerramiento se transforman en estanterías. De noche, cuando la biblioteca está cerrada, los armarios permanecen dentro del edificio. Como en cualquier biblioteca corriente, pensarás. La peculiaridad de esta intervención es que las estanterías pueden girar sobre un eje, salir a la calle e invadir el tránsito peatonal.

Esta operación solo es posible después de liberar la capacidad estructural de los muros perimetrales, gracias a cuatro soportes verticales que se colocan por detrás. Es decir, los pilares son los encargados de transmitir las cargas hasta el suelo, lo cual permite que los muros se ocupen de otros menesteres. El resultado son unas estanterías móviles que favorecen una mayor interacción con los habitantes de la ciudad mientras pasean. En este caso, si Mahoma no va a los libros, los libros van a Mahoma.

Lo interesante de la intervención es que los muros pueden ser soportes expositivos de cualquier objeto que se quiera mostrar, modificando no solo la apariencia de la galería sino también el recorrido de las personas tanto en el exterior como en el interior. La galería permanece abierta en cuatro puntos de su fachada, sin necesidad de que exista un acceso principal, e invita al lector a aproximarse.

Viviendas que se mueven con sus propietarios

Una de las frases que más me hizo explotar la cabeza la dijo el político y orador Enrique Lacordaire: «Pensar es moverse en el infinito». ¿Cómo te quedas? Seguro que a ti te ha dejado igual.

La arquitectura y la cinemática son dos ramas que históricamente no se han llevado demasiado bien. No por nada, sino porque los objetos construidos son en esencia pesados y difíciles de mover. Cualquier artefacto de grandes dimensiones que necesite accionarse por medios mecánicos es siempre susceptible de romperse, con la correspondiente factura del servicio técnico de turno. Los beneficios de desplazar una parte del edificio deben ser lo suficientemente atractivos como para que merezca la pena hacerlo. Y si no, que se lo pregunten a Santiago Calatrava: muchos de sus proyectos fueron pensados para moverse y ahora están más quietos que un mimo asustado. La cubierta del Palacio de Congresos en Oviedo y el Obelisco del paseo de la Castellana son solo algunos ejemplos. El mantenimiento de las quinientas toneladas de monumento en Madrid le costaba al ayuntamiento 150.000 euros al año, así que decidieron que quizás era mejor dejarlo ahí parado. Un problema menos.

En ocasiones de falta de espacio puede ser interesante plantear una arquitectura reconfigurable. Existen ciertos elementos móviles que permiten fragmentar o fusionar estancias en función de las necesidades de uso. Se puede separar la privacidad de dos habitaciones mediante una concatenación de puertas que divida ambos ambientes. Pero también con piezas de mayor complejidad, como muebles que independicen ámbitos de diferentes jerarquías o tabiques móviles. Estas configuraciones cambiantes presentan beneficios e inconvenientes que conocen muy bien los siguientes modelos residenciales.

El primero recibe el nombre de *All I Own House* y fue proyectado en Madrid por PKMN Architectures (ahora conocidos como Enorme Estudio). El segundo, *Barcode Room*, fue diseñado por los arquitectos de Studio_01. Ambas propuestas comparten puntos de partida semejantes y coinciden en una misma conclusión: si el espacio doméstico es mínimo, los diferentes usos tendrán lugar entre la separación de unos muros que pueden desplazarse.

En los dos proyectos se entiende la domesticidad como un único volumen y en ellos se responde a un dilema común. El problema de vivir en un apartamento pequeño no es solo el de albergar las piezas necesarias para dormir, ducharse o cocinar. También hay que solucionar el almacenamiento de los objetos que forman parte del día a día, desde libros hasta electrodomésticos. Por eso las dos propuestas plantean unos muros habitables que contienen tanto pertenencias como muebles, con la intención de maximizar el espacio dentro de la vivienda. Incluida la cama, que queda recogida dentro del muro y puede abatirse cuando caiga la noche.

Para liberar superficie en planta, lo primero es llevarse la cocina y el baño a los extremos. Estas piezas cuentan con instalaciones de agua y saneamiento que no interesa mover, por lo que se fijan en dos laterales opuestos. Entre ellas es donde se desarrolla el resto de la residencia, donde sus usuarios personalizan los espacios según el momento del día o las necesidades de cada uno. Las estancias pueden agrandarse o quedar recogidas en función de la separación entre los dos muros que las contienen. Esto significa que ninguna de ellas tiene un tamaño fijo predeterminado.

Lo interesante de las propuestas es que ambas ofrecen las herramientas necesarias para que los espacios sean modificables. Si el dormitorio solo se emplea en un momento concreto del día, ¿por qué debe ocupar una superficie fija que queda desaprovechada cuando no se está utilizando? Esa misma filosofía es aplicable a cualquier pieza de la vivienda. Los cuartos de la casa son aquello que ocurre entre dos muros. ¿No vas a cocinar durante el fin de semana? Entonces podrás asignar mayor protagonismo al estudio.

La movilidad de los tabiques depende de unos carriles colocados en el techo, desde donde se cuelgan, y unas ruedas por debajo del muro-mueble que facilitan su desplazamiento. No hay que olvidar que estas piezas superan los quinientos kilos y van a estar moviéndose varias veces al día, por lo que su sistema de rieles y rodamientos debe soportar un uso intensivo.

La diferencia que existe entre *Barcode Room* y *All I Own House* es que la primera consiste en un planteamiento modular replicable en cualquier apartamento tipo estudio y la segunda es un caso real llevado a la práctica y adaptado al modo de vida de su propietaria. Esta última propuesta cuenta también con una sala de estar fija de 23 metros cuadrados, que ocupa la mitad de la vivienda y ayuda a colonizar el espacio que han configurado las paredes móviles.

Los dos ejemplos proporcionan un excelente aprovechamiento de las escasas dimensiones del único volumen habitable, a expensas de obligar a sus propietarios a moverse y mover la casa con ellos.

Habitar el interior de una muralla

Las referencias que acabamos de ver nos hablaban de unos apartamentos que configuran sus particiones en relación a cómo van a ocuparse. Como es lógico, la función estructural de los tabiques móviles desaparece y se convierten en meros delimitadores espaciales. O, dicho con otras palabras, los muros no transmiten ninguna carga y son necesarios otros componentes que sí se encarguen de soportar el armazón del edificio.

Veamos ahora el caso contrario: una vivienda que se desarrolla dentro de un muro.

Ullestret es un pequeño municipio de Gerona donde viven menos de trescientas personas. Las edificaciones que dieron forma al poblado se basan en sistemas constructivos tradicionales que utilizan la piedra como material principal. Tanto la iglesia románica como la muralla medieval se levantaron con muros de sillares, igual que muchas de sus residencias. Lo que se encontró el equipo de Harquitectes, cuando visitó por primera vez el solar de uno de sus clientes, fue una parcela rodeada por una tapia perimetral de rocas: el clásico muro de piedra que vemos a menudo en los pueblos. Podía intuirse que había vegetación dentro, ya que las copas de los árboles asomaban desde la calle, pero todo el interior permanecía oculto a ojos de los transeúntes. El muro se adaptaba a la vía pública, delimitando el espacio privado y cambiando de dirección a lo largo de su sección.

La normativa urbanística obligaba a reparar la cerca, y el estudio de arquitectura aprovechó para construirla desde cero y tomarla como punto de partida para desarrollar la vivienda desde ese límite. Hicieron una casa muro, en lugar de edificar una tapia y colocar la residencia en el centro. Todo en una sola planta, para que su cerramiento conservase la presencia que tenía antes de la intervención. La casa es una barrera que se separa del pueblo, pero también un jardín, porque al ubicar sus piezas en el perímetro se liberó el núcleo de la parcela, que quedó accesible desde cualquier estancia. La *Casa 1413* es una muralla habitable que separa el asfalto de la calle del césped interior.

Si los espacios habitables se encuentran en el interior de una estructura que bordea el solar, las habitaciones también tienen que adaptarse al terreno y a los quiebros de la calle. El muro se esponja en determinadas zonas, absorbe el programa en su interior y ubica las estancias más privadas en sus

áreas de mayor espesor. Cuanta más intimidad se necesita, más consistente es el muro.

Las estancias dan la espalda al entorno urbano y se abren a la naturaleza, al coincidir con una orientación norte-sur que beneficia el calentamiento de los espacios en invierno. De ahí que la materialidad de ambas fronteras sea diferente: se adaptan no solo a la trama urbana, sino también a los condicionantes climáticos. Y en verano, la piel de vidrio que delimita el jardín puede abrirse por completo, lo que conecta ambos ambientes. Los espacios, que se concatenan y acoplan transversalmente, generan dos recorridos: uno interior que atraviesa las salas y los patios y otro directo desde el jardín. De esta manera, la casa es una frontera doméstica entre lo rural y lo salvaje. Entre lo lleno y lo vacío. Una estructura no tan alta como la de *Juego de tronos*, pero que separa el mundo civilizado de lo desconocido.

El nuevo muro reutiliza las rocas que lo soportaron no hace mucho y las combina con materiales pétreos para configurar su nueva identidad. Su textura es diferente a ambos lados de la linde: un muro desgastado e irregular al norte, que tiene que ver con las edificaciones existentes, en contraposición con un muro

regular y permeable que se relaciona con su propia construcción y con la proximidad al jardín. Durante la Edad Media, vivir
dentro de una muralla significaba permanecer siempre alerta
ante posibles invasores. En este proyecto, el muro se descontextualiza y adquiere unas condiciones diferentes a las defensivas,
mostrándonos una piel cambiante: opaca y resistente por un
lado y porosa y transparente por el otro.

Superficies fragmentadas

Hemos conocido muros que se mueven. Tabiques que se transforman en bancos o estanterías y cercas de piedra que se esponjan. Paredes que sujetan edificios y también que dividen
sus estancias interiores. El muro es el soporte arquitectónico
por excelencia, de naturaleza pesada y opaca, utilizado como
elemento estructural mucho antes de que su figura adelgazase
y se convirtiera en columnas y pilares.

En esta última referencia del capítulo hablaremos sobre
la desmaterialización del muro. De cómo este elemento puede perder consistencia hasta ocupar unos pocos centímetros de
espesor y desaparecer en el corazón de una vivienda.

Kame House es un proyecto residencial localizado en Japón.
Y no, aunque compartan el mismo nombre, no estoy hablando
de la cabaña de madera donde Muten Rōshi instaló su residencia en una isla abandonada de *Dragon Ball*. La «casa tortuga»
diseñada por Kochi Architect's Studio es un cubo gris volteado
sobre la trama urbana de Niigata. Su aspecto exterior puede parecer convencional, aunque con un rápido vistazo encontramos
diferencias respecto a sus vecinos: la cubierta plana, los huecos
de gran tamaño y las instalaciones que escapan por las fachadas

ya nos dan pistas de que esta casa esconde algo. Pero, para salir de dudas, nos van a tener que invitar a pasar dentro.

La planta baja contiene los accesos, un hall de entrada, el garaje, un baño, un aseo, un dormitorio para invitados y un espacio de trabajo. Y desde cualquiera de esas estancias, a excepción del aseo y el cuarto de invitados, se puede ver lo que ocurre por encima. ¿Que cómo es esto posible? El estudio de arquitectura proyectó seis habitaciones en cada una de las dos plantas, separadas por muros y forjados. Una solución de apilamiento y división tradicional, con una peculiaridad: la de incluir, en el centro de la vivienda, un prisma hueco de doce caras, compuesto por un cubo y dos pirámides en sus lados opuestos. Me gustaría incidir en el hecho de que el poliedro que acabo de describir está formado por aire, es decir, no contiene nada más que vacío. Para ello, tanto los forjados como los muros han sido recortados en varias direcciones, creando un espacio dentro del volumen que une visualmente las estancias de los dos niveles.

Este concepto solo puede entenderse si los suelos y paredes son lo más finos posible y no contrastan con el espacio vacío creado en el centro de la vivienda, de ahí que ambos tengan seis centímetros de espesor. La ligereza de los elementos estructurales refuerza la visión diagonal de los espacios dentro de un gran atrio. La intimidad es compartida en casi todas las habitaciones al quedar conectadas sin necesidad de puertas o ventanas interiores. Todas las aberturas existentes son segmentaciones con diferentes tamaños de los muros y forjados.

La propuesta de Kochi Architect's Studio es arriesgada y cambia la manera de entender la privacidad en el ámbito doméstico. Desde el hall de entrada puedes ver quién está cocinando en la planta superior y quién se ha tumbado en el sofá a escuchar música. Eso sí, aunque los baños tengan un cerramiento acristalado que muestra su interior, también se han incluido cortinas. Porque está bien exponerlo todo, pero hay cosas que es mejor no compartir.

VENTANAS

Una abertura que mira al cielo

Las instalaciones de James Turrell son maravillosas. Entre otras cosas, porque hablan del espacio y de la luz que habita en él, y eso no es fácil de materializar. Cuando el objeto principal de tu obra es algo etéreo que cambia con el paso del día y su percepción varía en función de cada espectador, te estás adentrando en un mundo sensorial abstracto. Y ese es precisamente el contexto en el que se mueve Turrell.

Sus creaciones no son esculturas como tal, ni piezas arquitectónicas. Son el ambiente que las rodea y entienden a la perfección que el contenedor de una obra de arte puede ser en sí mismo la obra de arte. El manejo de la luz en estos espacios logra que nos movamos por ellos de una manera diferente y que percibamos sensaciones que no percibiríamos si no juntásemos todos estos ingredientes en dicho recipiente. O, dicho con otras palabras, el contenido no puede comprenderse sin su continente. Porque, aunque no lo parezca, la luz tiene presencia física dentro de los espacios.

Una de sus instalaciones que mejor lo ejemplifica son los *Skyspaces*, que no son más que estancias con aberturas en el techo por donde entra la luz. Es decir, ventanas para poder ver el cielo. Con algo tan sencillo como crear un vacío en el forjado de cubierta consigue una obra de arte que cambia con el día, con la estación y con las condiciones climatológicas de cada momento. Una pieza que enmarca el cielo y le confiere un significado y una importancia que no tenía antes. Que ya ves tú, para qué mirar arriba teniéndolo tan visto. Pues os aseguro que sentarse a observar un pedazo de cielo atravesando una pared completamente blanca es una sensación alucinante.

Hace unos años me topé con un *Skyspace* de casualidad y, como pasa con esas piezas que no te esperas, se me quedó grabado a fuego. Al no haber aquel día ninguna nube atravesando el firmamento, daba la sensación de que alguien había pintado un cuadro azul brillante en el techo. Desde abajo no se percibía el espesor del forjado de cubierta, y el contraste con el blanco de la pared que hacía de lienzo consiguió que tardase varios minutos en darme cuenta de que no, no estaba contemplando ninguna pintura abstracta. Estaba mirando al cielo. Pero unos días más tarde volví y me encontré con que la obra había cambiado, porque el hueco se había transformado en un tono gris uniforme mientras unas finas gotas de agua se colaban en la habitación. Todo esto abriendo una ventana en el techo. Nada más.

Pero tampoco debería sorprendernos que se den este tipo de intervenciones en el mundo del arte, porque el ser humano lleva una buena parte de su existencia queriendo ver

y controlarlo todo. ¿Qué es el microondas más que un electrodoméstico con ventana para que comprobemos cómo y cuánto se calientan los alimentos? ¿O qué me dices de ese cristal panorámico que lleva unos años instalándose en el techo de algunos automóviles para que el sol caliente su espacio interior y los pasajeros puedan ver el cielo durante todo el trayecto?

Hitchcock, Hopper y el voyerismo indiscreto

Metafóricamente hablando, las películas son ventanas. No solo vemos a través de ellas personajes y escenarios que nos acercan sus historias, sino que también, en ocasiones, nos vemos reflejados a nosotros mismos.

Alfred Hitchcock, figura indiscutible del cine de misterio e intriga, introdujo en una de sus películas a un protagonista transparente. En *La ventana indiscreta*, el personaje que interpreta James Stewart se ve obligado a permanecer en reposo al tener una de sus piernas escayolada, y para escapar de la monotonía se dedica a observar a los vecinos desde su ventana. Con solo un apartamento y el paisaje que se percibe desde él, Hitchcock desarrolla una trama de suspense donde la ventana se convierte en el centro de toda la historia. Este elemento constructivo no solo realiza la función de espacio escénico, sino que también le da al director la oportunidad de presentarnos diferentes planos del exterior de la vivienda como si nosotros estuviéramos sentados junto al protagonista, investigando lo mismo que él. Porque introducir luz en las habitaciones de nuestra casa es una de las funciones para las que fueron pensadas las ventanas inicialmente, pero no pasemos por alto que al incluir un elemento translúcido en el muro de fachada estamos viendo y siendo vistos por todo aquello que nos rodea.

Edward Hopper fue un pintor estadounidense que nació a finales del siglo XIX, cuyo estilo se ha categorizado como realismo americano, y se dedicó a retratar escenas cotidianas enmarcadas dentro del entorno urbano característico de su época. Fue también un artista que convirtió las ventanas en el estandarte de su obra. Si los bodegones son representaciones de naturaleza muerta, las obras de Hopper rebosan vida: en ellas se sustituyen las piezas de fruta y las jarras por personas anónimas que parece que van a comenzar a moverse de un momento a otro. Son cuadros que nos transportan a ciudades como Nueva York o Massachusetts, y en muchos de ellos podemos ver un elemento común que se repite: la ventana.

Este componente arquitectónico suele aparecer de forma directa en muchas pinturas. Los personajes en sus cuadros miran hacia el exterior, intentando escapar del lugar donde se encuentran. En ocasiones de una manera melancólica (como en *Morning Sun* o en *Summer in the City*) y en otras esperanzadora (como en *Office in a Small City* o en *Cape Cod Morning*). Pero hay algunas en las que su utilización dentro de la escena tiene otro significado. Los cuatro personajes de *Nighthawks*, seguramente su cuadro más reconocido, son visibles desde el exterior gracias a los grandes ventanales del café. Hopper sitúa al espectador del cuadro en una calle vacía, posiblemente a altas horas de la madrugada, con una escena solitaria de una gran ciudad estadounidense. Estas ventanas nos permiten entender a la perfección lo que está ocurriendo dentro del espacio, sin perder de vista el entorno urbano. Una imagen icónica repetida hasta la saciedad en numerosas películas estadounidenses de la época y que seguramente encontró inspiración en la pintura barroca holandesa, donde muchos espacios son visibles gracias a la aparición de puertas y ventanas abiertas en la escena.

Cuernos, paja, papel y madera

Entonces ¿quién fue el primer iluminado al que se le ocurrió abrir un muro para llenar de luz el interior de su vivienda? Que la luz y el aire son elementos esenciales para el ser humano es algo bastante obvio que no hace falta que te cuente en un libro. Muchos de nuestros órganos necesitan oxígeno y aporte diario de ciertas vitaminas para funcionar correctamente; por no hablar de nuestro estado de ánimo, que no sería el mismo si viviésemos encerrados en cuevas sin iluminación o ventilación.

El principal problema que tuvieron las ventanas a lo largo de la historia fue su materialidad. Hasta que no se estandarizó la utilización del vidrio en su fabricación (hablamos del siglo XVII, hace unos días como quien dice), las ventanas eran pequeños huecos en fachada que se cubrían con pieles de animales, telas, paja o madera. Vamos, vacíos en los muros de las casas que se abrían durante unas pocas horas al día y se cerraban inmediatamente después para no perder inercia térmica. Porque, como imaginarás, estos elementos eran puntos frágiles de la envolvente donde se perdía mucho calor en invierno y que se calentaban excesivamente en los meses de verano.

La ventana hoy en día no puede entenderse sin la aparición del vidrio, y su evolución durante los últimos siglos está siendo fascinante. La mejora de todos sus componentes y los encuentros entre diferentes materiales aseguran un perfecto aislamiento entre el interior y el exterior de la vivienda, a nivel tanto acústico como térmico. Gracias a ello, hoy podemos imaginar cajas enteras de vidrio como la *Casa Farnsworth* o paredes transparentes de techo a suelo que permiten conectar visualmente determinadas estancias con el paisaje.

Aunque el vidrio ya existía en Egipto y Asia hace miles de años, su utilización estaba ligada a la fabricación artesana de piezas de arte, utensilios domésticos o elementos decorativos. Es curioso descubrir cómo se fueron empleando diferentes materiales, que dejaban pasar más o menos la luz, para cubrir estas aberturas en las fachadas. Los que tenían cierto poder adquisitivo podían permitirse ventanas fabricadas con cuernos de animales, confeccionadas mediante un proceso que duraba varios meses, en el que se reblandecían en agua para posteriormente prensarse y unir todos ellos en un bastidor de madera. Auténticas obras de ingeniería de la época.

En nuestro país, una de las soluciones que también llegó a usarse fue el empleo del *lapis specularis*, una piedra mineral de yeso translúcido que se extraía de los yacimientos de Segóbriga en Cuenca. Este material conseguía un acabado mucho más cristalino que las piezas de marfil que se obtenían de los cuernos, que eran translúcidas tirando a tonos amarillentos en lugar de transparentes.

Hasta que llegaron las catedrales y sus vidrieras.

Avanzando en el tiempo y con la aparición de los artesanos medievales, se perfeccionó la utilización de los hornos durante la fabricación del vidrio. Las innovaciones técnicas del gótico como las bóvedas de crucería y los arbotantes permitieron una mayor altura en el interior de las naves y que se abriesen huecos en sus muros. Se disparaba así la popularidad del vidrio en este tipo de arquitectura gracias a la colocación de vidrieras y rosetones que inundaban de luz y color el interior de las catedrales. No es de extrañar que la mayor parte del vidrio plano de los siglos XIII y XIV se usara en la ornamentación religiosa en este tipo de espacios.

Y mientras tanto, en los países orientales se utilizaba el papel para estos elementos constructivos. Los *shōji* japoneses, una mezcla entre puerta y ventana, permiten el paso de la luz al interior de las estancias gracias al papel translúcido que se coloca sobre el marco de madera y pueden deslizarse por un carril inferior o doblarse por la mitad. Una pieza, tan delicada como elegante, que homenajeó Quentin Tarantino en una escena de *Kill Bill* (2003). Bajo un juego de luces y sombras, Uma Thurman acaba con la vida de los atacantes que se enfrentan a ella mientras empuña una katana.

Hasta que no llegó la Revolución industrial para abaratar los costes de producción de las ventanas de vidrio, algo tan fundamental como introducir luz y aire en las viviendas estaba reservado a unos pocos privilegiados. Tanto es así que, en el año 1696, Guillermo III de Inglaterra promovió en su país el llamado «impuesto sobre la ventana». El monarca andaba escaso de fondos y se le ocurrió que una buena manera de recaudar pasta para que la corona pudiera seguir financiando guerras era inventarse un nuevo tipo de tributo, por el que cada familia pagaría en función del número de ventanas que tuviera en su vivienda. El impuesto sobre la renta era una intromisión gubernamental en los derechos de cada individuo, pero las ventanas de una casa podían contarse desde fuera sin necesidad de acceder al interior del inmueble y, claro, de esta forma era más complicado oponerse a que te sacaran los cuartos.

Consideró que los propietarios debían abonar seis peniques por cada ventana en caso de que la casa tuviera entre diez y catorce ventanas, nueve peniques por unidad si tenía entre quince y diecinueve y un chelín por ventana si disponía de veinte huecos o más. Los que tenían menos de diez ventanas en su vivienda solo pagarían una tasa fija de dos chelines, así que ya te puedes imaginar la reacción de la población: se pusieron todos como locos a tapiar ventanas. Si alguna vez has viajado al Reino Unido, Francia o Irlanda y te has encontrado con huecos de fachada cerrados en algunos edificios, ya sabes a qué se debe. La próxima vez que te toque buscar habitación en alquiler y te duela ver la diferencia de precio entre estancias sin ventana y con ventana, quizás te consuele pensar en todas esas personas antes de ti que se enfrentaron al mismo dilema.

Pasando por alto este singular inconveniente, la producción de las piezas que componen una ventana continuó mejorando con el tiempo. El vidrio flotado, el más utilizado a día de hoy en la fabricación de ventanas, facilitó este proceso gracias a su método de elaboración: una masa viscosa compuesta por sílice, potasio, alúmina, sodio, magnesio y calcio se calienta a grandes temperaturas y se enfría progresivamente en piscinas de estaño líquido para lograr mayor transparencia y durabilidad.

La ventana es un elemento arquitectónico que complace nuestra necesidad de relacionarnos con el espacio exterior, ventilando e iluminando nuestra vivienda. Es una de las piezas más importantes de la fachada, ya que vincula el interior con su contexto y a la vez los separa, y de ella dependen varias funciones exclusivas del edificio. Los marcos pueden fabricarse de madera, aluminio, hierro, acero e incluso PVC (un polímero derivado del plástico que se utiliza en envases, tuberías o cualquier juguete que te imagines), cada uno con diferentes ventajas en inconvenientes. Y según su colocación y tipo de abertura pueden categorizarse como abatible, pivotante, corredera, oscilante, en acordeón, *pocket* (si su hoja se puede esconder dentro del muro), oscilobatiente, lucernario, en esquina... Un sinfín de opciones para llenar de luz tu vivienda y protegerla de la intemperie que no voy a detallar en este libro porque nos eternizaríamos y tampoco quiero quitarles el pan a los comerciales que te envían un catálogo lleno de productos cada vez que aceptas su solicitud en LinkedIn.

El paisaje como habitación de tu casa

Hablemos entonces de esa condición de transparencia que nos aportan las ventanas. Y es que existen algunas viviendas que basan toda su estrategia proyectual en introducir el horizonte en su interior, capturando parte de ese panorama donde se encuentran.

Siempre se ha dicho que la luz natural de Grecia es especial. Homenajeada por poetas y escritores como Homero o Lord Byron, se considera uno de los mayores atractivos del país. En Paros, una de las islas del archipiélago de las Cícladas, y proyectada por VOIS Architects, hay una casa que busca acercarse al límite entre cielo y mar: *H_orizon*.

La H del nombre es una clara referencia a su disposición en planta, con dormitorios y estancias simétricas a lo largo de un eje. Es decir, tiene los mismos cuartos a un lado y a otro y con las mismas dimensiones. Y justo en el centro, en la parte más importante de toda la vivienda, se sitúan el salón y dos patios que lo flanquean por delante y por detrás.

Pero este salón tiene una peculiaridad, algo que lo hace diferente: está hundido respecto al resto de la casa. Para entender por qué se encuentra por debajo del nivel de suelo, tenemos que bajar cuatro escalones, sentarnos en uno de los bancos corridos que acompañan la mesa y mirar por la ventana. Las cuatro hojas de vidrio con abertura central, que se esconden dentro de los muros dos a dos, y la posición excavada del salón permiten la perfecta contemplación del horizonte, una delgada línea que separa el azul del cielo del azul del mar.

Los marcos de aluminio de la carpintería minimalista quedan ocultos en suelo, techo y laterales para que no interfieran con las vistas cuando la ventana se deje abierta. Las divisiones de sus hojas están calculadas para que, al ser recogidas, quepan perfectamente en los dos espacios habilitados a ambos lados del muro. Una manera de acercar el mar al interior de la estancia más atractiva del inmueble.

Esta estrategia de proyecto es muy similar a la que utilizan RCR Arquitectes en una casa rural de la Garrotxa. Con la diferencia de que en esta vivienda no solo nos encontramos con una única ventana que enmarque el paisaje, ya que, en esencia, el edificio es una colección de miradores enormes que se abren hacia un horizonte agreste. Y cuando digo enormes, quiero decir ENORMES. Los huecos, de aproximadamente tres metros de altura, van de suelo a techo de manera que desde dentro solo se perciba un gran vano transparente, y desde fuera dé la sensación de que nueve inmensos ventanales se prolongan hacia el campo.

La posición de los miradores a ambos lados del edificio juega con esas dobles vistas de un paisaje dividido: por un lado, los Pirineos, y por otro, un pequeño huerto. Dos tipos diferentes de naturaleza: la salvaje y la controlada por el hombre. El tamaño descomunal de las aberturas llama constantemente nuestra atención desde el interior, como si enormes piezas de arte hiperrealista, que cambian a medida que avanza el día, formaran parte de la decoración de la vivienda. El ejemplo perfecto de cómo embellecer los espacios interiores utilizando nada más (y nada menos, ojo) que el paisaje que los rodea.

Unos años antes, el equipo de Future Systems usó esta misma idea de casa mirador para diseñar un atípico proyecto en la costa de Pembrokeshire. Imagina un agujero hobbit de acero inoxidable, vidrio y césped en su cubierta, escondido en el interior de una ladera. Un lugar al que Frodo Bolsón se escaparía de vacaciones cada verano si fuera galés, olvidándose de aquella complicada e interminable tarea que le encomendaron de destruir el anillo único.

Esta vivienda necesitaba estar enterrada para conseguir la licencia de obras, entre otras cosas porque se encuentra en un entorno natural protegido y su impacto sobre el paisaje debía ser mínimo. Con todas estas premisas, el equipo liderado por Jan Kaplický y Amanda Levete pensó en un espacio único y abierto al mar, compartimentado por el mobiliario justo y necesario para que una familia pudiera fugarse allí unos días de veraneo.

En torno a una chimenea (porque, no nos engañemos, en Gales debe de hacer frío hasta el día más caluroso del año) se coloca una pieza ovalada de sillones, orientada hacia la fachada más importante de la vivienda: la que mira al mar. Y así es su salón, un espacio separado de las habitaciones por unos muebles que casi tocan el techo y esconden las instalaciones de la cocina y los baños y donde lo único que puedes hacer es sentarte, hablar y observar el océano. Que a mí como plan de descanso no me parece nada mal, también te digo. Y aunque los accesos de la vivienda sean de vidrio, podría decirse que la casa tiene una única ventana. O que la casa en sí es una ventana toda ella, escondida en el terreno y contemplando los movimientos de las mareas.

Un prisma de luz atravesándote por dentro

A estas alturas del libro ya te habrás dado cuenta de que me apasiona la arquitectura japonesa. Quizás porque trasladarme allí durante casi un año me hizo entender que se puede vivir en muy poco espacio, cuando se aprovecha su superficie desde el propio diseño (te aseguro que alquilar un apartamento con menos de 20 metros cuadrados es algo que te revienta la percepción de las cosas). O tal vez por esa condición experimental que tienen muchas de sus viviendas, personalizadas al máximo para cada propietario.

Existen diversos factores que favorecen esta situación. La normativa es uno de ellos, mucho menos restrictiva que la de la gran mayoría de los países occidentales. Japón es una sociedad muy individual y sus familias son relativamente pequeñas, por lo que la mayoría de las viviendas se construyen para una única persona o como mucho tres. El hecho de que el suelo pueda alcanzar hasta el 70 % del coste final de la construcción, que la vida útil de los edificios sea tan reducida y que haya incentivos fiscales para deducir la vivienda en la declaración de la renta ayuda a que los arquitectos japoneses se atrevan a replantearse desde cero el interrogante de qué significa habitar un espacio.

En Osaka se encuentra una de esas casas dignas de estudio. Proyectada por FujiwaraMuro Architects, podría pasar desapercibida ante tus ojos si la ves desde la calle. A simple vista, sus fachadas limpias y su volumen aparentemente convencional parecen no esconder nada distinto en su interior. Y qué bonito cuando nos equivocamos.

La peculiaridad de *House in Uehonmachi* radica en cómo entra la luz. O, mejor dicho, en cómo se iluminan ciertos espacios que, por temas de privacidad, no se pueden iluminar abriendo grandes huecos en fachada. La configuración del edificio dentro de la parcela y la proximidad con sus vecinos invita a colocar una ventana grande en cada uno de sus lados cortos.

¿Qué hacen los arquitectos para iluminar el resto de los espacios intermedios? Crean huecos en cada uno de los muros interiores del mismo tamaño que los vanos de la fachada. Es decir, que desde el estudio tienes una ventana al cuarto japonés y al comedor, y este a su vez una ventana a la cocina y esta a su vez al salón, hasta que este cuarto se ilumina exteriormente. La propia vivienda hace de filtro de luz con todas las estancias conectadas visualmente y con una iluminación que baja en intensidad a medida que se aleja de las fachadas. Además de esta graduación lumínica existen dos patios pegados al salón y al cuarto japonés que dejan pasar la luz a la planta inferior, y unas estrechas ventanas a los lados de cada habitación.

Las ventanas interiores en los muros consiguen una transparencia total de la casa en su eje longitudinal, como si un prisma rectangular sólido y de base cuadrada, lleno de partículas de luz, pudiera atravesar la vivienda sin encontrarse con ningún obstáculo a su paso. Algo similar a lo que ocurre en el Panteón de Roma, cuando un cilindro lumínico lo atraviesa desde el óculo, moviéndose a medida que avanza el día.

Huecos que se transforman en mobiliario

No te sorprenderá entonces que para conocer la siguiente referencia nos quedemos un rato más en Japón. Te sirvo un té matcha caliente con unas pastas de sésamo y seguimos.

En este caso, aunque no se trate de una casa unifamiliar, me interesa que conozcas la intervención que hizo Persimmon Hills Architects en el interior de unos apartamentos en Neyagawa. Su propuesta en realidad no es más que una remodelación de las ventanas y los espacios adyacentes a ellas dentro de un edificio de vivienda colectiva, y sin embargo *Neyagawa window* consigue cambiar por completo el ambiente de todo el proyecto.

El valor que tiene esta transformación es entender que las zonas próximas a las ventanas, al ser las encargadas de introducir la luz en los apartamentos, van a ser zonas de vida, lugares donde se desarrollen las actividades más importantes de la vivienda, y merecen ser tratados como tal. La influencia de la ventana se expande al resto del hogar de diferentes maneras, dependiendo de la estancia en la que esté colocada.

Vale, pero ¿cómo se materializa todo esto que estoy contando? En una serie de piezas de madera que rodean la ventana y añaden usos y funciones a este elemento arquitectónico. Las piezas pueden transformarse en pequeños compartimentos, como un escritorio para trabajar, una estantería para almacenar objetos o un banco para sentarse y espiar tu vecindario. Pero también pueden convertirse en un espacio completo donde colocar el tatami o incluso agregar un dormitorio. Estas divisiones generan privacidad en grandes estancias e incorporan servicios o instalaciones que mejoran las viviendas.

Todo ello alrededor de las ventanas.

Estuche que se abre y que se cierra

Cada proyecto de arquitectura es una oportunidad única para enfrentarse a cuestiones que requieren solución. Es sin duda una de las razones por las que un cliente debe contactar con un buen profesional. Ya lo dice Alberto Campo Baeza: «¿Quiere usted hacer una casa buena, bonita y barata? Llame a un arquitecto».

En la ciudad de Melbourne existe un proyecto diseñado por Sean Godsell Architects, llamado *Casa Verde*, que consiste en la ampliación de una cabaña ya construida y que no tiene nada que ver con el color. El estudio se encontró con un cobertizo completamente pegado a dos edificaciones y que no podía tirarse abajo, porque las autoridades municipales habían decidido que tenía interés histórico. Estos factores obligaban a revisar el lugar con otros ojos y pensar en que, para dar una buena respuesta, había que imaginárselo de manera diferente.

El principal problema de la vivienda era su ubicación, un solar largo y estrecho que dejaría la casa encerrada entre muros y con dificultades para obtener luz. Y la solución que se dio fue la única posible, porque si no puedes iluminar los espacios interiores colocando ventanas en sus lados largos y es lo suficientemente profunda como para que tampoco sirva colocarlas en sus lados cortos, solo te queda abrir huecos en su cubierta.

Por eso, *Casa Verde* es un estuche con aberturas en su techo para introducir luz los días de invierno y ventilar los días de verano. Su envolvente está formada por una colección de ventanas abatibles opacas con diferentes orientaciones, que pueden inclinarse hasta 45° para dejar pasar el sol al interior de la vivienda. Una caja configurable por fuera que distribuye el interior en pastillas con diferentes programas. La cocina y el comedor quedan separados del estudio y el dormitorio por un pequeño patio cubierto que puede abrirse para inundar de luz los espacios adyacentes.

Un proyecto que funciona como un calendario de adviento, con la diferencia de que, al abrir las pestañas que lo cubren, no vamos a encontrar chocolate dentro.

Acariciando los límites del infierno

Fernando Higueras fue un tipo curioso. Un arquitecto español que coqueteó con las drogas, al que le chiflaba el porno y que decidió construir su casa-estudio varios metros bajo tierra.

Como comprenderás, alguien que pasó más de treinta y cinco años de su vida escondido en el subsuelo, mientras proyectaba edificios y protagonizaba películas pornográficas, no podía quedarse fuera del libro. Su estudio, excavado en su propio jardín, se convertiría en una madriguera para lo que le restaba de vida. Un lugar donde poder hacer lo que quisiera, sin miedo a ser controlado por miradas ajenas. Un sitio que él mismo llamaría *Rascainfiernos*.

Higueras extrajo el suficiente volumen de tierra como para crear dos plantas cuadradas de 9 por 9 metros, a 7 metros bajo tierra. Si los rascacielos intentaban tocar el firmamento, su obra pretendería justo lo contrario: acercarse todo lo posible al centro del planeta. Su hogar transformado en cueva es un sitio tranquilo y silencioso, con temperaturas constantes durante todo el año. Es lo que tiene enterrar todo el programa doméstico en un espacio subterráneo.

Aunque el refugio esté fabricado con muros de hormigón, no necesita ninguna ventana. En una de las esquinas de la planta superior y en contacto con el terreno, un enorme lucernario se convierte en el encargado de iluminar y ventilar los dos sótanos que se esconden bajo rasante. Las cuatro claraboyas que forman el lucernario convierten el espacio interior en un pozo de luz y amplifican el sonido de las gotas de lluvia cuando caen sobre su superficie.

Y justo allí, al final de ese prisma lumínico, es donde Higueras colocó una hamaca. Una tumbona donde descansar de todo el sexo y toda la arquitectura que le hubiese dejado el día, en el extremo de un jardín vertical adornado con pinturas y fotografías. Con un único objetivo: poder esquivar su deterioro, escondido a pocos metros de donde comienzan los límites del infierno.

CUBIERTAS

Empezar la casa por el tejado

Todos hemos dibujado de pequeños una casa. En esa ilustración seguramente aparezcamos nosotros, junto a algún miembro de nuestra familia, rodeados por otros elementos que nos acompañan en el día a día: el sol es una circunferencia con líneas alargadas que simbolizan esos rayos que en realidad no podemos ver y las nubes son masas esponjosas de algodón que surcan los cielos. Representamos de una manera abstracta cosas que conocemos y sabemos que están ahí, aunque ignoremos cómo funcionan.

Y ocurre lo mismo con la casa. Da igual que vivamos en un bloque residencial, en una torre con veinte plantas o en un chalet de estilo racionalista, que vamos a dibujar nuestra casa con un cuadrado en la base y un triángulo encima. Otro rectángulo más pequeño en el interior será la ventana, con una cruz atravesándolo a modo de reja, y la puerta tendrá la

proporción que quiera porque es nuestra y la dibujamos como queremos. En esa cubierta inclinada probablemente aparecerá una chimenea, con un extraño muelle saliendo de su parte superior, porque el humo es algo muy difícil de dibujar y tampoco vamos a pedirle mucho a nuestro primer dibujo.

Este arquetipo de vivienda tradicional aparece en casi todas las culturas y es un reflejo de cómo entendemos la familia y el hogar donde vivimos. Podríamos hacernos muchas preguntas, así que ya lanzo yo la primera: ¿por qué dibujamos ese tejado a dos aguas? Seguramente tenga que ver con que sea la forma clásica de cubierta más utilizada en climas fríos, aunque nosotros no vivamos en una casa con esas características. ¿Es este el tejado más fácil de dibujar para un niño? En realidad no; ese cuadrado que representa las habitaciones ya podía tener una cubierta plana incorporada en su zona superior. Pero el cuadrado con ventanas puede dar lugar a otras interpretaciones, y con el tejado inclinado ya entendemos que es una casa. Ocurre algo similar con la representación abstracta de un corazón: todos sabemos que nuestro órgano no tiene nada que ver con el icono, pero se ha aceptado universalmente como tal.

La importancia de la cubierta en una edificación es indiscutible. Su principal función siempre ha sido la de techar los espacios interiores para cubrirlos y protegerlos de elementos externos como el sol, la lluvia o la nieve. Más adelante, con la llegada de los avances tecnológicos, se ha transformado en algo más, en una parte del edificio que podemos aprovechar. El concepto de «quinta fachada», acuñado por Le Corbusier en el siglo xx, hace referencia a una azotea o cubierta plana que puede ser habitada y que se ha seguido desarrollando desde entonces.

Parte de esta revolución radica en parar de pensar el tejado como un límite. La cubierta no es solo el último forjado donde termina nuestra construcción y comienza el exterior. Puede serlo, claro. Pero también puede ser algo más: una oportunidad para aprovechar la huella que ha dejado el edificio en planta y transformarla en, por ejemplo, un jardín con vistas a la ciudad o un lugar que contenga diferentes actividades.

En el proyecto *Koutalaki Ski Village*, realizado por el estudio de arquitectura BIG en Finlandia, las cubiertas del complejo se utilizan como pistas de esquí. Los edificios albergan alojamientos y servicios de ocio en el interior, para dejar su principal atractivo en la parte más elevada: las suaves curvas que cubren el conjunto descienden hasta el terreno para que se pueda bajar por ellas.

Esta solución no solo sirve para integrar la estación de esquí en su entorno; también aporta un uso a una pieza arquitectónica que normalmente no tiene. Los usuarios pueden empezar la jornada de nieve en la azotea del edificio y conectar con el resto de las pistas sin darse cuenta, a través de una ligera pendiente. Y cuando en verano no haya nieve, las cubiertas verdes inclinadas darán una continuidad visual al paisaje alpino.

El estudio BIG ha seguido desarrollando con acierto este concepto de introducir nuevas funciones en muchos de sus proyectos. *CopenHill* es una planta de residuos en Copenhague que cuenta con una pista de esquí artificial abierta al público. Ya que iba a ser un hito arquitectónico dentro de la ciudad y un modelo limpio de gestión de residuos, ¿por qué no cambiar esa visión negativa que se tiene de las fábricas sumándole otra funcionalidad? Dicho y hecho: *CopenHill* es un buen ejemplo de cómo se puede concebir un diseño con un claro valor añadido.

Pero no todo van a ser pistas de esquí. A menor escala, las cubiertas pueden albergar diferentes cometidos. Existe un gran abanico de posibilidades dependiendo de las necesidades de los usuarios, el programa que vaya a albergar el edificio o el clima al que se vaya a enfrentar. Incluso pueden solucionar ciertas limitaciones de espacio dentro de nuestras ciudades, como veremos más adelante.

La importancia de una buena sombra

Volvamos a los básicos por un momento: lo primero que no debemos olvidar es que los tejados son los sombreros de nuestras edificaciones. Después de haber establecido un perímetro sobre el cual se va a desarrollar la construcción, es necesario un enorme parasol que genere una superficie que el astro rey no sea capaz de atravesar, disponiendo las habitaciones bajo ese crepúsculo artificial. Este elemento sirve de coronación y consigue sombra en los espacios interiores que se encuentran por debajo. Y dependiendo de su morfología, puede proyectar más o menos penumbra sobre el propio edificio.

Porque puede que no hayamos caído en ello, pero el sol es el primer enemigo al que nos enfrentamos cuando queremos construir. Vale, es un enemigo metafórico. No te lo imagines como el sol enfadado de *Super Mario Bros. 3*, descendiendo desde el cielo para intentar acabar con nosotros. Pero es una referencia bastante acertada de lo que ocurre en nuestras ciudades. Hay países en los que, cuando el calor aprieta, sus habitantes utilizan sombrillas mientras caminan por la calle a ciertas horas del día. Aquí estamos acostumbrados a ver paraguas cuando llueve, pero con los parasoles estamos menos familiarizados.

En las ciudades son necesarios elementos que generen sombra. Y, cuando las autoridades no solucionan este problema, aparecen las iniciativas ciudadanas. Así fue como una idea llamada *Umbrella Sky Project* se terminó extendiendo por todo el mundo. Esta instalación artística comenzó en Portugal como parte de una acción de *marketing* y se ha seguido replicando durante los meses de verano en muchas otras poblaciones. La acción consiste en techar una calle utilizando paraguas (o parasoles) de diferentes colores para hacer más amable el tránsito peatonal durante los días de calor. Ya ves, un simple paraguas que cambia de contexto sirve para cubrir calles enteras a la vez que hace más atractivo y colorido el paseo. Una buena manera de mejorar la inercia térmica de las galerías comerciales de distintos lugares del mundo que, además, gracias a las fotografías que inundan las redes sociales, consiguen publicidad gratuita para el evento.

En un pueblo de Cáceres surgió una propuesta similar mucho más artesana y con menos afán instagrameable que la anterior, pero con el mismo objetivo: esconderse del sol. Los vecinos de Valverde de la Vera arrancaron en 2013 un proyecto de cooperación ciudadana llamado *Tejiendo la calle*, capitaneado por la arquitecta Marina Fernández, que consistía en transformar el espacio público de su localidad. ¿Cómo? Mediante unas piezas tensadas que generan sombra y se colocan entre los edificios, confeccionadas a partir de bolsas de plástico. Este material se desguaza en tiras alargadas que luego se cosen a mano para convertirlo en una estructura ligera que genera sombra durante el verano. Como estas localidades aumentan su población durante la época estival, también es una manera de recibir a los familiares y amigos que llegan de visita. Una iniciativa que refuerza el vínculo entre los habitantes del pueblo, recupera el ganchillo como técnica en desuso y reutiliza elementos perjudiciales para el medio ambiente. Todo ventajas.

Azoteas para bailar y esquivar balas

Igual que los edificios de una ciudad generan relaciones entre sus usuarios y las calles que los conectan, ocurre lo mismo cuando ascendemos de nivel. Las cubiertas y los tejados de nuestras viviendas crean otro conjunto de planos a diferentes alturas, regulados a priori por la normativa urbanística de cada lugar. Habitualmente no nos movemos por estas zonas, pero si lo hiciéramos descubriríamos otra realidad de las ciudades que recorremos día tras día.

En la serie de videojuegos *Assassin's Creed*, los tejados de la ciudad son uno de los emplazamientos más seguros por los que se puede mover nuestro personaje. Porque si el protagonista es un asesino buscado por la ley, es lógico que evite las calles transitadas para no ser reconocido por los guardias. Irónicamente, el lugar más peligroso para que se desplace cualquier mortal es en este caso el más eficaz para nuestro bandido. La secuencia sigue así: después de cada fechoría, subimos a lo alto de un tejado y nos alejamos del lugar del crimen, saltando de cubierta en cubierta. Esta manera de jugar nos otorga una visión aérea de la ciudad, con una perspectiva mucho más amplia de lo que ocurre a nuestro alrededor. Desde allí arriba vigilamos a nuestros enemigos y controlamos las reacciones de los transeúntes. Y, la verdad, pocos juegos tratan con tanto cariño el desarrollo urbanístico de las urbes que recrean.

Si te paras a pensarlo, resulta chocante la diferencia entre la naturalidad con la que pintamos un tejado en el dibujo de una casa cuando somos pequeños y la relación que tenemos con cubiertas y azoteas ya como adultos. Quienes vivimos en la ciudad no solemos preguntarnos por la vida que transcurre allá arriba y casi ninguno seríamos capaz de dibujar esos tejados con precisión. Quizás por eso videojuegos como *Assassin's Creed* los consideran el mejor escenario en el que situar a alguien al margen de la ley. No son los únicos: en cualquiera de las películas en las que aparecen Batman o Spiderman, las amenazas acechan a los superhéroes cada vez que doblan la esquina. Los tejados de la ciudad son uno de sus decorados favoritos donde enfrentarse al enemigo de turno, y las diferencias de altura entre las cubiertas de los edificios y las aceras son más que trascendentes. Eso sí, una vez que se quitan el disfraz, es en la calle donde ambos personajes se sientan a descansar y a celebrar un trabajo bien hecho.

Si los tejados aparecen una y otra vez como escenarios de ficción es porque el uso que se les ha dado históricamente como simples cubiertas los ha dotado de un aura de misterio para el ciudadano de a pie. Si no me crees, echa un ojo a la filmografía: la lista es interminable. En *Mary Poppins* (1964), las azoteas se convierten en un tablado improvisado sobre el que se puede bailar. En *Matrix* (1999), y asumiendo el papel de elegido que le han impuesto, Neo asciende metafórica y literalmente por un edificio hasta que en su cubierta descubre que puede esquivar las balas si se lo propone. En la escena final de *Her* (2014), el protagonista encarnado por Joaquin Phoenix utiliza la azotea de un edificio para que recapacitemos sobre su historia.

Conscientes de esa desconexión entre los tejados de la ciudad y quienes la habitan, el estudio holandés MVRDV plantea intervenir temporalmente en las cubiertas de Róterdam, para llevar a los turistas y a los habitantes de la ciudad a lo más alto de sus edificios. La propuesta, *Rooftop Catalogue*, consiste en conectar la planta baja con las azoteas de los edificios y crear un recorrido peatonal a través de diferentes planos. Nuestra visión de la ciudad es siempre incompleta, porque la gran mayoría de los medios de transporte que utilizamos en el día a día nos desplazan desde el suelo o por debajo. Pero si se introducen actividades y caminos accesibles para los viandantes, la cosa cambia. A través de escaleras y puentes se pueden conectar los distintos niveles que separan estas cubiertas, creando así una capa adicional de infraestructura pública para todos los ciudadanos.

No es una locura pensar que podemos aprovechar de alguna manera los espacios que se han perdido en planta baja al edificar si los tejados son algo más que simples coronaciones.

Casas encima de casas

Con el continuo crecimiento de la población, las ciudades han de dar cabida a nuevas necesidades habitacionales. Simplificando mucho la ecuación podríamos decir que, para alojar a un gran número de usuarios, las urbes tienen dos posibilidades: expandirse hacia la periferia, creando nuevos barrios que con el tiempo se acaben colmatando y conectando con el núcleo urbano, o densificarse en altura. Esto ocurre irremediablemente en ciudades que tienen problemas para desarrollarse en horizontal por falta de terreno o al encontrarse limitadas por accidentes geográficos como montañas o el mar.

Este crecimiento en altura ha generado situaciones en donde ciertas edificaciones se yuxtaponen, variando el tejido urbano. Los espacios libres dentro de las ciudades deben aprovecharse (especialmente si la edificabilidad no se ha agotado), y eso puede suponer construir sobre la cubierta de un edificio. Es decir, una casa encima de otra casa. Esta nueva arquitectura se consolida sobre un elemento preexistente y debe conseguir una relación de simbiosis, respon-

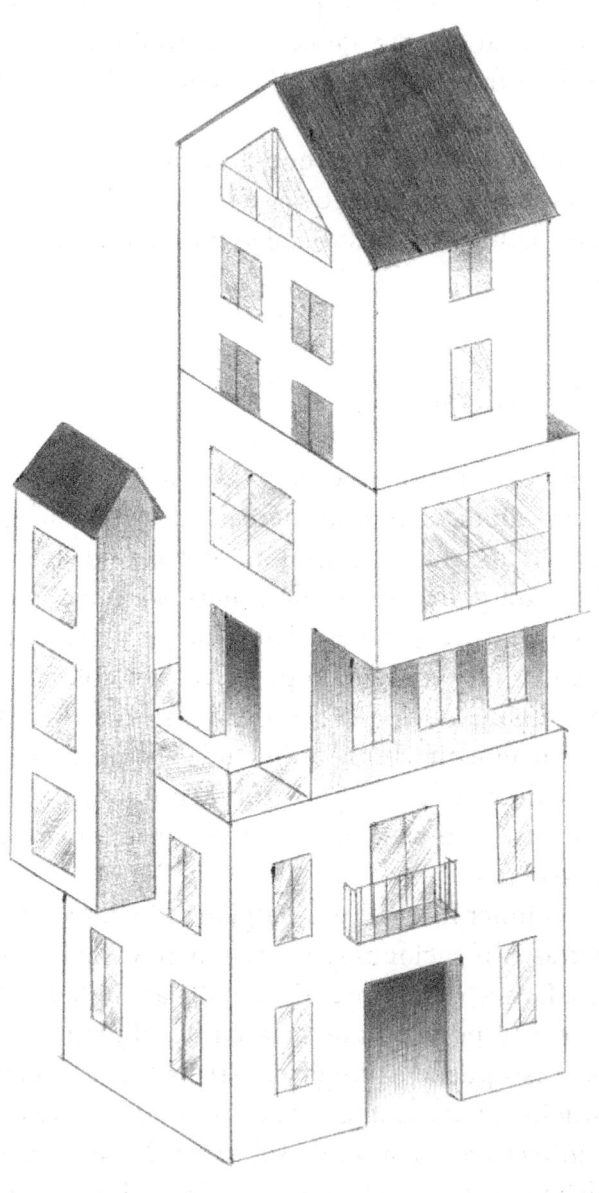

diendo una gran cantidad de interrogantes: dónde está el límite del huésped, cómo es la nueva materialidad del simbionte y sus accesos... La cubierta no tiene por qué ser el final del edificio.

Para desarrollar este ejemplo vamos a conocer una casa. El siguiente proyecto ha sido levantado sobre una vivienda de dos plantas en Cehegín, un pueblo de Murcia. Diseñada por Grupo Aranea, la nueva construcción aparece colocada en la cubierta como si de un parásito se tratase: su ADN es diferente al del resto de los miembros de la villa en cuanto a forma, materiales y color. Pero, aun así, sigue conservando ese carácter introvertido de los edificios colindantes. *Casa Lude* es una nueva vivienda para un joven, injertada sobre el tejado de la casa de sus padres.

Agotando la edificabilidad de la parcela y alcanzando la altura máxima permitida, este volumen de dos plantas se posa sobre el caparazón de su huésped, aprovechando el espacio disponible. Ni la piel de la nueva casa continúa con la envolvente anterior, sobresaliendo de los muros de carga mediante una losa en voladizo, ni la estructura metálica ligera es la misma que la del volumen inferior. Una simbiosis constructiva lograda con un presupuesto muy reducido, en donde se emplea cada metro cuadrado que permite la normativa urbanística.

Verde que te quiero verde

Muchos arquitectos se han dedicado a explorar las posibilidades que ofrece una cubierta más allá de protegernos del sol. Hay ejemplos notorios que han colocado a este elemento constructivo en el siguiente nivel. En la rehabilitación del Mercado de Santa Caterina, obra de Enric Miralles y Benedetta Tagliabue, la cubierta no es solo un manto que unifica las actividades que ocurren por debajo. Si ves esta pieza desde alguno de los edificios colindantes, descubrirás un lienzo ondulado plagado de colores. Los fragmentos de cerámica que componen el tejado se superponen al edificio neoclásico existente sin apenas tocarlo y dibujan un bodegón abstracto en su superficie. En él se prolongan los aleros para crear una zona techada donde los vecinos se reúnen antes de entrar al mercado. Las curvaturas de la cubierta dan la sensación de que un gigantesco dragón está dormido y desde arriba podemos contemplar sus escamas.

Frei Otto fue un arquitecto e ingeniero estructural que se dedicó a investigar las superficies tensadas. Gran parte de su interés lo invirtió en experimentar con maquetas y modelos físicos, para obtener estructuras ligeras que cubrieran amplias superficies. Su búsqueda exploraba la eficiencia, utilizando la menor cantidad posible de material a la hora de crear nuevos espacios.

Fue, de hecho, una persona preocupada por la sostenibilidad mucho antes de que se comenzara a hablar de ello. Estudió la anatomía de los huesos, la morfología de las pompas de jabón y la resistencia de la tela de araña porque estaba obsesionado con la naturaleza. Frei Otto era consciente de que los diseños que tenían lugar en el medio ambiente superaban en eficacia a cualquiera creado por el ser humano. Una de sus estructuras más conocidas es la que diseñó junto con Günther Behnisch para el Estadio Olímpico de Múnich: una gigantesca carpa tensada que cubre las gradas del recinto, así como otras similares en volúmenes adyacentes. Las cubiertas parecen grandes mantas suspendidas sobre el aire, ligeras y elásticas, que protegen su interior. Una tipología que funciona mejor en proyectos de mayor escala.

Con el paso del tiempo, los avances técnicos han logrado que la terraza-jardín que proponía Le Corbusier, dentro de sus *Cinco puntos de la arquitectura moderna*, sea literalmente un jardín. Con su césped, sus plantas y sus flores. Un lugar de la casa en donde poder tumbarse y mirar al cielo mientras revolotean mariposas sobre nuestras cabezas. La aparición de estas cubiertas verdes se ha convertido en una estrategia de proyecto más que se debe tener en cuenta y su utilidad varía en función de cada diseño.

Cuando se reconstruyó la aldea Jintai en China, que había quedado destrozada por el terremoto de Wenchuan de 2008, se pensó en continuar con el espíritu de comunidad que había unido a su gente. El proyecto de Rural Urban Framework tenía un reto: reedificar veintidós casas y un centro comunitario en una parcela de tamaño limitado. Las nuevas viviendas incluirían una cubierta verde escalonada, para favorecer que se desarrollase una agricultura doméstica en cada una de ellas.

En una clara referencia a la manera de cultivar del país, las coronaciones de estas residencias adoptarían este diseño aterrazado para facilitar el trabajo de plantado y recolección. En este caso, y a pesar de la falta de tierra, la arquitectura soluciona diferentes dificultades como la recogida y el reaprovechamiento del agua de lluvia para que sus habitantes puedan producir alimento en sus tejados. Un buen ejemplo de cómo combinar la densidad urbana y sus inconvenientes dentro de un contexto rural sostenible.

Otro proyecto que utiliza este sistema de aterrazar la cubierta es *Garden House*, diseñado por Hayhurst and Co. en

Londres. Aunque en este caso el motivo sea simplemente decorativo, el tejado se convierte en un jardín colgante con plataformas a diferentes alturas, donde sus usuarios pueden hacer crecer la vegetación. El estudio de arquitectura planteó colocar unas bandejas metálicas en lo alto del edificio para darle un aspecto cambiante con el paso de las estaciones, gracias al desarrollo de la flora en su cubierta.

Aunque los restaurantes no sean objeto de estudio en este libro, me gustaría citar el *Hypar Pavilion* proyectado por Diller Scofidio + Renfro en Nueva York, ya que su concepto es extrapolable a otro tipo de situaciones dentro de una ciudad hiperdensificada. La cubierta inclinada de este edificio contiene una plataforma transitable de 7.200 metros cuadrados por la que crece el césped. Situado en el Lincoln Center Plaza, el tejado se convierte en un oasis verde dentro del desierto de asfalto que lo rodea. Un espacio público para que los neoyorquinos puedan caminar descalzos o tumbarse mientras observan el *skyline* de su ciudad, en una urbe donde este tipo de reductos se cuentan con los dedos de una mano. Al levantar el jardín del plano de tierra, la percepción del entorno urbano cambia, y el hecho de regalar a la ciudad la parte más alta de un edificio privado ya es lo suficientemente interesante como para que pensemos en sus implicaciones tanto sociales como de uso.

Las cubiertas verdes no deben tomarse como un recurso gratuito con el que colgarse una medalla, ni como cliché para que reconozcamos lo sostenible que es su diseñador. Bien planteadas, este tipo de piezas pueden aportar beneficios a la edificación y a los habitantes que van a hacer uso de ella como albergar zonas de descanso dentro de la vivienda, servir de aislante acústico y térmico de las estancias inferiores, reducir el exceso de agua de lluvia o favorecer su integración en el paisaje, además de los ya mostrados anteriormente. Cada proyecto contesta a unos condicionantes muy específicos y las soluciones deberían responder a esas inquietudes de forma coherente.

¡Súbete a mi tejado!

«Una casa con mesa, sillas, cocina, ducha y estufa encima del techo. Cada miembro de la familia tiene su propia claraboya con escalera para subir al techo.»

Esta es la única descripción de *Roof House* en la página web de sus arquitectos. Quizás no haga falta decir nada más de este proyecto o quizás necesitemos el resto de la documentación gráfica como fotografías, esquemas, plantas y secciones para entender las intenciones del equipo de Tezuka Architects cuando diseñaron la casa. Dicen que una imagen vale más que mil palabras, y la clave para comprender por qué alguien llama a su vivienda «casa tejado» se encuentra en un croquis dibujado a mano alzada.

En este boceto vemos un corte longitudinal del terreno, con la residencia en lo alto de una colina y unas líneas que salen de ella representando las vistas. Su cubierta está ligeramente inclinada hacia el valle, donde se encuentra la ciudad y hacia donde mira la casa. ¿Y qué ocurre en el tejado? Básicamente, todo. Pero centrémonos primero en lo que pasa por debajo. El desarrollo de la vivienda en la planta baja es más o menos convencional, con un salón al que dan el resto de las estancias, una sala de estar más recogida, una cocina, un baño más grande que la cocina, armarios y dos dormitorios.

Más arriba, en la planta de cubierta, es donde comienza la magia. Para empezar, porque nos encontramos con una escalera de acceso desde el salón principal y numerosas claraboyas, como explicaba su página web, desde las que también podemos subir. Es aquí donde vemos el primer elemento que se descontextualiza: los tragaluces no solo sirven para iluminar el interior, también para dar acceso a la planta superior, gracias a unas escaleras de mano que pueden colocarse y retirarse posteriormente, así que casi todas las habitaciones de la casa están conectadas con el tejado. Y es ahí donde se desarrolla la vida de la familia cuando el tiempo lo permite.

Roof House es un proyecto que diferencia claramente dos zonas de estar: una abierta al cielo y a la naturaleza, con unas vistas increíbles, y otra más recogida y personal. Todo ello sin añadir ni un solo metro cuadrado más de superficie construida. La pieza que se supone que sirve de remate superior en realidad alberga otras como la cocina, el comedor o la sala de estar. El tejado tiene la inclinación requerida para vaciar el agua que reciba durante los días de lluvia, sin que resulte incómodo moverse por él. Allí, un pequeño murete que contiene las únicas instalaciones necesarias para que alguien pueda ducharse o cocinar sirve también de protección frente a las miradas indiscretas del resto de los vecinos. El resultado de esta idea tan simple y genial a la vez es el de que se pueda habitar una casa de diferentes maneras con claras implicaciones espaciales en cada una de ellas.

COMEDORES Y SALAS DE ESTAR

Apartamento PNR. Metamoorfose Studio. 2021. São Paulo (Brasil)
© Maira Acayaba

DORMITORIOS

Ufogel. Peter Jungmann. 2013. Tyrol, Nussdorf-Debant (Austria)
Cortesía de Ufogel, © Christof Gaggl

Nakagin Capsule Tower. Kishō Kurokawa. 2021. Tokio (Japón)
© Carl Court/Getty Images

COCINAS

Cocina-comedor del piso de Monica. Set de la serie de televisión *Friends*
© Minney / Stockimo / Alamy / ACI

Casa Horitzó. RCR Arquitectes. 2000 - 2007. La Vall de Bianya. Girona (España)
Cortesía de © Pep Sau para RCR Arquitectes

Malator. Future Systems. 1994-1998. Druidston, Pembrokeshire, Gales (Reino Unido) © Carolyn Jenkins / Alamy / ACI

Malator. Future Systems. 1994-1998. Druidston, Pembrokeshire, Gales (Reino Unido) © Carolyn Jenkins / Alamy / ACI

Malator. Future Systems. 1994-1998. Druidston, Pembrokeshire, Gales (Reino Unido) © Lab-Lob

L'Arbre Blanc. Sou Fujimoto, Nicolas Laisne, Dimitri Roussel y Manal Rachdi. 2014-2019. Montpellier (Francia) © Pascal Guyot/AFP/ Getty Images

PASILLOS

House N. Sou Fujimoto Architects. 2006-2008. Oita (Japón)
© Iwan Baan

PISCINAS

![Mohenjo-Daro]

Mohenjo-Daro. 2500 a. C. Sind (Pakistán)
© Saqib Qayyum / Wikimedia

VENTANAS

Arrowhead. James Turrell. 2009.
Nevada. Las Vegas (Estados Unidos)
© James Turrell

Aten Reign. James Turrell. 2013.
Solomon R Guggenheim Museum.
Nueva York (Estados Unidos)
© James Turrell

Iglesia Tas.
Garmendia Cordero
Arquitectos. 2019.
Sopuerta, Bizkaia (España)
Cortesía de © Carlos
Garmendia Fernández,
© Garmendia Cordero
Arquitectos

Infinity Kitchen. MVRDV. 2016. Venecia (Italia)
Cortesía de © MVRDV

Casa Till. WMR Arquitectos. 2014. Navidad (Chile)
Cortesía de © Sergio Pirrone

Casa Ha Long. VTN Architects. 2020. Ha Long (Vietnam)
Cortesía de © Vtn architects

Maison Cap Ferret. Lacaton & Vassal. 1998. Cap Ferret (Francia)
© Lacaton & Vassal

El Capricho. Antoni Gaudí. 1883. Comillas, Cantabria (España)
Triplecaña - Wikimedia

MUEBLES Y ALMACENAJE

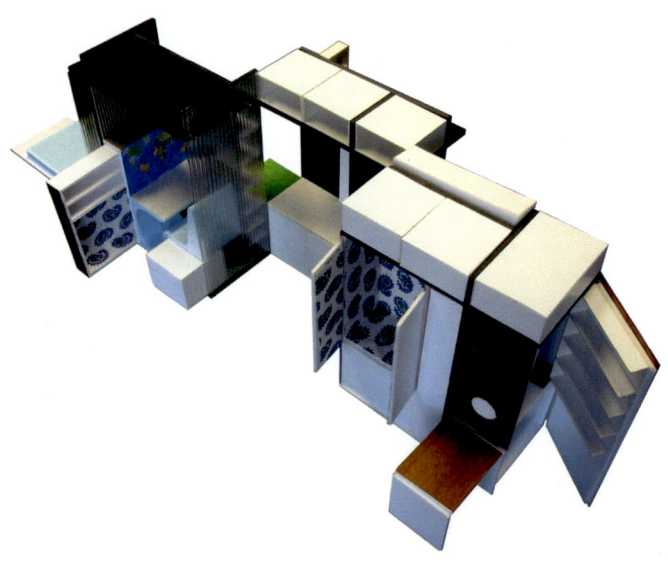

Habitable Cupboard. Adrià Escolano y los estudiantes de ETSAB Ariadna
Cumellas y Josep Vilardaga. 2011. Barcelona (España)
Adrià Escolano and the ETSAB students Ariadna Cumellas, Josep Vilardaga.

Edificio Castelar. Rafael de La-Hoz Castanys. 1977-1983. Madrid (España)
© Duccio Malagamba, para Rafael de La-Hoz

The Orangery. Philmann Architects. 2015. Holte (Dinamarca)
Cortesía de © Pihlmann Architects, 2024

The Vessel. Thomas Heatherwick. 2019. Nueva York (Estados Unidos)
© Shutterstock

Teeter-Totter Wall. Rael San Fratello y Colectivo Chopeke. 2019. Juárez, México y El Paso (Estados Unidos)
© Design Museum

Project 1802 Storefront Library. Abruzzo Bodziak Architects. 2018. Nueva York (Estados Unidos)
© Naho Kubota, courtesy Storefront for Art and Architecture / Abruzzo Bodziak Architects

Hypar Pavilion Diller Scofidio + Renfro. 2003-2009.
Nueva York (Estados Unidos)
© Iwan Baan

Mercado de Santa Caterina
Miralles Tagliabue EMBT. 2004. Barcelona (España)
© S. Buonamici / De Agostini / Album

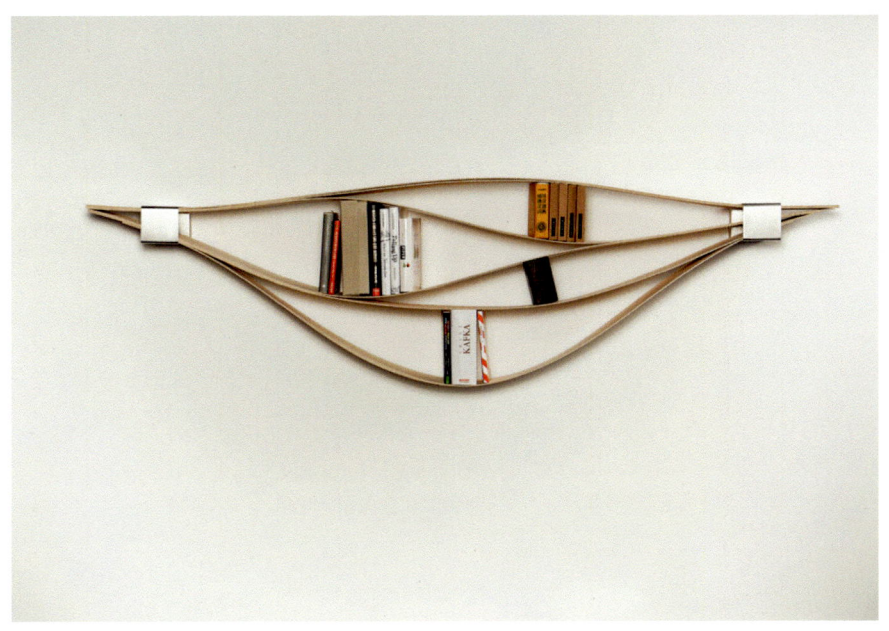

Chuck. Hafriko. 2013 © Hafriko

PERSONAS

Moriyama Houses. SANAA. 2014. Tokio (Japón) ©Iwan Baan

Home for Senior Citizens. Peter Zumthor. 1992-1993. Masans (Suiza)
© Archiweb, s.r.o.

Aleros que tocan el suelo

Con que las cubiertas sirven para evacuar la lluvia o posible nieve, además de para generar sombra en el interior de nuestro domicilio, estaremos todos de acuerdo. Pero ¿qué ocurre si prolongamos sus faldones hasta que casi toquen el suelo? Volvamos a Japón para hablar de tres casas singulares, cada una con diferentes particularidades definidas por la forma y el tipo de sus cubiertas.

La primera es la *Imaise House* de Tatsuya Kawamoto + Associates. Con el objetivo de crear una residencia resistente a los terremotos, dentro de un gran espacio abierto, los arquitectos plantearon una sucesión de seis pórticos de diferente tamaño. Estos, además de rigidizar la estructura, consiguen un recorrido privado en el interior, continuo desde su entrada. La altura de los espacios cambia en función del programa doméstico, y la dimensión de los pórticos, formados por vigas y soportes verticales de madera, configura la apariencia de la cubierta. El resultado es un interior sin particiones verticales que separen las habitaciones, interrumpido exclusivamente por el mobiliario o las cortinas que confieren cierta intimidad en el dormitorio.

Los aleros de la cubierta se prolongan hasta el exterior, en un intento por alcanzar la calle, de manera que se genera un nuevo ámbito entre la acera pública y la propiedad privada. Desde que termina el tejado hasta que comienza la casa, hay un espacio techado en contacto con la ciudad que puede ser habitado por sus residentes. El recurso de alargar los faldones no es gratuito: está consiguiendo, además de un estupendo patio techado, que su fachada principal sea casi toda acristalada sin perder privacidad frente a los vecinos o transeúntes.

La segunda vivienda es la *Eaves House*, o 'casa alero', traduciéndola del inglés, de mA-style architects. Si con este nombre te imaginas una cubierta parecida a la anterior, no andas muy desencaminado, con la diferencia de que su alero tiene la pendiente mucho más pronunciada y se prolonga hasta casi tocar el terreno del jardín. Este tejado, al igual que el anterior, necesita huecos en su parte más baja para que puedan crecer los árboles y ventanas en su parte alta para iluminar el interior. Por dentro se despliega un gran espacio vertical con dos plantas, en el que la inferior se dedica a las estancias más públicas y la superior acoge el dormitorio y un cuarto de estudio.

El resultado de observar esta casa desde fuera es más radical si cabe, ya que la cubierta a un agua parece transformarse en el bastidor de un teatro que esconde los actores y el decorado de la función de la mirada de los espectadores.

Y, por último, la tercera residencia, completamente distinta a las dos anteriores y una de mis favoritas, es la *Nishinoyama House* de Kazuyo Sejima. Aunque en este caso no vamos a seguir estirando los faldones hacia el suelo, estos sí que son trascendentes a la hora de comprender el proyecto.

Primero hay que puntualizar que no se trata de una única vivienda, sino de un complejo de diez unidades habitacionales. Es importante que tengamos en mente el tamaño del conjunto, ya que va ligado directamente con el objetivo del proyecto. Sejima, que domina a la perfección la pequeña escala, decidió descomponer los edificios. En lugar de diseñar diez casas para diez propietarios, su propuesta desmiembra cada vivienda en piezas de diferente tamaño. El resultado es el de veintiuna habitaciones que van desde los 55 hasta los 100 metros cuadrados. Esta decisión tenía que ver con la normativa local, ya que cada uno de los espacios tiene su propio tejado inclinado, con un tamaño, materialidad, color y pendiente similares a los de sus vecinos. Así, en vez de utilizar una única cubierta de grandes dimensiones para todo el conjunto, crea una pequeña aldea llena de casas, calles peatonales techadas y espacios comunes para sus propietarios. Si los viéramos desde arriba, los tejados nos parecerían un suelo de baldosas desencajadas, cada una inclinada por un lateral.

Estos tejados independientes se separan de las unidades habitacionales y dejan pasar la luz al interior, lo que crea juegos lumínicos y contrastes tamizados entre el exterior, los patios y el interior. La riqueza constructiva del proyecto hace que varias piezas compartan tejado y su altura varíe dependiendo de lo que vaya a ocurrir debajo. El hecho de separar las diez viviendas en veintiuna habitaciones logra que desaparezcan ciertos límites impuestos en las edificaciones tradicionales, como que no sepas si estás en el exterior o en el interior, o qué es exactamente privado y qué público. Una delicia de propuesta en la que no me importaría vivir una temporada.

Reloj, no marques las horas

La guinda para el final. Cuando busqué referencias para escribir sobre ellas, no conocía el siguiente proyecto. Y claro, quedé completamente fascinado.

La siguiente casa, llamada *Passive House with Sundial* y diseñada por Kikuma Watanabe y su equipo, tiene una de las cubiertas más extrañas que he visto desde que soy arquitecto.

Contemplando la fachada trasera, su imagen exterior es aparentemente convencional: en ella se puede reconocer un edificio de dos plantas, con un tejado que se prolonga y oculta en parte el segundo piso. Pero su fachada principal es absolutamente desconcertante. El faldón inclinado de la cubierta se extiende hasta casi tocar el terreno y la casa queda del todo escondida detrás, a excepción de dos torres que salen de los laterales y del hueco donde se encuentra la puerta de acceso. Es como si, de ese lado, alguien le hubiera puesto a la casa un tejado demasiado grande que la tapase prácticamente por completo.

La morfología de la cubierta tiene una razón de ser. Bueno, en realidad dos. La primera es la de establecer un sistema pasivo que regule las condiciones climáticas de la vivienda. Esto sirve para, desde el diseño, abaratar los costes de calentar o enfriar sus habitaciones. O, dicho de otro modo, para reducir las facturas de la luz y el gas. Gracias a la forma de la cubierta y la disposición de las estancias en su interior, se controla la luz y el viento que reciben estos espacios, que se calientan en invierno y se refrescan en verano. De este modo sus usuarios aumentan su confort térmico mientras disminuye el gasto económico.

La segunda razón es la de colocar un reloj de sol en su interior. Sí, has leído bien. La cubierta presenta una abertura en su parte más alta para que los rayos de sol se concentren sobre una pieza curva y sus habitantes puedan saber la hora que es. Ajustar este reloj solar no tuvo que ser fácil, ya que la latitud de la vivienda influye en la inclinación del astro y la casa debía orientarse siguiendo su trayectoria. Todo para reflejar una línea en medio cilindro curvado, siempre que no haya nubes en el cielo.

Los arquitectos alegan que la abertura no solo sirve para marcar el tiempo; también es una manera de recordarnos la existencia del cosmos, y por eso a la casa se la conoce como «Hogar entre la Tierra y el cielo». Yo solo puedo decir que, si en algún momento de mi vida me hubieran asegurado que la bajocubierta de un edificio iba a dedicarse en exclusiva a un reloj solar para que alguien suba, vea la hora y se vuelva a bajar, habría pensado que está completamente loco.

PIELES Y FACHADAS

La piel que habito

Hay una pregunta de biología que casi todos fallamos cuando nos la hacen por primera vez. ¿Cuál es el órgano más grande del cuerpo? La lógica nos lleva a pensar en las entrañas de nuestra anatomía, en vísceras como el hígado o el intestino, que puede llegar a medir más de siete metros y medio entre el grueso y el delgado. Pero la respuesta es mucho más fácil y se encuentra a la vista de todos: la piel. Es curioso que obviemos un elemento que está en relación constante con el resto de nuestro organismo y que cumple con una gran cantidad de funciones. La piel nos protege, puede regenerarse, es impermeable y flexible, respira, regula nuestra temperatura corporal y permanece activa las veinticuatro horas del día. La envolvente de un edificio es la piel que lo resguarda de los agentes externos como la temperatura, el aire o la lluvia. Es un elemento constructivo que funciona como límite y separa el interior del exterior. La función aislante de las fachadas tiene implicación directa en el confort de sus habitantes y puede suponer la diferencia a la hora de pagar las facturas cada mes.

Con la llegada del movimiento moderno a la arquitectura, junto a las correspondientes mejoras técnicas, la fachada dejó de ser un elemento pesado dentro del edificio. La distribución de cargas a los pisos inferiores ya no dependía enteramente de su piel exterior, ya que la estructura pudo independizarse de los alzados. De esta manera, el límite que separa lo que se encuentra dentro de lo que se encuentra fuera puede convertirse en una membrana mucho más liviana, que aporte diferentes características a las estancias interiores. La piel del edificio puede entenderse como un elemento independiente con vida propia. Y, por supuesto, desarrollarse como estrategia de proyecto.

Enormes lienzos urbanos

Las ciudades están en constante movimiento. Son organismos activos que mutan dependiendo de factores sociales, económicos y, ahora más que nunca, tecnológicos. Aunque suene a locura, habrá que ver cómo afecta la creación de aplicaciones móviles al desplazamiento en el interior de las urbes. Sí, que pidamos comida desde casa a través de una *app* o nos movamos en patinetes eléctricos afecta al sistema de tránsito en los núcleos urbanos, aunque no nos demos cuenta.

Parte de ese cambio continuo tiene que ver con el aprovechamiento de los solares edificables de la ciudad. Hay construcciones que se rehabilitan y conservan su estructura e imagen exterior, mientras que otros se tiran para volver a levantarse desde cero. Pero siempre respetando la Ley del Suelo, aquella que regula los derechos y obligaciones de los propietarios de cada terreno. Quizás alguna vez te has preguntado por qué hay edificios de viviendas con fachadas completamente ciegas, sin ninguna ventana que deje pasar la luz al interior. Pues tiene que ver con que, aunque en la parcela contigua no haya nada construido en ese momento, en un futuro la medianera podría ser compartida por ambas edificaciones.

En algunas de ellas todavía quedan trazas del edificio derribado y sirven de radiografía de lo que albergaron no hace mucho, ya que son visibles los forjados e incluso los paramentos verticales que separaban las estancias interiores. También podemos encontrarnos con cambios de color en las paredes o piezas de cerámica que revestían los ya inexistentes cuartos de baño. Es como abrir alguno de los juguetes Mighty Max o Polly Pocket de nuestra infancia, donde las construcciones aparecían representadas en planta y sección.

Esas medianeras vacías, enfoscadas de gris o coloreadas en tonos similares al acabado del resto del edificio, son utilizadas como lienzo por artistas urbanos. Muros transformados en soportes de grandes dimensiones, visibles desde las calles y los edificios aledaños. Estos gigantescos murales pueden escenificar ambientes completamente ajenos a la trama urbana o reproducir, a modo de trampantojo, una fachada falsa en comunión con el resto del conjunto. Artistas como David Louf (también conocido como Mr. June) convierten las paredes de los edificios en composiciones tridimensionales que juegan con nuestro sentido de la vista, desafiando la percepción del espacio y usando únicamente la pintura.

Esas medianeras abandonadas también han servido de lienzo para otro tipo de actividades. Durante la cuarentena, en Berlín surgió una actividad para entretener a los vecinos confinados en sus viviendas. En la capital alemana se negaron a renunciar al placer del cine y se les ocurrió llevarlo hasta los balcones de sus ciudadanos. La iniciativa *Windowflicks* se repetía dos veces cada semana y proyectaba películas sobre las fachadas de los bloques de viviendas. Un método efectivo para socializar en momentos de pandemia y que refuerza el sentimiento de comunidad que se replicó en varias partes del mundo.

Pueblos y ciudades decorado

Si ya los restos de una fachada pueden darnos mucha información sobre las vidas que se vivieron tras ella o hasta convertirse en cines improvisados, no creo que nadie niegue las posibilidades que puede tener la piel de un edificio antes de quedar reducida a una ruina. Incluso quienes no están demasiado interesados en la arquitectura se detienen a admirar fachadas de palacios y monumentos, edificios emblemáticos y catedrales. Vale, puede que en tu próximo viaje a Barcelona no hagas una hora de espera para entrar en La Pedrera o en la Casa Batlló, pero seguro que por lo menos reservas un hueco para pasear frente a ellas. Solo admirar sus fachadas ya es una experiencia recomendable.

Alguien que tenía clarísimo el poder de una fachada era el militar Gregorio Potemkin, por quien se creó la expresión «pueblos Potemkin». Según cuenta la leyenda, Catalina II quería expandir y consolidar el Imperio ruso. Después de conquistar territorios con la ayuda del noble y militar Gregorio Potemkin, la zarina le pidió conocer sus nuevas posesio-

nes. Muchos de estos territorios eran grandes extensiones de terreno sin ningún tipo de asentamiento asociado a ellos, así que visitar los dominios era poco menos que encomendarse a un acto de fe. Para aprobar el examen con nota, al militar no le quedó más remedio que engañar a la zarina. ¿Cómo? Utilizando un decorado falso.

La visita, con parte de la corte y algún que otro embajador extranjero, se haría desde unas barcas que navegarían por el río Dniéper, desde donde divisarían los territorios conquistados. Así que a Potemkin se le ocurrió idear un sistema de fachadas de madera y cartón fáciles de transportar, para simular aldeas que en realidad no existían. Los soldados rusos, siguiendo sus órdenes, montarían el pueblo durante la noche y se disfrazarían de aldeanos para saludar al séquito por la mañana. Una vez que hubiera pasado la comitiva, recogerían todo el tinglado para volver a construir otro poblado río abajo, con una nueva configuración. Detrás de las fachadas no había ninguna construcción, más allá de la que necesitase el propio decorado para sostenerse en pie, pero la perspectiva desde las barcazas era la de que todo aquello era real.

Quizás el engaño funcionó y nadie se dio cuenta de lo que sucedía. Quizás fingieron creérselo, para no decepcionar a la zarina. O quizás todo esto no sea más que un cuento que nos ha llegado siglos después de alguien que intentaba desprestigiar al noble ruso. Lo que es cierto es que, desde entonces, este tipo de aldeas fantasmas reciben el nombre de poblados Potemkin en su honor. Un ingenioso e irreal asentamiento que se ha seguido repitiendo a lo largo de la historia, en países como Alemania o Corea del Norte, con objetivos propagandísticos.

Las fachadas falsas que disfrazan la realidad también se han trasladado al mundo de la ficción. A fin de cuentas, muchos de los decorados que aparecen en películas o series son solo para simular un lugar que en realidad no existe. Nuestros ojos ven los escenarios y a los personajes moverse por ellos, pero eso no significa que detrás puedan habitarse dichos espacios.

Así es Seahaven, la ciudad decorado de *El show de Truman* (1998). Toda la arquitectura que rodea al personaje protagonizado por Jim Carrey no es más que un plató enorme de televisión que lo ha visto crecer desde pequeño. Su vida se retransmite en directo las veinticuatro horas del día, y quienes él cree que son sus amigos, familiares o pareja no son más que actores contratados para continuar con la simulación. Este pueblo que nunca abandona es una representación idílica e ingenua de una villa estadounidense, sin pobreza, sin delincuencia y sin apenas diversidad. Es como si se eliminaran todos y cada uno de los elementos capaces de generar sentimientos negativos y malestar dentro de la sociedad, representando el espacio construido en un conjunto de casas idénticas de colores pastel, con sus árboles, sus vallas blancas de madera y sus aceras empedradas para aparcar el coche.

Lo gracioso es que, en este caso, el pueblo sí existe en la realidad. Para rodar la película, todo el set se desplazó hasta Seaside, un suburbio fundado en 1981 al noroeste de Florida. Este peculiar paraje, pensado como lugar de vacaciones, tiene normas tan llamativas como la prohibición de pintar las fachadas de sus residencias de marrón o beige y reserva el color blanco a los edificios institucionales. Una utopía de la que Truman acabó cansado y que prefirió abandonar para enfrentarse al mundo real, mucho menos colorido y afortunado. Pero real, al fin y al cabo.

Envolventes de vapor de agua

No podemos olvidar que una de las funciones principales de la envolvente de una vivienda es la de acotar un límite al espacio construido. Esta frontera define dos mundos: el interior, donde tiene lugar el ámbito de la intimidad, y el exterior, que se relaciona con la ciudad o el entorno próximo. El nexo entre ambos lo marca una membrana de diferentes espesores y materialidades, que puede ser más o menos permeable, y establece un vínculo entre el usuario y el contexto que lo rodea. Esta barrera arquitectónica varía en función de muchos factores (históricos, económicos y sociales) que ayudan a determinar cómo son los hogares dentro de las diferentes culturas.

¿Cuál sería el límite real de una casa completamente transparente? Sus habitantes estarían en contacto continuo con su entorno y la interacción con los efectos atmosféricos sería sin duda mayor. Cuando un muro deja de ser hermético y comienza a tener aberturas, no solo permitimos pasar luz al interior; de algún modo nos apoderamos de las vistas exteriores e introducimos el paisaje en nuestra cotidianidad doméstica. Y ocurre en el otro sentido, ya que una casa transparente estaría renunciando a la intimidad de sus propietarios, que se compartiría con todo el vecindario. Si comprendemos la vivienda como un refugio personal, esta forma de habitar sería como claudicar a una parte importante de la privacidad, porque los límites conceptuales del hogar dejarían de entenderse como una estructura de separación.

En el otro extremo tenemos las ya citadas casas búnker japonesas, unas construcciones estancas al caos de la ciudad que se desarrollan de manera introspectiva. Sus fachadas son tan herméticas que en muchos casos no tienen siquiera ventanas, por lo que relegan las funciones de iluminación y ventilación a la pieza del patio interior. No es una casualidad: responden a cómo entiende la sociedad japonesa la colectividad y el desarrollo personal y reflexivo de la intimidad doméstica.

Cuando hablo de transparencia en arquitectura no me limito a una mayor o menor aparición de elementos translúcidos en la envolvente. Este concepto lo utilizo para explicar que es posible un contorno más difuso entre el interior y el exterior, una graduación tenue entre la propiedad pública y la privada.

La organización de las piezas habitables y su correspondiente mobiliario en el perímetro de la vivienda puede ayudar a entender esta transición. Una posibilidad a la hora de distribuir las estancias es realizar distintos filtros de privacidad, y lo veremos bien con un ejemplo muy tonto. Al colocar el dormitorio lo más alejado de la puerta de entrada o en un piso superior, estamos diciendo que es la pieza más íntima de la casa, ya que hay que atravesar diferentes tamices en forma de programa doméstico para llegar hasta ella. Por el contrario, el vestíbulo o el hall sirven de espacio para recibir visitas en un lugar de la casa sin que accedan al resto. Y ese diálogo entre el interior y el exterior puede estirarse más con terrazas y patios exteriores, transformados en piezas semiprivadas (o semipúblicas, según se mire) que favorecen las reuniones sociales y protegen el interior de huéspedes no deseados.

¿Y qué ocurre cuando ese límite es tan difuso que no puede siquiera tocarse?

Las fachadas no solo separan lo de dentro y lo de fuera, sino que también configuran una frontera visual que delimita el contorno edificado. Si nos alejamos lo suficiente como para ver el objeto construido en su conjunto, la envolvente es la encargada de dibujar su límite en el espacio. Entonces ¿cómo dibujamos un edificio cuyas fachadas son vapor de agua?

Es hora de conocer un pabellón diseñado por Elizabeth Diller y Ricardo Scofidio para la Expo de Suiza en 2002. Aunque fue pensado como arquitectura efímera, el denominado *Blur Building* ilustra a la perfección la ausencia de esos contornos edificados. Situado sobre el lago de Neuchâtel, el proyecto parece una nube blanca que gravita sobre la superficie líquida del lago. Y aunque su nombre diga que es un edificio, en realidad no lo es. Es algo más que eso. Mucho más. Su estructura se apoya sobre el terreno en cuatro columnas y soporta el resto de la instalación mediante perfiles comprimidos y cables tensados. Todo para crear una atmósfera densa de vapor de agua, gracias a 35.000 boquillas que dispersan millones de gotas del lago sobre el ambiente, controladas por un equipo informático que regula la presión en función de los datos atmosféricos.

Moverse por el pabellón-nube no es fácil, ya que el ruido de los aspersores y la densidad de las partículas complica la utilización de nuestros dos sentidos más desarrollados. Para hacerlo hay que llevar unos chalecos impermeables inteligentes que sirven de guía a lo largo de toda la exposición, a través de luces y sonidos, y que reaccionan al encuentro de otros invitados cambiando de color. Cuando los límites de la arquitectura se difuminan lo suficiente como para no discernir si se trata de un elemento construido, una instalación de arte o una escultura dependiente de factores ambientales, nos hallamos ante un proyecto que, si intentásemos dibujarlo, cambiaría en función del día, la hora y el viento que exista en el lugar.

Una chimenea en la fachada

Los tuaregs, un pueblo nómada que habita en el desierto del Sáhara, se ponen varias prendas de ropa encima para combatir el calor. ¿Cómo es esto posible si nosotros, cuando llega el verano, hacemos precisamente lo contrario? La clave está en que su vestimenta funciona como sistema de refrigeración. Por un lado, la pieza interior se lleva muy ajustada al cuerpo y sirve para absorber el sudor y refrescar la piel durante la evaporación. Y por otro, una pieza exterior mucho más holgada y de colores oscuros capta la radiación solar ultravioleta. Esta diferencia de temperatura entre las prendas genera corrientes de aire, favoreciendo la supervivencia de los nómadas en un ambiente tan hostil.

Si volvemos a pensar en un edificio como en el cuerpo humano, donde la envolvente hace de piel que nos protege de los agentes externos, entenderemos mejor cómo alguien pudo plantearse preguntas como esta: ¿y si la edificación tiene tanto frío que quiere ponerse una bufanda? O, como los tuaregs del desierto, que pasan tanto calor que necesitan colocarse prendas de ropa por encima, ¿existe algo similar en la construcción?

Hablemos sobre las fachadas de doble piel. Aunque puedan emplearse en diferentes tipologías, su uso tiene más sentido en los rascacielos o edificios en altura, ya que su envolvente de vidrio favorece una mayor iluminación en el interior y potencia las vistas, pero castiga los espacios interiores en caso de que estén ubicados en lugares con climas extremos. Las fachadas acristaladas, por regla general, requieren de un mayor gasto energético tanto en verano, para enfriar las estancias interiores, como en invierno, para no perder ese calor acumulado. Pero gracias a la doble piel se puede optimizar energéticamente el edificio, lo cual supone una reducción en la factura de cada mes, tanto de calefacción como de aire acondicionado.

Este sistema consiste básicamente en dos pieles con una cámara de aire en medio. La interior está en contacto con las habitaciones y la exterior, con el resto de la ciudad. Entre ambas el aire circula generando corrientes, como si de una chimenea se tratase. Esta cavidad intermedia es solo una separación entre las dos pieles para que el aire encerrado esté en constante movimiento: por un lado, esto mejora la eficiencia térmica, y por otro, sirve de aislamiento acústico frente a los ruidos del exterior. Lo realmente interesante de esta estrategia es la capacidad que tiene de adaptarse a los diferentes momentos del año, ya que funciona tanto en verano como en invierno. Cuando hace frío, el aire que se encuentra dentro de la cámara se calienta durante el día gracias a los rayos del sol y esta inercia térmica se traslada hasta el interior del edificio. Cuando hace calor, el aire caliente sale por la parte superior de la cámara, que crea un movimiento de circulación en toda su longitud. Este proceso refresca la fachada interior y suaviza el calentamiento provocado por el sol.

Entonces ¿por qué no todos los rascacielos del mundo tienen implementado este sistema?, te preguntarás. Bueno, esto es como todo: al final influyen muchos más factores que se deben tener en cuenta. Para empezar, colocar esta solución requiere de un mayor desembolso inicial. Además, ocupan un espacio en la envolvente que no siempre se tiene.

Y no nos olvidemos de que los costes de limpiar esas dos pieles son bastante superiores a los que tendrías con una sola. En el *Edificio Castelar*, proyectado por Rafael de La-Hoz en el centro de Madrid, comienzan a limpiar la envolvente por una de sus fachadas y, cuando han terminado de dar la vuelta a todo el prisma de vidrio, les toca volver a empezar porque ya se ha ensuciado. Al ser de vidrio la piel interior, la exterior y las costillas que la sujetan, necesitan personal encargado de las labores de saneamiento durante todo el año.

Descomponiendo la luz

Otra de las funciones de la envolvente es la de regular la cantidad de luz que pasa al interior. En el caso de los vidrios, su composición viene determinada por el factor solar, que es una cifra que indica la energía que atraviesa el vidrio en relación a la radiación total que llega a su superficie. Existen diferentes procesos de fabricación del vidrio que pueden modificar su emisividad, refracción y el control de la luz que proviene del sol.

Pero no todo es vidrio. Hay otras soluciones que ofrecen distintos efectos y ambientes en los edificios. Las celosías se han utilizado desde hace mucho tiempo como barreras físicas entre el interior y el exterior. Pueden servir como filtro para reducir los rayos de sol, limitar la incidencia del viento o mejorar la privacidad de las estancias contiguas. En algunos proyectos pueden combinarse con otra piel interior de vidrio, para rebajar temperaturas, o emplearse como elemento de fachada en sí mismo en ciertos climas más templados.

Dependiendo de su materialidad, el espesor o la separación existente entre las piezas, el efecto logrado es completamente distinto. No es lo mismo crear unas perforaciones en una chapa metálica que desfasar los ladrillos en la dirección de un eje para crear huecos entre los mismos. La cantidad de aire y luz que atraviesen estas superficies será diferente y el resultado en el interior cambiará en consecuencia. Las posibilidades son casi infinitas.

La arquitectura islámica ya empleaba este elemento de manera tradicional en sus residencias para concebir espacios reconfortantes que favorecieran la espiritualidad a la vez que protegían los interiores del sol y el calor. La luz atraviesa patrones geométricos que se repiten en la celosía y queda reflejada en los paramentos interiores, creando una atmósfera en la que parece que están lloviendo destellos lumínicos. Este tamizado transforma los espacios utilizando un material etéreo, que no se puede tocar, pero sin el que la arquitectura carecería de sentido. Como dice Alberto Campo Baeza: «La luz es el material más lujoso que hay, pero, como es gratis, no lo valoramos».

Castillos inflables y pieles de tela

La búsqueda de nuevas materialidades a la hora de conformar espacios efímeros nos dejó uno de los experimentos más interesantes que han ocurrido en nuestro país.

La isla de Ibiza fue elegida como escenario para acoger el Congreso del ICSID en 1971 y, pese a que casi todo se había organizado ya, todavía quedaba un punto sin definir. Uno pequeño. Diminuto, casi sin importancia: no se sabía cómo alojar a los cientos de estudiantes que acudirían al evento. El terreno existía, para que los invitados pudieran acampar allí. Pero no había nada más. Carlos Ferrater y Fernando Bendito, aún estudiantes de la carrera, contactaron con José Miguel de Prada Poole para que les ayudase a pensar cómo resolver aquella problemática. El principal inconveniente (como casi siempre) era el económico, ya que no contaban con casi nada de presupuesto para materializar la propuesta. Lo que Ferrater, Bendito y Prada Poole querían hacer era una utopía. Una utopía fabricada con aire.

La idea era levantar una ciudad instantánea de plástico, que pudiera ser montada y recogida fácilmente y que no dejase huella en el sitio. Para ello contactaron con la empresa Aiscondel buscando patrocinio. Los arquitectos necesitaban el material, nada menos que 15.000 metros cuadrados de cloruro de polivinilo y un millón de grapas, y ya se encargarían de diseñar el sistema para articular aquella fantasía. El resultado fue una urbe inflable, como un gigantesco castillo de colores, con sus habitaciones, espacios comunes y elementos de conexión. Todo el conjunto fue pensado para que, con unas simples instrucciones, cualquiera pudiera construir su módulo sin ningún tipo de formación técnica. Y ahí, en la

cala San Miguel, surgió la *Instant City*, un paradigma flexible y hermético que utilizaba el aire para dar forma a los espacios interiores, siempre ayudado por un sistema de ventilación y sobrepresión que funcionaba las veinticuatro horas del día.

A pesar de tratarse de un experimento con fecha de caducidad cuatro semanas después, la ciudad instantánea de Ibiza fue algo más. Al sencillo sistema constructivo, la geometría inicial de plástico y la unión de los distintos módulos mediante grapas se añadieron una serie de conceptos más complejos. Conceptos de reciclabilidad, innovación, efimeridad y colaboración entre distintos agentes que permanecieron en el imaginario de quienes participaron en aquella utopía llevada a la realidad. En Ibiza se construyó una breve comunidad en el tiempo que ha quedado inmortalizada para siempre, levantada con un material que no pesa. Y que luego venga alguien a decirme que la arquitectura no es fascinante.

Si nos adentramos aún más en las envolventes ligeras, tenemos aquellas que han sido fabricadas con componentes textiles. El avance en las técnicas de industrialización ha mejorado la estructura y durabilidad de las membranas, hasta el punto de ser utilizadas como pieles exteriores en determinadas ocasiones. Y no me refiero exclusivamente a construcciones efímeras, ya que los cerramientos textiles han aparecido en diferentes usos y tipologías. Más allá de ser livianas y fácilmente manejables, su composición semitranslúcida, capaz de filtrar la luz que atraviesa sus partículas, funciona de fuera adentro y viceversa. Esto ya lo sabíamos de sobra porque todos hemos tenido cortinas o estores que nos han demostrado lo útil que puede llegar a ser una tela protegiéndonos del sol o las miradas ajenas. Lo que quizás no supiéramos es que ese mismo uso se puede trasladar a la envolvente de un edificio. Al utilizarlas como celosías móviles, podemos controlar la cantidad de luz que queremos en las estancias interiores de día y por otro lado aumentar la privacidad durante la noche. La mayor o menor densidad de la fibra determinará el grado de transparencia de esta envolvente.

En el *Edificio Once* de Adamo-Faiden, tanto la fachada principal como la trasera juegan con el mismo concepto: dos pieles, una de vidrio y otra textil, controlan lo que se ve desde el interior y lo que se percibe desde el exterior. Los toldos microperforados de lona vinílica se pueden enrollar y extender para dejar pasar más o menos luz durante las horas centrales del día, y de noche sirven de lienzo sobre el que se proyectan las siluetas de la naturaleza que se encuentra inmediatamente detrás. Un teatro de sombras orgánico que regala funciones nocturnas en la oscuridad de Buenos Aires.

Este tipo de material es capaz de adecuar las diferencias térmicas con el exterior y tiene sentido como envolvente para invernaderos, donde además protegen de la lluvia y el viento. En el pabellón *The Orangery*, diseñado por Pihlmann Architects en Dinamarca, una membrana de lona plástica cubre la estructura de acero que soporta todo el edificio. El envoltorio, completamente tensado, se ajusta a los perfiles metálicos y da consistencia a todo el conjunto. La estructura, al ser liviana como la tela, permite que cuelguen de ella las plantas, lo que optimiza la superficie ocupada dentro de la parcela. Cuando se esconde el sol y se ilumina el invernadero, el artefacto construido alumbra el jardín como un candelabro.

Invisibilidad vs. transparencia

La prueba de que los cerramientos textiles pueden utilizarse tanto en el exterior como en el interior de una vivienda la encontramos en la llamada *Casa Spidernethewood*. Proyectada por el equipo de arquitectos R&Sie(n) en Francia, esta residencia utiliza mallas poliméricas para dividir los diferentes espacios domésticos.

A François Roche siempre le ha interesado experimentar con el diseño digital y paramétrico como soporte físico, creando estructuras orgánicas por donde crezca la naturaleza y se apodere de los elementos construidos. En esta residencia vacacional, situada en una campiña cubierta de vegetación, se juega en todo momento con difuminar unos límites aparentemente enfrentados: lo doméstico de lo salvaje, lo lleno de lo vacío, lo natural de lo artificial. Simulando la composición de una tela de araña, el proyecto utiliza mallas de polipropileno tensadas en el exterior para delimitar la naturaleza que seguirá colonizando el entorno con el paso del tiempo. En su interior, las particiones formadas con una tela plástica de color blanco separan los espacios habitables. La estrategia de los arquitectos es la de abrir un claro dentro del bosque, al contener la flora que crece en el emplazamiento, a la vez que se destinan ciertas estancias a las actividades familiares que tendrán lugar dentro de ese hueco libre de vegetación.

La envolvente de la casa modifica su permeabilidad dependiendo de la ubicación, para que acabe desapareciendo con los años. Este conjunto de reglas que proponen los arquitectos oculta la vivienda en el campo, la hace invisible y lleva al límite el concepto de lo que significa vivir en un entorno salvaje.

Y de Francia nos vamos hasta China, porque allí se encuentra la última referencia del capítulo. Una vivienda que, aunque desde fuera parezca un bloque monolítico de roca, explora el concepto de transparencia dentro de la arquitectura doméstica. La casa en cuestión se llama *Vertical Glass House* y es un proyecto planteado inicialmente por Yung Ho Chang, que recibió una mención de honor en un concurso de arquitectura en 1991, y ha sido materializado por Atelier FCJZ veintidós años después.

En un volumen de hormigón que ocupa menos de 40 metros cuadrados en planta se desarrollan cuatro alturas, con la particularidad de que los forjados que soportan los pisos son todos de cristal. Las losas de vidrio templado de 7 centímetros de espesor dejan pasar la luz y conectan visualmente las estancias en su eje vertical. El exterior prácticamente se ignora, ya que no presenta huecos en la fachada. Nada de ventanas, ni aberturas al paisaje urbano. La escasa iluminación natural que recibe la vivienda se abre paso por el propio espesor de los forjados de vidrio, que llegan hasta la envolvente.

Eso sí, por dentro todas las estancias quedan enlazadas en un golpe de vista para quienes hayan accedido a su interior. Paredes opacas y suelos transparentes, porque hasta el forjado superior de cubierta está fabricado de cristal. Esta transparencia vertical conecta el cielo con la planta subterránea al atravesar todas las habitaciones que se encuentren a su paso, sin importar si se trata del comedor, un dormitorio o el aseo. La privacidad se comparte con el resto de los habitantes para cualquier tipo de actividad que se realice en su interior. Es otro de esos experimentos no aptos para cualquiera, que cambiaría en un instante la manera que tenemos de entender la domesticidad.

ESCALERAS

Disculpa, ¿subes o bajas?

Se me ocurren pocas metáforas más acertadas que la de comparar nuestra vida con una escalera.

Porque, si lo pensamos, no es más que una sucesión de peldaños donde, paso a paso, ganamos altura. Un recorrido que nos hace un poco más sabios, un poco más experimentados, y nos lleva hacia el lugar donde queremos estar. Aunque no siempre.

A veces subimos dos escalones de una zancada y otras nos quedamos quietos, mirando, completamente aterrorizados por lo alto que hemos llegado, sin estar convencidos de si podemos seguir subiendo. A veces nos da por sentarnos a disfrutar de los nuestros, de los que nos acompañan durante este ascenso. Porque no todo va a ser subir, también es necesario parar de vez en cuando. Aunque solo sea para darnos cuenta del camino que hemos recorrido. Y porque no siem-

pre es fácil continuar subiendo. Hay ocasiones en las que tenemos que agarrarnos a algo consistente para seguir haciéndolo. Para saber que, si dudamos, no vamos a caer. Sin importar lo alto que hayamos llegado.

Una escalera puede ser una alegoría de nuestra existencia o simplemente una estructura que nos lleva desde el punto A hasta el punto B, con independencia del plano en el que se encuentre. O al menos eso pensó M. C. Escher cuando las incluyó en sus ilustraciones: en *Relativity lattice* (1953) no hay un eje de referencias que ordene el dibujo y podemos ver un personaje subiendo por uno de sus peldaños, mientras otro segundo individuo desciende por la tabica de esa misma escalera. Es imposible diferenciar una pared del suelo que puede pisarse y cuál es el orden que estructura la escena, porque no existe nada de eso. Arriba se convierte en abajo y los planos verticales se transforman en horizontales.

El contraste entre lleno y vacío y la utilización de perspectivas falsas engañan nuestra mente cada vez que miramos alguna de sus obras. En *Ascending & Descending* nos presenta una escalera en lo más alto de un edificio. Una escalera imposible. Una escalera infinita. Porque gracias a su proyección irreal nos da la sensación de que mucha gente sube y baja a la vez por unos peldaños conectados que no llevan a ninguna parte. ¿O es una única persona la que se mueve, representada en diferentes momentos del tiempo?

La obra de Escher ha servido de referencia a muchos artistas posteriores. Sin ir más lejos, *Ascending & Descending* se ha trasladado a la gran pantalla gracias a Christopher Nolan. Porque en *Origen* (2010) nada parece lo que es, y a su vez todo depende de los ojos que lo miran. El escultor y diseñador de instalaciones Olafur Eliasson también utilizó esta obra de Escher para inspirarse en una escalera infinita que colocó en el patio de las oficinas KPMG en Múnich. Un monumento lleno de peldaños que, por mucho que los subas y los bajes, te llevará al mismo punto de partida. Esta escultura de nueve metros de altura en forma de doble hélice fue pensada para recorrerse, como una banda de Möbius transitable.

Sí, ya sé lo que estás pensando: *Los Simpson* también lo predijeron. Porque uno de los últimos proyectos descabellados de Springfield (después del monorraíl, el rascacielos de mondadientes o la lupa de quince metros) fue su escalera mecánica que no conducía a ninguna parte. Con la diferencia de que el final de aquella instalación era algo más inseguro. Solo un poquito.

Pequeñas trampas mortales

Subir una escalera no es fácil.

Si lo fuera, ¿cómo se explica que un intelectual de la talla de Julio Cortázar escribiese unas instrucciones para subirlas? Un texto breve pero conciso, con el conocimiento necesario para enfrentarse a este tipo de estructuras y no perecer en el intento, que nos deberían entregar a todos cuando estamos aprendiendo a andar.

Créeme, subir escaleras no es nada fácil. Estoy seguro de que más de una vez te habrás tropezado con la tabica cuando estabas levantando el pie para llegar al siguiente peldaño. Porque quizás no lo sabes, pero los arquitectos a veces tenemos que hacer diabluras para dividir la altura entre dos forjados y transformarla en escalones. Es más, te confesaré en *petit comité* que existe una fórmula matemática, con sus incógnitas y todo, para diseñar una buena escalera. Y cuando no se hace bien, alguno de los peldaños queda ligeramente más alto que el otro (lo suficiente como para que tu ojo no lo distinga a simple vista) y te acabas pegando un guarrazo con todas las de la ley. Y ahí pensarás: «Uy, qué despistado estoy», cuando en realidad lo que esconde tu tropiezo es un malvado proyectista o constructor que no ha sabido calcular la escalera como Dios manda. La prueba de ello es que ni siquiera los propios técnicos nos libramos de estas caídas: Carlo Scarpa, arquitecto italiano enamorado de perfeccionar cada detalle arquitectónico que dibujaba y seguramente uno de los mejores diseñadores de escaleras de la historia, falleció en Japón debido a un accidente. Se cayó desde lo más alto de una de ellas.

El simbolismo de estas piezas arquitectónicas en nuestro imaginario colectivo está más arraigado de lo que parece. Por eso no debería extrañarte que *Historia de una escalera*, obra de teatro de Antonio Buero Vallejo, fuese todo un éxito en su época. Un análisis de la sociedad española de la primera mitad del siglo XX a través de uno de los elementos comunes de un edificio. La historia de amor que surge entre personajes de diferentes generaciones tiene lugar en el rellano de un bloque de viviendas y la escalera se convierte en un espectador cíclico de esta historia frustrada. Quizás por eso sea el punto de encuentro de las reuniones de vecinos, porque nada bueno puede salir de ahí. Efectivamente, hay pocas cosas que odie más que una reunión de vecinos. Bueno, sí, una mudanza, pero tampoco es necesario ahondar en mis penas.

No solo en literatura se ha utilizado la escalera como nexo de unión entre diferentes elementos narrativos. En el cine, el relator de historias mediante proyección de imágenes por excelencia, se han empleado escaleras con una fuerte carga simbólica. Porque, claro, no es lo mismo subir peldaños que bajarlos, y dependiendo de cómo se haga puede significar una cosa u otra.

A mi mente viene esa escena de Sylvester Stallone en la película *Rocky* (1976) cuando alcanza la base de un edificio en lo alto de una escalinata, como símbolo de la superación física y mental a la que se ha estado sometiendo durante su entrenamiento. O cuando Jim Carrey, a punto de terminar la película, sube unas escaleras para escapar de *El show de Truman* (1998). Ese ascenso es hacia el cielo (SPOILER ALERT), escapando de su padre y dios metafórico y poniéndose a la misma altura que él.

Bajar escaleras puede significar todo lo contrario, como cuando Joaquin Phoenix ha completado su transformación en *Joker* (2019) y desciende bailando por un callejón del Bronx neoyorquino, plenamente consciente de que acaba de encontrar su lugar en el mundo. Es un momento de liberación, de felicidad personal y de descenso a la que será la conducta más oscura de su personaje. Un lugar que, sin más atractivo que el de ser las escaleras destartaladas que aparecen en dicha película, se ha convertido en el centro de peregrinación donde cientos de fans inmortalizan en redes sociales su propia bajada a los infiernos.

Esto de que un elemento arquitectónico se fotografíe de manera compulsiva y se transforme en estrella de cine tampoco es la primera vez que ocurre. Quizás hayas oído hablar de la escalera de Selarón en Río de Janeiro, una colorida estructura que se ha convertido en uno de los puntos turísticos más visitados de la ciudad brasileña. Se llama así en honor al artista chileno que la metamorfoseó en obra de arte, Jorge Selarón, y que ha colocado en el mapa un lugar que antes no aparecía en él. Una escalera de 215 peldaños que evoluciona con el paso del tiempo, revestida de piezas cerámicas de colores vibrantes. El verde, el amarillo y el azul, tonos presentes en la bandera brasileña, hacen su aparición en la pieza artística a diferentes niveles.

Algo parecido pasa con *The Vessel* en Hudson Yards, un proyecto de Thomas Heatherwick al que no sé muy bien si llamar escultura, instalación o *performance*. Con reminiscencias de la escalera infinita de Olafur Eliasson, su estructura en forma de vasija multiplica niveles y desdobla recorridos en altura con un objetivo: convertirse en el centro de atracción turística de este barrio al oeste de Manhattan. A diferencia de muchos compañeros de profesión, yo tengo clarísimo que el artefacto cumple con el cometido para el que fue pensado: nunca le falta un turista sacándole fotos. O sacándoselas a sí mismo con el cacharro de fondo.

¿Se puede hacer arquitectura con un pozo?

Funcionalmente, una escalera es un elemento que conecta varios niveles que se encuentran a distinta altura. Su principal diferencia con la rampa es la inclusión de peldaños y que por lo general una rampa requiere más desarrollo para poder ser practicable. Es decir, a mayor diferencia de nivel entre los dos espacios que se quieren comunicar, se hacen necesarios esos peldaños. Pero arquitectónicamente, con el paso de los años y como veremos a continuación, la escalera se ha convertido en algo más.

Es imposible identificar la primera vez que se utilizó este tipo de estructuras en nuestra historia. Lo más probable es que ocurriera en varios puntos del planeta al mismo tiempo y con diferentes civilizaciones, porque la naturaleza ya llevaba siglos dándonos pistas. Existen estructuras naturales con esta morfología que surgieron miles de años antes de que nosotros apareciésemos y que en algún momento como especie tratamos de imitar. La necesidad de acceder a niveles más elevados, superando ciertas barreras geológicas, ya supone un punto de motivación suficiente como para que, aunque fuese de manera precaria, se nos ocurriera algo parecido a una escalera.

Hay constancia de que las escalerillas de mano, ensambladas con troncos de madera de diferentes espesores, ya se utilizaban en el periodo Neolítico gracias a su ligereza y movilidad. Podían colocarse para acceder a una guarida elevada y retirarse posteriormente, para que no entrasen animales o vecinos indeseados. Dependiendo del tipo de asentamiento y su localización geográfica, estas cabañas necesitaban estar levantadas del terreno para evitar que se inundasen en épocas de lluvias.

Otra estructura maravillosa en forma de escalera, que se vale de ingenio para dar solución a un problema de abastecimiento, es el conocido *Pozzo di San Patrizio* en la ciudad italiana de Orvieto. Su ubicación, en lo alto de una colina, otorgaba a sus habitantes capacidades defensivas frente a invasores, pero contaba con un pequeño inconveniente: el acceso al agua. Durante la Edad Media se excavó el interior de la montaña para facilitar que los pozos y acueductos distribuyeran el agua mediante canalizaciones subterráneas. Y es en el siglo XVI cuando entra en escena el señor Antonio da Sangallo para arreglar todo este embrollo. Su proyecto, encargado por el papa Clemente VII, consistía en dos escaleras helicoidales de un solo sentido. Una obra de ingeniería renacentista de 63 metros de profundidad para que las mulas y otros animales de carga descendieran por el único recorrido posible del pozo con cubetas vacías, las llenaran en su parte más baja y volvieran a subir cargados de líquido. Un circuito lineal en altura por donde los animales subían y bajaban para abastecer de agua toda la ciudad. Todo ello tratado como un auténtico proyecto de la época, con su abertura cenital y sus correspondientes ventanas en las paredes para iluminar el recorrido.

El *Pozzo di San Patrizio* y el de Sintra, en Portugal, son estructuras cilíndricas y estrechas. Si obviamos la delicada arquitectura, las ventanas y la dimensión, tienen todas las características que asociamos a los pozos que conocemos. Pero si nos vamos a la India descubrimos otros que explotan todavía más las posibilidades de las escaleras, como el aljibe de Chand Baori, asociado al templo de Harshat Mata y uno de los mayores del país. Por sus cuatro paredes rectas descienden tramos y tramos de escaleras que dan acceso al depósito de agua. El resultado es espectacular y sin duda ha influido a arquitectos contemporáneos. Sin ir más lejos, Heatherwick, el responsable de *The Vessel*, reconoció que Chand Baori y otros pozos del país fueron una inspiración para su estructura en Manhattan. Creo que eso responde a la pregunta de si se puede hacer arquitectura con un simple pozo.

Unos escalones que llevan al infinito

Hay viviendas con limitaciones de espacio donde cualquier elemento debe aprovecharse al máximo y en las que dejar inservible la parte situada debajo de las escaleras es una oportunidad perdida. En la casa de un amigo han colocado un pequeño aseo, que puede ser interesante si no eres alto y te toca mear de pie (porque hacerlo con el cuello girado y la cabeza inclinada 90º es algo que no recomendaría a nadie). Sin ir más lejos, el bueno de Harry Potter vivía en una alacena debajo de las escaleras, en el número 4 de Privet Drive. Después de aquello, no me extraña que tuviese unas ganas locas de convertirse en mago. Sin embargo, existen otras soluciones de almacenamiento que sí son compatibles y pueden utilizarse en la mayoría de los casos.

Una de las estrategias de aprovechamiento espacial que se emplea en los apartamentos de 20 metros cuadrados que se comercializan en Japón (y en donde viví durante mi estancia allí) es levantar la zona de la cama unos 70 centímetros, para crear un armario debajo. El almacenamiento en estos pisos es muy limitado, así que los peldaños de madera que dan acceso a esta zona elevada también se levantan para que guardes dentro objetos personales. Es muy inteligente pensar que la huella de una escalera puede convertirse en la tapa de un volumen donde almacenar enseres, y fue una pena que yo no lo descubriera hasta poco antes de irme.

En unos apartamentos en Cholula (México) diseñados por HápticaLab se soluciona de manera similar el espacio inferior de la escalera. Todo el conjunto está pensado como un mueble de carpintería que contiene diferentes elementos en su interior: una estantería abierta con baldas en la parte más alta, pequeños cajones en la parte más baja y una zona con cojines para poder sentarse en su parte intermedia. Solo es cuestión de echarle imaginación y aprovechar cada centímetro cuadrado construido.

Hay arquitectos tan diestros en esto de echarle imaginación que han sido capaces de diseñar viviendas enteras debajo de una escalera. Veamos dos ejemplos de viviendas que se desarrollan bajo grandes escalinatas y aun así tienen significados completamente distintos.

La primera se encuentra en la ciudad de Ōda, en la prefectura japonesa de Shimane. Un hogar para un matrimonio que se dedica a la docencia y sus dos hijos, proyectado por Y+M Design Office. La petición de los padres profesores al estudio de arquitectura fue muy clara: querían un espacio para educar a sus hijos y donde pudieran reunirse en un futuro sus estudiantes. Y así es como nació *Kaidannoie*, que en japonés significa 'casa de escaleras'. Porque eso es precisamente lo primero que se percibe de ella desde el exterior.

Los arquitectos retranquearon la vivienda al máximo dentro de la parcela para conseguir un patio delantero, con un objetivo muy concreto: en la fachada principal se podría sentar la gente. Rememorando de alguna manera *La escuela de Atenas*, uno de los cuadros más icónicos de Rafael, donde Platón conversa con Aristóteles y el resto de sus discípulos en una escalinata, la vivienda se convierte en una estructura para que los alumnos puedan sentarse sobre ella y no pierdan visión del profesor que está dando clases en el suelo. Una escalera fabricada con dos materiales: piezas cerámicas en la huella para que pueda subirse o bajarse (aguantando las inclemencias del exterior) y vidrio en la contrahuella, para que ilumine su interior. La fachada se transforma en mobiliario y puede utilizarse cualquier día del año, convirtiéndose en un lugar donde leer al aire libre, impartir lecciones o jugar con los más pequeños.

La escalera que se encuentra en el interior, y da acceso a diferentes espacios domésticos en varias alturas, también

imita a su hermana mayor con unos peldaños más largos de lo normal por si todas estas actividades se quieren realizar dentro.

Esta disposición también fue pensada para que la casa respondiese a las distintas estaciones, favoreciendo la ventilación en verano y calentando sus espacios durante el invierno, gracias al vidrio y los huecos colocados a ambos lados de la fachada. Un hogar a medida para dos profesores amantes de los libros y de su profesión.

La segunda vivienda que se desarrolla bajo una gran escalinata es uno de los proyectos racionalistas italianos por excelencia: la *Casa Malaparte*. Se trata de una edificación escondida sobre lo alto de un acantilado en la isla italiana de Capri, con dudas sobre su autoría, ya que hay fuentes que se la atribuyen al arquitecto Adalberto Libera y otras que cuentan que su propietario, Curzio Malaparte, cambió el proyecto y lo terminó él mismo con la ayuda de un equipo de albañiles. De lo que no cabe ninguna duda es de que se ha convertido en uno de los iconos de la arquitectura moderna italiana.

La *Casa Malaparte* entiende a la perfección el lugar donde se encuentra, que es a la vez su cara y su cruz. Porque a la vivienda solo se puede acceder desde el mar a través de una escalera esculpida sobre la roca o caminando una hora a pie desde Capri. Completamente aislada de la civilización, es un emplazamiento idóneo para retirarse y contemplar la naturaleza. Ideal para que su propietario pueda escribir sin que le molesten las fiestas de los vecinos o los ruidos de los coches al pasar.

Una casa que son unas escaleras. O unas escaleras que son una casa. Porque la parte más importante de la vivienda es una cubierta que se transforma en solárium, junto a los peldaños que le dan acceso. Fue en ese recorrido abierto a la naturaleza, al que solo se puede acceder por fuera subiendo una escalinata y sin barandillas que te protejan de una caída fortuita, donde el arquitecto Robert Venturi se preguntó a sí mismo: «*Do its steps lead to infinity?*» («¿Llevan sus escalones al infinito?»).

Un emplazamiento de cine que ha sido protagonista en la película *Le Mépris* de Jean-Luc Godard y que se levanta por encima del mar Mediterráneo, dominándolo. Sus escaleras monumentales alzan a los visitantes sobre la casa y los acercan un poco más a la eternidad.

Planta un peldaño y mira cómo crece

Hay viviendas terriblemente atractivas a nivel arquitectónico de las que nos pensaríamos dos veces vivir allí si nos lo ofreciesen. Para los arquitectos es un sentimiento de amor-odio, porque somos conscientes de que proponen algo diferente a cualquier hogar tradicional y estamos convencidos de que habitarlas cambiará irremediablemente nuestra manera de entender la domesticidad, pero también vemos sus desventajas. Es algo similar a lo que ocurriría si tuviéramos que trabajar en la delegación de Dunder Mifflin en Scranton, porque la oficina liderada por Steve Carell para la serie estadounidense *The Office* es un lugar maravilloso y terrible a la vez. Nadie en su sano juicio podría desempeñar allí su jornada laboral, y sin embargo cualquiera que haya visto algún capítulo sabe que no existe un sitio donde sería más feliz.

Una de estas viviendas podría ser la casa en Goshikiyama diseñada por Tomohiro Hata y su equipo. Si observáramos la construcción desde el aire, con un dron sobrevolando la zona, nos daríamos cuenta de que la huella que deja en planta es casi la de un cuadrado. Y digo «casi» porque sus lados no son exactamente idénticos, pero su figura geométrica se reconoce a la perfección. ¿Y qué particularidad esconde esta residencia?

Que en el centro del volumen, la parte más importante de la casa, se sitúa (atención, sorpresa) la pieza más importante de la casa. Y es una escalera. Una escalera de caracol que asciende por todos los niveles de la vivienda hasta llegar a la cubierta, donde se desarrollan cinco terrazas escalonadas a diferentes alturas.

Es imposible comprender este edificio sin su sección, porque todas las estancias están una encima de la otra y a todas se accede por la escalera de caracol. Los puntos positivos de esta decisión son que se aprovecha mejor el espacio gracias a la desaparición de los pasillos, ya que los accesos están todos centralizados en la escalera, y que tienes una visión espacial y entendimiento de cómo funciona todo el conjunto. Los no tan positivos son los mismos: la casa no tiene tabiques divisorios en sus estancias y están todas conectadas a la escalera con varios escalones de separación. Esto significa que no hay privacidad completa de las habitaciones interiores (casi todas se ven desde cualquier otra estancia), con la falta de aislamiento tanto de olores como de ruidos que ello conlleva.

¿Ahora entiendes por qué es tan maravillosa y terrorífica a la vez? Si fuéramos ardillas, sería como vivir en un árbol: subiríamos por el tronco y accederíamos a los cuartos colocados en ramas a diferentes alturas. Lo dicho, una vivienda no apta para todos los públicos.

Las escaleras de caracol son otro de esos elementos arquitectónicos que te polarizan en uno de los dos extremos: o te encantan o las odias. Pero en este caso tiene todo el sentido del mundo, porque es la escalera que mejor funciona, ocupando el mínimo espacio posible en planta. Otra opción habría sido poner los peldaños pegados a la fachada longitudinalmente; pero entonces cambiaría la iluminación, la manera en que se mueven las personas y, en fin, estaríamos hablando de otro proyecto completamente distinto.

Como estoy convencido de que este concepto de casa árbol te ha volado la cabeza, vamos a seguir tirando de la manta. Déjame enseñarte otra escalera de caracol que, además de aprovechar el espacio, esconde otra función muy interesante no asociada a este tipo de elementos arquitectónicos: la estructural.

Toga House es una residencia a las afueras de Niigata proyectada por Takeru Shoji. Una vivienda unifamiliar alejada de la zona urbana y que no tiene problemas de congestión ni ruidos, porque está más vinculada al medio ambiente rural que al caos de las grandes urbes japonesas. Es una zona de baja densidad, con edificaciones a dos alturas lo suficientemente separadas las unas de las otras como para poder disponer de jardín propio. Condiciones que rompen con la norma de las grandes metrópolis como Tokio y Osaka pero que a cambio obligan a depender en su totalidad del coche para los desplazamientos urbanos e interurbanos. Como contrapartida, disfrutan de un entorno natural que no es fácilmente identificable en dichas ciudades. Extensos pastizales y árboles de diferentes tipos abundan en el lugar, y los troncos son visibles desde las terrazas que se asoman al exterior.

Y también desde el interior. Porque en esta ocasión el símil con la naturaleza es tan directo que los peldaños de la escalera de caracol salen directamente de un tronco. Un gigantesco pilar de cedro de 36 centímetros de diámetro atraviesa el forjado superior y llega hasta la cubierta, soportando su peso. En este cilindro, tallado en uno de los materiales más nobles y que además se encarga de sujetar el tejado de toda la vivienda, se insertan los peldaños que dan acceso a la planta primera sin utilizar ningún tipo de herrajes. Todo para conseguir una estructura similar a la de un paraguas que sujeta la cubierta y evita la colocación de muros o soportes verticales que interrumpan o compartimenten el piso superior.

Gracias a esta escalera árbol, la planta donde se alojan el comedor, la cocina y el salón es completamente diáfana. Un bello ejemplo de cómo solucionar un problema de cargas escondiéndolo en otro elemento arquitectónico que no ha sido pensado para ello.

Vivir en los escalones

En Tezukayama, uno de los barrios más poblados de Osaka, existe una casa que esconde su atractivo al exterior. Uno de esos volúmenes prácticamente herméticos donde no podemos ver qué está ocurriendo dentro. Sobre una estrecha y alargada parcela de 3,70 metros de ancho por 16,30 de profundidad, al estudio FujiwaraMuro Architects no le quedó más remedio que desarrollar una vivienda en altura utilizando ciertas particularidades.

Con unos condicionantes tan fuertes, la escalera se volvería un lugar importante para la vida de sus habitantes al ser una pieza transitada durante gran parte del día. Y no solo transitada, porque la decisión de sus arquitectos fue convertirla en una zona de la casa en la que se podían quedar. Lo primero que hicieron fue girarla respecto a la entrada de la vivienda, para que sus laterales pudieran utilizarse como estantes para almacenar y exhibir elementos personales: fotos, dibujos y objetos cerámicos quedan a la vista desde cualquier punto de la residencia. Lo siguiente fue colocar las distintas habitaciones a diferentes alturas, de manera que la escalera se dividiera en tramos y los descansillos se aprovechasen para introducir programa sobre ella.

Dependiendo del lugar donde se encuentre el propietario, la escalera se convierte en un escritorio para trabajar, un asiento para leer un libro o un espacio para almacenar utensilios. Es una estructura de madera y directamente relacionada con su estancia contigua, que se mimetiza con ella y forma parte de la propia habitación. La vivienda también se ilumina cenitalmente, así que el pavimento de cada piso que entra en contacto con la escalera se modifica con unas aberturas transparentes por donde se filtra la luz para llegar a las estancias inferiores.

Un elemento arquitectónico pensado para quedarse y en donde el diseño de los peldaños se aprovecha para múltiples funciones. Incluso para que trepe el gato, porque también es un miembro de la familia y encaramarse a sitios elevados es algo que les vuelve locos.

¿Y si toda la casa fuera una escalera?

Sigamos tensando la cuerda.

Ya sabemos que una escalera puede conectar estancias, sujetar cubiertas, almacenar objetos y convertirse en pequeños estudios. Pero, llevando al límite el concepto de situar las habitaciones a diferentes alturas, nos encontramos con dos casas donde alojarse tiene que ser una auténtica experiencia. Otras de esas viviendas no aptas para todos los públicos cuyos habitantes deben de sentirse como sujetos de un experimento.

En los Países Bajos y proyectada por el estudio de arquitectura Onix se ubica la *Casa Escalera*, un edificio que parece diseñado por alguien que ha jugado mucho al *Minecraft*. Su nombre ya anticipa lo que vamos a encontrarnos dentro. El programa doméstico se organiza en diez niveles separados 75 centímetros de altura cada uno. Todas las estancias están conectadas de manera continua y consiguen un único volumen de madera tanto en el interior como en el exterior que separa sus habitaciones en función de la privacidad: las piezas de mayor uso se hallan más próximas al suelo, terminando en el dormitorio principal, junto a una terraza privada en su cubierta.

Este filtro programático en altura también se utiliza en la *Casa NA*, diseñada por Sou Fujimoto tres años antes, con la diferencia de que este proyecto es muchísimo más extremo que su compañero holandés, tanto en espacialidad como en materialidad. Porque la casa situada en Tokio minimiza su estructura al máximo empleando acero en perfiles y forjados y vidrio para cada una de sus fachadas. Es una casa transparente. Sí, con las paredes transparentes. Y sí, se ve lo que hay dentro y a la gente que habita en su interior.

En la *Casa NA*, una superposición de prismas cuadrangulares en altura transforma la vivienda en una colección de habitaciones abiertas, como un árbol transparente consigo mismo y con la ciudad. Todo está conectado, a nivel visual, sonoro y olfativo; la casa es un único espacio en tres dimensiones y sus estancias se configuran teniendo en cuenta diferentes características. Cada una de las plataformas que se crean con los cambios de altura puede servir a una función, adaptable según el tamaño, la privacidad que ofrece la altura y su proximidad con otras piezas.

Esta magnífica casa experimental es un lugar que tendríamos que aprender a vivir, olvidando todo lo que sabemos sobre domesticidad. Un laberinto familiar de plataformas elevadas que se transforman en terrazas al exterior y donde el uso de cortinas es obligatorio si buscas privacidad con respecto al resto de los vecinos. Una vivienda que podría haber sido confeccionada en un laboratorio por un investigador que piensa que no todo se ha inventado ya. Que cree que todavía pueden aportarse soluciones inéditas y contemporáneas en arquitectura. Alguien convencido de que nunca es tarde para descubrir diferentes maneras de habitar un espacio.

VEGETACIÓN Y NATURALEZA

Quiero ser como tú

El ser humano siempre se ha fijado en la naturaleza. Desde que colocamos la primera piedra o apilamos una pieza de madera hemos tenido de referencia los procesos que ocurrían a nuestro alrededor. Todavía hoy lo seguimos haciendo en diferentes disciplinas: desconocemos el porqué de muchos procedimientos, pero los analizamos con la intención de desentrañar su funcionamiento. La naturaleza sigue siendo una incógnita para nosotros, pero no cejamos en nuestro empeño por descifrarla.

Esta inspiración también está presente en la arquitectura, desde el diseño de las estructuras hasta la elección de los materiales que van a conformar un espacio o las pieles que delimitan el edificio. Es lógico que analicemos a los animales, ya que llevan perfeccionando su sistema miles de años. Su manera de construir refugios para protegerse de los depredadores es respetuosa con la naturaleza, porque utilizan materiales del lugar y los residuos que dejan se reabsorben fácilmente con el tiempo. Hay ocasiones en las que sus mayores enemigos son las condiciones ambientales extremas y el diseño de la guarida tiene que estar optimizado al máximo, para aprovechar cada uno de los recursos existentes del biotopo.

En el norte de Australia se encuentra la *Amitermes meridionalis*, también conocida como «termita brújula». ¿Que por qué se llama así? Su nombre coloquial tiene que ver con el refugio que construyen desde cero. Utilizando arcilla, como si fueran diminutos alfareros, levantan unos montículos de hasta cuatro metros de alto que pueden albergar a más de un millón de termitas en su interior. Estas estructuras de barro tienen la función de controlar la temperatura (alrededor de 30 °C) y mantener una humedad relativa cercana al 100 %. El apodo de «brújula» viene porque son capaces de identificar dónde está el norte y lo utilizan para orientar sus madrigueras, de forma que aprovechan el sol y controlan la ventilación del termitero. Estas construcciones en altura, que bien podrían ser rascacielos de barro para los insectos, consiguen mantener unas condiciones óptimas para la vida en comunidad de las termitas que las habitan.

Los refugios animales no solo cumplen con la función de crear un ambiente que los ayude a sobrevivir. Muchos de ellos se mimetizan con el entorno, para pasar desapercibidos a ojos de los depredadores. Y otros, como la estructura que levanta el pájaro pergolero, solo sirven como reclamo para el apareamiento. Porque el macho no hace nada más, ni ayudar a construir el nido, ni a incubar los huevos, ni siquiera a alimentar a los polluelos cuando han nacido. Su misión para lograr descendencia es la de recoger una a una todas las ramitas que vaya encontrando por el bosque, para levantar la pérgola más elegante del lugar. Delante de la construcción también crea una alfombra en el suelo con pétalos, bellotas, frutos y cualquier elemento colorido o brillante que vea, aunque sea una botella de refresco o una bolsa de patatas. Todo vale para llamar la atención de la hembra.

Piénsalo con perspectiva: este pájaro necesita desarrollar dotes decorativas para asegurar la continuidad de sus genes. La naturaleza sigue siendo un absoluto misterio para nosotros.

El verde que limpia conciencias

La preocupación que existe por el alcance de nuestros actos sobre el planeta no es nueva. En 1972 ya se incluyó la sostenibilidad como tema de agenda en la Conferencia de Estocolmo que organizó la ONU con la intención de proponer medidas para lograr un desarrollo más sostenible con el medio ambiente. El crecimiento social y económico de nuestras ciudades pasa porque este no ocurra descontroladamente, arrasando con los recursos naturales de los ecosistemas. Cada una de las incógnitas que forman parte de esta ecuación deben mantener un equilibrio, y ahí es donde radica su complejidad.

El problema es que, aunque se estén tomando medidas, no están siendo suficientes. Muchas de las acciones que tienen lugar a gran escala parecen más preocupadas por demostrar lo sostenibles que son con el entorno que por serlo realmente. Es así como surge el término *greenwashing*, que no es más que un lavado de conciencia en el que se utilizan ciertas técnicas de *marketing* para posicionar un producto y lograr que se venda más. Algo así como que lo importante no es ser verde sino parecerlo. Esto se traduce a los propios envases de plástico de siempre, en los que se imprimen palabras que empiezan por «eco» o «bio», con ilustraciones de paisajes naturales, muchos árboles y pájaros revoloteando. El usuario tiene que percibir que, si consume una determinada marca, está ayudando a conservar el medio ambiente, aunque solo sea a través del envase final del producto, ya que desconoce cómo son los procesos de fabricación y los residuos que se generan durante los mismos.

A nivel arquitectónico, esto también tiene sus consecuencias. Una de ellas es la de llenar de árboles las infografías de los proyectos que se presentan a concursos o hacer crecer la vegetación gráficamente en cubiertas o fachadas con algo parecido a musgo o hierbajos. *Greenwashing* en estado puro. Creer que cuanto más verde es la apariencia de un edificio, más sostenible será en el futuro, es una falacia.

No, una arquitectura sostenible y preocupada por el medio ambiente no tiene nada que ver con esto. No se puede deforestar un área en la que intervienen numerosos agentes y procesos naturales para luego decir que vas a plantar árboles en las terrazas. O proponer una fachada verde sin conocer sus implicaciones, pero después simular vegetación con plantas de plástico porque no sabes cómo resolverla. El recurso del árbol se utiliza de manera sistemática cuando no se sabe qué poner, para rellenar una imagen en tres dimensiones o un plano, sin entender el contexto que rodea al proyecto. Si en alguna revista de arquitectura o blog te encuentras con proyectos abarrotados de árboles hasta donde alcanza la vista, empieza a sospechar.

En arquitectura, ser sostenible significa tener en cuenta el impacto que va a generar un edificio dentro de un ecosistema, desde su concepción hasta el final de su vida útil y a lo largo de todo el proceso de construcción. No es lógico vender una promoción de viviendas como «respetuosa con la naturaleza» porque se han diseñado de madera y luego traer el material desde un bosque de Bali, en Indonesia, a más de 10.000 kilómetros de donde van a construirse.

Un proyecto puede ser sostenible de muchas maneras: haciendo uso de técnicas de diseño pasivas para aprovechar el entorno y reducir la dependencia energética, empleando materiales que minimicen su huella ambiental o reduciendo los residuos en obra y reaprovechándolos dentro de sus posibilidades. En definitiva, utilizando la lógica constructiva durante su planteamiento para lograr un buen confort térmico, con un consumo eficiente de energía.

Construyendo en medio del bosque

En *Avatar* (2009) nos presentan un futuro distópico ambientado en el año 2154, cuando nuestro planeta sufre graves problemas energéticos. Los humanos viven en ciudades congestionadas y se desplazan por calles cubiertas de hologramas publicitarios que impiden ver el cielo. La humanidad está colapsando: los recursos naturales escasean, la tecnología precisa de nuevas fuentes de energía y la única salida pasa por encontrar nuevos mundos que todavía no hayan sido explotados. En el planeta Pandora existe un mineral que podría solucionar momentáneamente el problema energético de la Tierra, pero se halla rodeado por un árbol sagrado para la población indígena. El estilo de vida de los nativos es del todo opuesto al que desarrollan los humanos, ya que viven rodeados de flora y fauna y su vínculo con los elementos naturales es mucho más estrecho. Los aborígenes son conscientes de que la naturaleza debe ser respetada para que la subsistencia de todos los habitantes del planeta siga su curso y están dispuestos a defender su tierra hasta el final. La importancia y conservación de ese gran árbol sagrado, que defienden con su vida los *na'vi* en la película, sirve muy bien para responder a la siguiente pregunta: ¿cómo edificar dentro de un bosque respetando al máximo lo existente? Arrasar con los árboles y construir en ese vacío es una opción, pero vamos a ver dos alternativas diferentes.

Uno de los retos a los que se enfrentó el estudio de arquitectura NO.MAD, cuando le encargaron una vivienda en El Escorial, fue plantear una casa en una parcela llena de árboles. Decidieron identificar esas masas arbóreas y delimitar un espacio de actuación en el negativo de dicha huella vegetal. El volumen de la *Casa Levene* se construiría en lo que ellos llamaron el «antibosque», es decir, en un claro despejado de árboles. Así, toda la vegetación existente se mantiene y la vivienda es la encargada de adaptar su forma a ella. Esta decisión de partida significa otorgar prioridad al entorno natural por encima del construido, al adecuar la configuración espacial de la residencia a los espacios libres. Por un lado están las necesidades de crecimiento de los árboles y por otro las requeridas por un programa habitacional.

El volumen resultante no se puede entender sin su contexto, que relaciona directamente los espacios interiores y los exteriores. No podría existir lo de dentro sin lo de fuera. Esta manera de proyectar asume una configuración peculiar, ya que son las estancias las que tienen que adaptarse a un límite geométrico determinado previamente, en lugar de ser definidas en función de su necesidad programática. Todo en esta casa depende de los árboles: las condiciones lumínicas y visuales de cada espacio, la privacidad en altura e incluso la envolvente del edificio, que cambia en relación con su proximidad a la vegetación.

Respetar los árboles y decidir no tocarlos, separándote de ellos, es una opción. Pero cuando buscas conservar también los arbustos en contacto con el terreno, no te queda más remedio que levantar la vivienda del suelo. Si los arquitectos de NO.MAD decidieron no tocar los árboles, la estrategia de Lacaton y Vassal cuando diseñaron una casa en Lège-Cap-Ferret fue mucho más allá: mantendrían todo elemento natural que allí se encontrase. ¿Cuál es el resultado de esta decisión? Además de estar construida en altura, seis de los cuarenta y seis pinos de la parcela atraviesan la vivienda. De abajo arriba, como si no existiera nada entre medias. Los troncos perforan los forjados gracias a unos huecos que se adaptan a su movimiento y les permiten crecer en el tiempo.

Elevar la casa logra dos objetivos: por un lado, unas mejores vistas del entorno, y por otro, que esa zona en contacto con el terreno sea transitable. La estructura de doce micropilotes que levanta la vivienda emula los troncos existentes del lugar y esconde la vida de sus propietarios entre las copas de los árboles. Vista desde el mar, la residencia parece huir de las miradas ajenas camuflándose entre la vegetación. Desde dentro, los árboles se disfrazan de soportes verticales que simulan sujetar la cubierta, aunque su textura y color no tiene nada que ver con el brillo metálico de los pilares que sí sostienen el forjado superior. Por debajo, las placas de aluminio que recubren la envolvente crean una bóveda metálica que brilla gracias a la ondulación de sus chapas.

Un proyecto que escenifica muy bien la diferencia entre los dos conceptos: «vivir en la naturaleza» y «convivir con la naturaleza».

Un invernadero dentro de casa

El verano pasado visité por primera vez *El Capricho* de Antonio Gaudí. La villa fue uno de los primeros encargos que recibió el arquitecto catalán y se nota que tiene un menor grado de exploración en muchas de las cuestiones que siguió desarrollando a lo largo de su carrera.

La vivienda modernista es fácilmente reconocible gracias a los azulejos cerámicos que inundan de color sus fachadas o a la torre-minarete que se eleva por encima de la cubierta. Pero para mí existe una pieza menos llamativa visualmente y de mucha mayor importancia compositiva que convierte el conjunto en un buen proyecto: el invernadero.

Gaudí incorporó esta construcción, que se encontraba ya en la parcela, y la eligió como cuerpo organizador del inmueble. Situado en el centro de la composición, el invernadero se conecta con el resto de las salas a través de un corredor y las organiza siguiendo el recorrido del sol. Esta pieza no solo sirve de eje de conexión; su orientación en la fachada sur del conjunto y su materialidad acristalada ayudan a calentar el resto de las estancias de la vivienda. Toda la casa está pensada como una gran U en planta, abierta al espacio que albergaba una de las aficiones preferidas de su propietario: la botánica. El invernadero es el pulmón de la villa, que se llena de luz y calor durante el día y transfiere la ganancia de temperatura a las salas contiguas por la noche.

Este tipo de construcciones se han ido integrando con el tiempo en la arquitectura doméstica como espacios habitables. Al ser estructuras diseñadas con materiales transparentes o translúcidos, aprovechan la energía aportada por el sol para aumentar el confort interior y mantener constantes los niveles de humedad que necesitan las plantas durante su crecimiento. En climas fríos también son útiles como zonas vivideras: muchas de ellas se emplean también como salas de estar, comedores o áreas de lectura.

Un invernadero es un ambiente que se relaciona directamente con el exterior, potenciando las vistas y bondades de un entorno próximo, pero con las condiciones climáticas de un interior. Es un espacio intermedio dentro de la vivienda, aprovechable durante los meses fríos. Su simplicidad constructiva, al estar conformado por una estructura ligera metálica o de madera y una envolvente de vidrio o policarbonato, lo hace económico de construir. La propia cubierta de un invernadero puede recoger el agua de lluvia y recircularla para regar la vegetación en su interior, aprovechando los recursos naturales.

El tipo de envolvente es un factor clave a la hora de pensar estos espacios, ya que puede jugarse con una mayor transparencia u opacidad en su piel a la hora de definir los niveles interiores de privacidad, y su estanqueidad o permeabilidad dependerá de la ubicación geográfica de estas piezas. Y no nos olvidemos de los meses calurosos del año, ya que se debe tener en cuenta un sistema de ventilación y sombreado que garantice un confort térmico y evite el sobrecalentamiento.

En la República Checa, el estudio RicharDavidArchitekti ha proyectado una *Casa invernadero*. Los propietarios adquirieron una parcela que contaba con un huerto y querían conservarlo en su futura residencia. Para optimizar costes, los arquitectos optaron por situarlo en la planta superior, así se levantaría una única estructura en lugar de dos. La decisión también tenía que ver con no interrumpir las vistas de la casa con otra construcción exterior, así que todo el programa residencial se colocaría en la planta baja y el huerto quedaría elevado del terreno. De esta forma, todas las estancias son accesibles desde el exterior y el invernadero también tiene su propia puerta, a través de unas escaleras que conectan el terreno con la planta superior de la vivienda. Cada pieza funciona de manera independiente, sin interrumpir la actividad que tiene lugar en el resto de la vivienda.

Es posible que esta casa no te parezca nada del otro mundo. ¿Una vivienda de una planta con un huerto en su azotea? Seguro que lo has visto mil veces. La diferencia es que aquí estamos hablando de un invernadero, por lo que este huerto ha de estar techado, claro. La planta superior de la casa tiene una cubierta translúcida de policarbonato en la que se prolongan los aleros, generando una terraza techada a lo largo de todo su perímetro para proteger las estancias. En invierno, el calor de la casa mantiene más altas las temperaturas dentro del invernadero y en verano, al ventilar este espacio, se logra el efecto contrario. El diseño de esta vivienda consigue que dos actividades diferentes se complementen de manera pasiva, ayudándose la una a la otra en distintas épocas del año.

Vegetación como seña de identidad

La rápida urbanización y el crecimiento descontrolado de ciertas ciudades en el sudeste asiático ocasiona que muchos ecosistemas se vean dañados. La deforestación de áreas próximas a los límites urbanos supone un problema real para la flora y la fauna del lugar, problema del que se está empezando a tomar conciencia. Muchas poblaciones de Vietnam se han ido alejando de sus orígenes al modificar el bosque tropical y su correspondiente hábitat natural. Ejemplo de ello es la ciudad de Ho Chi Minh, donde se ha arrasado con todo lo que había y ahora solo el 0,25 % de su superficie está cubierta por vegetación. Los árboles han sido sustituidos por semáforos y los animales por enjambres de motos, con la correspondiente contaminación que generan las congestiones diarias de tráfico.

El arquitecto Vo Trong Nghia, de VTN Architects, es consciente de que esta realidad puede cambiarse desde el diseño y lleva años incorporando sistemas sostenibles a sus proyectos. Casi como una lucha por no perder su identidad, por no alejarse de esa tradición que los vinculaba como sociedad a grandes masas arbóreas, su estudio integra elementos naturales a todas las edificaciones en las que intervienen.

En el distrito de Tan Binh proyectaron una *Casa para los árboles*. Y aunque habitualmente los títulos de las obras tengan un componente de *marketing* implícito para embellecer el asunto, en este caso el nombre no engaña: la vivienda son cinco macetas gigantes sobre las que crece la vegetación. Inspirada en las antiguas estructuras vietnamitas, cada volumen alberga un espacio habitable y una cubierta con suelo vegetal de la que sale un árbol. Esta superficie verde es lo suficientemente profunda como para acumular el agua que cae los días de fuertes lluvias y que amenaza con inundar gran parte de la ciudad.

Las piezas-macetas se disponen en torno a un patio, que comunica las estancias y crea un pequeño jardín en el interior. Y funciona como un oasis, ya que los volúmenes se cierran a la ciudad y quedan abiertos a ese patio privado. Las habitaciones se disponen por proximidad programática creando una pequeña villa dentro de la parcela. El hecho de separar cada estancia hace que sus usuarios se vinculen con la naturaleza de una manera continua, ya que atraviesan el jardín interior cada vez que quieren ir de una estancia a otra. Además, estas piezas-macetas ayudan al drenaje del agua caída durante los monzones y sirven de refugio privado familiar cuando necesitan abstraerse del caos y el ruido de la ciudad.

Si la *Casa para los árboles* de Tan Binh nos podría hacer pensar en las viviendas de los hobbits en la Comarca, por la delicadeza con la que conviven el mundo vegetal y las personas, el siguiente proyecto nos lleva a una película en la que jamás habríamos pensado si nos piden una cinta que nos ins-

pire calma y equilibrio. *Jumanji* (1995) es un ejemplo de cómo durante mucho tiempo la domesticidad y la naturaleza se han considerado conceptos opuestos. En la película, basada en un relato infantil escrito catorce años antes por Chris Van Allsburg, un juego de mesa encantado amenaza con destruir la vida de sus protagonistas. Tras cada tirada, la mansión en la que se desarrolla la partida retrocede ante el mundo natural: aparecen grietas y plantas y monos, mosquitos o rinocerontes persiguen a los jugadores. La naturaleza irrumpe como una llamada a lo salvaje y busca conquistar las construcciones humanas. La trama se plantea como una lucha entre lo doméstico y lo salvaje, y si funciona es porque casi todos compartimos al menos una parte de esa visión opuesta entre la comodidad humana y el mundo natural. Por eso proyectos como la *Casa Ha Long*, también en Vietnam, resultan tan interesantes para desmontar estos puntos de vista. Si observamos el proyecto desde la calle, da la sensación de que una ruina ha sido invadida por árboles y plantas que parecen escapar por los huecos de la fachada. Si esta fuera la casa de *Jumanji*, pensaríamos que los protagonistas están a punto de perder la partida. En estas grandes aberturas por las que huye la vegetación no se ven las carpinterías de vidrio, ya que están situadas en un nivel interior, por lo que se pierde la escala del conjunto. La apariencia de edificio abandonado le confiere un toque romántico que contrasta con el resto de la ciudad.

La idea de los arquitectos era reforzar el vínculo entre construcción y naturaleza, con la intención de que sus usuarios vivieran dentro de un bosque. Para ello dispusieron una piel exterior de hormigón visto que rodea el perímetro, separada de la vivienda por un espacio intermedio. Así se generan tres ambientes: el exterior donde está la calle, el interior donde se desarrolla el programa doméstico y uno con vegetación entre ambos. La envolvente más externa, de piedra y por donde asoman los árboles, crea sombras sobre la interior y permite que ese espacio intermedio sirva para abstraer la vivienda del ruido y protegerla de las altas temperaturas. Estos grandes huecos producen una circulación de aire que refresca las estancias y las oculta del sol. Los espacios semiexteriores de la casa son los más atractivos del proyecto, ya que vinculan tres ambientes distintos, en espacios techados o abiertos y rodeados de vegetación, donde se pueden realizar diferentes actividades. A través de esta estrategia, la *Casa Ha Long* devuelve espacios verdes a la ciudad, gracias a incorporar más árboles de los que se encontraban originalmente en la parcela.

Jardines verticales

En la ciudad de Tokio, una metrópoli tremendamente densificada que crece en altura, parece que no hay espacio para los árboles. Al menos en sus calles, ya que el planteamiento que tienen los japoneses de sus avenidas rodadas no es el mismo que tenemos en Europa. Las masas arbóreas suelen concentrarse en parques públicos o próximos a los santuarios, pero quedan alejados de las vías de circulación principales. Da la sensación de que el suelo está tan colmatado que las aceras priorizan dar servicio a postes telefónicos, máquinas expendedoras o carteles publicitarios antes que a cualquier tipo de vegetación. Por eso, encontrarse con una vivienda cubierta de plantas es casi como presenciar un oasis en el desierto.

La casa *Garden & House*, proyectada por Ryūe Nishizawa, introduce un jardín vertical en la capital japonesa. Con una parcela de solo cuatro metros de frente y ocho de fondo, las dos propietarias pidieron al arquitecto una vivienda que también pudiera utilizarse como oficina. Al estar rodeada por edificios de treinta metros de altura, un apilamiento tradicional de muros y forjados en esta situación habría dejado sin luz la mayoría de sus espacios. Nishizawa, con todos estos condicionantes sobre la mesa, propuso diseñar una casa sin paredes.

Cinco pisos con suelos de hormigón armado se amontonan uno encima del otro, cada uno con una estancia y un jardín privado. La envolvente vertical es de vidrio, para facilitar el acceso de luz a su interior, siempre acompañada por cortinas que regulen la privacidad necesaria en cada momento. Para dejar las habitaciones más próximas a las dos fachadas, las escaleras se esconden en la parte central, convirtiendo los extremos de la losa en pequeños jardines domésticos. Las plantas colonizan el espacio urbano de la ciudad e incluso el de la casa: llegan a atravesar forjados previamente agujereados y se superponen a varias plantas de la vivienda. Es una casa-jardín llena de luz, aire y vegetación en medio de un desierto asfaltado de hormigón.

Si continuamos con esta idea de jardín en altura y la llevamos al límite, nos encontramos con el *Bosco Verticale* que diseñó Stefano Boeri junto con su equipo. Interesado por traer la naturaleza de vuelta a las ciudades más congestionadas, el estudio de arquitectura italiano ha construido torres de apartamentos en lugares como China, Países Bajos o Italia y los ha denominado «bosques verticales». Su visión desde lejos es la de un prominente árbol que crece y modifica el *skyline* de la ciudad, gracias a las terrazas en voladizo que se separan del volumen principal y albergan plantas de diferentes tipos.

Los primeros se levantaron en Milán en 2014 con la idea de revitalizar uno de sus barrios residenciales y cuentan con 780 árboles, 5.000 arbustos y 11.000 plantas perennes. Todo ello dispuesto sobre dos torres de 80 y 112 metros de altura. La elección de la vegetación tuvo en cuenta la orientación de cada fachada y la altura a la que se colocaba cada especie y fue llevada a cabo por un equipo de botánicos y etólogos que estudiaron su comportamiento durante tres años. Si cada torre es un árbol gigante, tiene que entenderse como tal: existen una serie de factores como el riego, el mantenimiento de cada maceta y su sustitución en caso de que sea necesario, que tuvieron que ser analizados con antelación. Todo para tener un edificio cuyas fachadas cambian de color con las estaciones en función del tipo de vegetación que crece en cada una de ellas.

Alrededor de los dos edificios se genera un microclima en altura, en el que actúan e intervienen agentes atmosféricos como el sol, la lluvia o el viento, pero también los animales. Porque en este tipo de actuaciones hay que tener en cuenta a unos seres vivos que se desarrollan en ambientes propicios cuando los valores de temperatura o humedad son los adecuados. En efecto, los insectos.

Y eso fue precisamente lo que ocurrió en Chengdu, una ciudad china que replicaba estos modelos de bosques verticales. En uno de sus barrios, una promoción de viviendas con miles de plantas en sus balcones prometía a sus inquilinos una vida en la naturaleza. Los bloques residenciales se terminaron de construir, las plantas crecieron desproporcionadamente sin que nadie las cuidase y atrajeron al complejo a un ejército de mosquitos encantados con este nuevo ecosistema. Según la prensa y a pesar de estar todos los apartamentos vendidos, solo se atrevieron a mudarse diez familias hasta que la invasión de insectos estuviera controlada. Y desde luego los promotores no mintieron, aunque quizás su promesa fuese demasiado literal. Porque no importa cuánto tratemos de dominarla, al final la naturaleza siempre se acaba imponiendo.

MUEBLES Y ALMACENAJE

Esos espectadores silenciosos

Si en este libro hemos dedicado un capítulo a cada uno de los componentes que de una manera u otra componen la vivienda, también es lógico que hagamos lo propio con aquellos elementos que podemos encontrar dentro. Porque si la arquitectura es una disciplina pensada por y para las personas, no tiene sentido que omitamos de ella los objetos que forman parte de nosotros y ocupan un espacio vital en nuestras casas.

Por eso no deja de resultarme curiosa esa extraña obsesión que existe por representar los proyectos arquitectónicos carentes de vida y objetos. Entiendo que la fotografía de arquitectura es un elemento de *marketing* más que los estudios aprovechan para enseñar su trabajo, igual que los *renders*, que se han convertido en una herramienta inevitable para vender o ganar concursos porque no todo el mundo sabe interpretar los planos técnicos como plantas, alzados o secciones. Vale, estamos de acuerdo: ambos son necesarios. Pero hay un empeño por mostrar los proyectos acabados de una manera tan limpia y minimalista que roza lo absurdo. Como si fueran decorados que no pueden tocarse. Como si en vez de espacios para ser vividos fuesen salas de museo, en las que los visitantes miran, dan la vuelta y se marchan por donde han venido. Esas fotografías son seguramente el resultado de cómo quiere el arquitecto que se habite su obra, pero no reflejan cómo va a ser habitada en realidad. De hecho, muchos de mis compañeros confiesan que abandonan la construcción cuando se entrega al cliente y no les gusta volver a visitarla nunca más, porque saben que, tarde o temprano, el propietario mancillará su creación. Como si su trabajo no fuese para que los demás lo disfruten y hagan suyo.

¿Por qué existe este culto por la imagen, como si los edificios fuesen cromos bonitos para pegar en un álbum, pero no existe culto por la vida que va a tener lugar en su interior? En las fotografías que inundan las revistas y blogs de arquitectura aparece todo colocado al milímetro, con muebles que en ocasiones se acomodan para la foto y se quitan después. Por eso es tan bonito ver las imágenes que Lacaton y Vassal utilizan para ilustrar sus exposiciones, que muestran cómo han evolucionado los edificios en el tiempo. Las habitaciones están cargadas de retratos, muebles antiguos, revistas que están donde no tienen que estar y cacharros que todos acumulamos de forma inevitable con el paso de los años. Porque, no nos engañemos, de esto debería tratar precisamente la figura del arquitecto. Una persona que dedique todo su conocimiento y experiencia adquirida a dar una respuesta habitable, para que sus usuarios vivan mejor y a su manera.

La casa es un ente vivo, que evoluciona no solo con el tiempo sino con los propios habitantes. Esto significa que se llena y vacía de muebles, de electrodomésticos que facilitan nuestras tareas domésticas, de estanterías de libros, marcos de fotos, cuadros, cortinas y alfombras. Las viviendas son esqueletos inmóviles que nos ofrecen cobijo y tienen que adaptarse a muchas de nuestras actividades, cada vez más dinámicas. El problema es que la gran mayoría de estos *gadgets* están modificando la sociedad y nuestros hábitos de consumo y las residencias donde vivimos, pensadas para durar en el tiempo, deben adaptarse a ellos. Los dispositivos portátiles como ordenadores, teléfonos y *tablets* nos permiten comunicarnos con el resto del mundo, trabajar desde cualquier habitación o incluso pedir comida si tenemos la nevera vacía. Son objetos que entran y salen de nuestras vidas, modificando nuestra rutina, mucho más rápido de lo que una construcción puede evolucionar en el tiempo.

Es inevitable pensar que una buena parte de las estancias de nuestra casa deben facilitar el almacenaje de ciertos artefactos que vamos a utilizar. Pero ¿cuál es su límite? ¿Dónde está la línea divisoria que separa una vivienda de un contenedor repleto de cosas?

La tendencia consumista nos incita a comprar y adquirir productos que luego tenemos que acopiar en nuestra vivienda. Ropa, muebles, aparatos electrónicos... Incluso cuando dejamos de usarlos, guardamos muchos de ellos por la duda de si vamos a volver a necesitarlos en el futuro o porque nos recuerdan al pasado. Y en casos extremos nos encontramos con espacios llenos de objetos, tanto que pierden la función para la que fueron diseñados, lugares en donde Marie Kondo estaría encantada de enseñarnos cómo funciona su magia del orden.

Hay ocasiones en las que los muebles sobreviven a los propios habitantes que los adquirieron y pasan en forma de herencia al resto de la familia. En muchos casos, la supervivencia de estos enseres está ligada a la lucha por no olvidar ciertos recuerdos, y aquellos que hayáis cambiado de domicilio habréis experimentado una situación singular. Porque hay muebles capaces de articular todo un espacio, y verlos en otras habitaciones nos produce una extraña sensación. Es como si una parte de la antigua casa se hubiera mudado con nosotros y dotase de vida el nuevo cuarto, haciendo reconocible ese espacio que un día vimos vacío. Sí, los muebles son artefactos pensados para cumplir un cometido muy concreto, pero también se convierten en espectadores silenciosos que nos han visto crecer, capaces de domesticar lugares desconocidos para nosotros cuando los transportamos hasta ellos.

Fachadas, muebles y viceversa

Los arquitectos han estado ligados al diseño del mobiliario desde hace mucho tiempo. En determinadas obras, si el presupuesto, el plazo de entrega y el cliente lo permiten, pueden tomarse la libertad de pensar sus propuestas como un todo. Esto incluye el desarrollo de tiradores, barandillas, adoquinados y por supuesto muebles en sus proyectos. Si has visitado alguna obra de Gaudí, te habrás dado cuenta de que el resultado final habría sido muy diferente si, junto al edificio, Gaudí no hubiera diseñado los acabados de techos y paredes, las barandillas e incluso los muebles que iban a ocupar esos espacios.

Hay ocasiones en las que el mobiliario se integra con la propia arquitectura y la piel exterior del edificio se transforma en un elemento utilizable por sus usuarios. En Tailandia, los estudiantes de la Facultad de Arquitectura de la Universidad Silpakorn diseñaron una escuela. Este proyecto lo construyeron en solo quince días los propios alumnos, como parte de un proyecto con el apoyo económico del Gobierno tailandés, con el objetivo de facilitar una instalación educativa en un entorno rural.

Se necesitaba un espacio donde los pequeños pudieran leer y esperar a sus padres. El resultado es la biblioteca *Toongnatapin*, un único pabellón abierto a la naturaleza y con estructura de madera, pensada para que los estudiantes fueran capaces de ensamblar ellos mismos las piezas, y una envolvente en techos y paredes de paneles translúcidos, para iluminar la zona de lectura interior. En determinados puntos de la fachada, la cubierta se prolonga y la pared se inclina hacia fuera hasta que ambas líneas se encuentran. Así, donde de otra forma habría una pared recta, aparece espacio para unos bancos que funcionan como escritorios donde los alumnos se sientan a leer o a escribir. Al integrar el mobiliario en la piel del edificio, estirándolo hacia el exterior, se consigue que por dentro no se interrumpa la circulación y quede un volumen diáfano donde los pequeños pueden jugar.

Otro ejemplo de fachada que se convierte en mobiliario es el de una cafetería y galería de arte ubicada en un pueblo de montaña en Nara (Japón). Su autor, Fumitaka Suzuki, tuvo que reformar lo que antes era un taller de automóviles. Para eso, reaprovechó gran parte del armazón ya construido y habilitó una fachada más amable para la nueva clientela.

Con esta idea, se mantiene un muro exterior de poca altura para ubicar grandes ventanales justo encima, enmarcando el paisaje exterior. Y este muro no solo realiza la función de límite del edificio: a media altura se crean unos huecos cuadrados que cuando se abren se convierten en mesas. Es decir, la piel de la cafetería se desdobla hacia dentro o hacia fuera según interese y sirve de superficie para que apoyemos nuestra consumición. De día, cuando el negocio está abierto, los tableros se bajan y queda visible el interior. Y por las noches se suben para tapar las aberturas, de forma que queden cerradas y ocultas. Unas contraventanas que funcionan como mesas.

Vale, tenemos fachadas convertidas en asientos o superficies para otras actividades. ¿Podríamos pensar en un ejemplo al contrario? Es decir, una mesa o silla que se transforme en envolvente. ¿Es esto posible?

Antes de que digas que no, déjame enseñarte una galería de muebles en la República Checa. *Gallery of Furniture*, proyecto diseñado por Ondřej Chybík y Michal Krištof, es la

materialización del famoso *Edificio Pato* de Robert Venturi, un ejemplo de cómo una construcción puede imitar con su forma lo que va a contener en el interior. Si un criador de patos vende estas aves y sus huevos, lo lógico es que el edificio sea un pato; así lo pensó Venturi, y utilizó esta analogía en uno de sus escritos para explicarnos las estrategias que tiene un inmueble a la hora de comunicar su función.

Pues bien, cambiemos el pato por las sillas. Porque la galería de Chybík+Krištof está conformada por más de novecientos respaldos de plástico, apilados uno encima del otro. Las tres fachadas visibles de esta edificación quedan revestidas por una pieza de color negro repetida tantas veces que pierde su significado y función. Sin necesidad de rótulos ni carteles publicitarios, la galería de muebles ya sirve de anuncio que nos cuenta lo que está ocurriendo en su interior.

Los libros también delimitan ambientes

Si eres un amante de la lectura como yo, en algún momento de tu vida habrás pensado qué hacer con tanto libro, porque nos entretienen y aportan conocimiento a partes iguales, pero también ocupan espacio en nuestra casa. Conozcamos varios ejemplos que utilizan estas publicaciones encuadernadas como *leitmotiv* del proyecto.

El primero, aunque no se trate de una vivienda, es la biblioteca de la Facultad de Artes de Musashino diseñada por Sou Fujimoto. Su estrategia podría adaptarse perfectamente al ámbito doméstico, ya que las particiones interiores de la biblioteca están formadas por estanterías. Todas las paredes se forran de madera para crear estantes donde se pueden colocar los libros a la vez que subdividen el espacio en otros más pequeños y privados. Como si fuera un laberinto en forma de caracola que se cierra al interior. Obviamente hay más estanterías que publicaciones, por lo que muchos de sus estantes quedan vacíos, a la espera de que la biblioteca amplíe su colección. Y ni siquiera es fundamental que esto ocurra, porque Fujimoto ha establecido un sistema que ordena tanto el producto que va a ser consumido como los espacios interiores que van a utilizarse.

Esta idea de convertir las estanterías en el centro de la casa está patente en la remodelación que hizo Atelier D+Y de un apartamento en Shanghái. De suelo a techo, los estantes de la biblioteca rodean el núcleo central de la *Casa Estantería*, resguardando el dormitorio en su interior. Además de servir para colocar todos los libros, cuadernos y archivadores que tenga la familia en su poder, añade una capa más de aislamiento acústico en la habitación principal.

La estantería hace de nexo de unión con las demás salas, ya que es accesible desde la sala de estar, el comedor y la habitación de los niños, y los objetos de los estantes pueden ordenarse en función de su ubicación y tipo de uso. La distribución de ambientes hace que, salvo el dormitorio de los padres, el resto de los espacios estén conectados y abiertos entre ellos. Los arquitectos están convencidos de que incluir el diseño de esta pieza influirá en el comportamiento de los más pequeños y fomentará en ellos el hábito de la lectura.

Nuestro último paseo nos lleva de vuelta por Japón, a *House with a Small Library*, literalmente «Casa con una pequeña biblioteca». El proyecto de Hiroshi Kinoshita es el sueño de cualquier lector altruista, ya que reserva la planta superior para los espacios de vivienda y deja en la baja una biblioteca abierta a la ciudad. El propietario necesitaba mucho espacio para almacenar libros, así que el arquitecto le propuso crear una zona privada de estanterías que pudiese compartir con sus vecinos cuando él quisiera. De esta manera, el piso inferior se limita a una biblioteca con un banco continuo integrado en el pavimento, dos zonas más de almacenaje, un pequeño aseo y las escaleras que dan acceso a la planta superior.

Arriba, el cliente dispone de un estudio donde todas las actividades se desarrollan en un único espacio, a excepción del baño y la terraza. Pero lo bonito ocurre abajo, en este local comunitario para leer y compartir conocimiento con los demás que tiene cabida en pocas culturas más allá de la nipona. De hecho, si nos encontráramos con esta vivienda mientras caminamos por la ciudad nos costaría identificar que se trata de un edificio residencial, ya que su fachada principal está completamente acristalada en la planta baja para facili-

tar la entrada de luz en la sala de lectura e invitar a los transeúntes a quedarse. Los libros se convierten así en un vínculo
entre el propietario y el resto de la comunidad, dentro de una
casa que destina la mitad de su superficie construida al arte
silencioso de leer en compañía.

Casas electrodoméstico

Allá por el año 1952, Alison y Peter Smithson comenzaron a
investigar la relación existente entre la vivienda, los muebles
y los objetos de consumo. Materializaron sus ideas en unos
prototipos llamados *Appliance Houses* ('casas electrodoméstico'), que indagaban en la importancia que había adquirido
este tipo de dispositivos eléctricos dentro de la arquitectura
residencial.

Al acabar la guerra, los británicos se encontraban en un
momento de crecimiento económico sin precedentes: tenían
mucho dinero y estaban dispuestos a gastárselo. Estos nuevos
objetos de diseño se anunciaban en los medios y nadie duda-
ba de que facilitaban la vida doméstica de sus propietarios,
así que a la vivienda no le quedó más remedio que terminar
aceptándolos como elemento propio. Los muebles pasaron
de ser creaciones manufacturadas y artesanales a ser objetos
prefabricados que articulaban la cocina, el dormitorio o la
sala de estar. Seguro que muchos arquitectos de la época tuvieron alguna que otra dificultad asumiendo que sus proyectos iban a tener que contemplar la existencia de algunos objetos que condicionarían parte del desarrollo de la vivienda.

Las casas electrodoméstico de los Smithson fusionaron
esta nueva sociedad de consumo con el problema de escasez

de vivienda en su país. El resultado de sus reflexiones consistió en empaquetar los nuevos electrodomésticos en determinados espacios dentro de la vivienda, para dejar mayor libertad y eficacia al espacio libre de la misma. En algunos de sus proyectos, los muebles quedaban desplazados a algunas zonas concretas, con lo que pierden esa capacidad de movilidad que indica su propio nombre. La cama e incluso la mesa están fijos en su *House of the Future* como un electrodoméstico más. Las estancias ya no son las encargadas de organizar el espacio de la vivienda, ahora son los objetos los que adoptan el rol de articular una nueva manera de habitar. Las casas de los Smithson fueron la consecuencia de un análisis minucioso entre los diferentes objetos eléctricos que utilizamos en nuestro día a día dentro de un mismo contenedor: aparatos que cambian con el paso del tiempo, se actualizan o sustituyen por nuevas versiones de sí mismos y necesitan de una estructura energética que les dé servicio. Esta clase de planteamientos nos hace pensar en un tipo de residencia que evoluciona hacia un sistema donde tiene más importancia el enchufe que conecta los electrodomésticos que el muro que separa las diferentes habitaciones.

Soluciones compactas y multifuncionales

La *Silla Barcelona* de Mies van der Rohe, el *Grand Confort* de Le Corbusier, la *Egg Chair* de Jacobsen, el *Lounge and Ottoman* de los Eames, la *Panton Chair*... Si existe una pieza de mobiliario que ha despertado el interés de los arquitectos, es sin duda la silla. Muchas de ellas se han convertido en deseados objetos de diseño y han formado parte de los espacios que ellos mismos proyectaron. Algunas incluso han hecho sus pinitos en la interpretación y se han hecho famosas a través de la ficción. Así le pasó, por ejemplo, a la silla *Ovalia Egg*, diseñada por Henrik Thor-Larsen, un asiento acolchado en forma de huevo que utilizan los protagonistas de *Men in Black* (1997); o al sofá *Djinn*, concebido por Olivier Mourgue en 1965 y utilizado tres años más tarde en la ficción futurista de *2001: Una odisea del espacio*.

El planteamiento de estos muebles ha servido en muchos casos para que sus creadores desarrollasen, a menor escala, diferentes conceptos arquitectónicos que les preocupaban. La *Stacking Chair* de Verner Panton, fabricada en polipropileno, fue la primera silla elaborada en un solo material. Esta pieza de plástico extruida se pensó para ser producida en serie a partir de un molde y su forma responde al interés del diseñador danés en que también se pudieran apilar. Shigeru Ban, el arquitecto de la *Naked House* que vimos en el capítulo sobre los pasillos, reconstruyó una iglesia en Nueva Zelanda que había quedado devastada por dos terremotos. Si iba a edificar en situaciones donde casi no había dinero, los materiales y sus sistemas constructivos debían ser los más económicos del mercado. Esto le llevó a utilizar el cartón como material principal: las sillas, las mesas, los postes de información, el púlpito o la pila bautismal fueron creados con el mismo componente que la estructura del edificio. El cartón demostró ser un elemento resistente, fácil de fabricar y muy económico. Nada que ver con la *Wiggle Side Chair*, diseñada por Frank Gehry y vendida como pieza de diseño por la nada desdeñable cifra de 965 euros. Mismo material y diferentes pretensiones.

Mientras investiga la manera de fabricar estos objetos y cómo se descomponen con el tiempo, la firma Terreform ONE ha experimentado con dos modelos de bancos biodegradables. Los asientos utilizan una combinación de virutas de madera, yeso, salvado de avena y un hongo que convierte estos productos de desecho en una estructura resistente. Según describen los arquitectos, el proceso es de baja tecnología, mínima energía y no contamina. Una solución que favorece al medio ambiente, reutiliza componentes reciclados y desaparece cuando ha llegado al final de su vida útil.

La tendencia a proyectar desarrollos residenciales con viviendas cada vez más pequeñas obliga a los arquitectos encargados de pensar esos espacios a plantear nuevas soluciones compactas y multifuncionales en sus interiores. Parte de este éxito lo puede acaparar el mobiliario, con piezas que alberguen distintos usos, transformen su morfología y aprovechen la escasez de espacio. Ejemplos de este tipo abarcan desde la tradicional mesa extensible para acomodar a más comensales hasta cajones que se convierten en escaleras, pasando por muebles deslizantes o camas que se esconden dentro del armario.

Porque si la palabra *mueble* proviene del latín *mobilis*, que significa «que se puede mover», no es descabellado imaginarse enseres con ruedas que faciliten su desplazamiento. Estos dispositivos pueden ayudar a reconfigurar estancias que se utilicen para varias actividades. Al flexibilizar su distribución se puede plantear un espacio de mayor tamaño y con menos compartimentaciones interiores, adaptable en el tiempo según las circunstancias. Además, el hecho de que el mobiliario no sea fijo hace más sencillos la limpieza y el mantenimiento de las habitaciones.

Pero no toda la flexibilidad espacial depende de colocar ruedas a cacharros; existen numerosos ejemplos que utilizan el diseño como herramienta para resolver configuraciones adaptables. La mesa creada por Atelier FCJZ para una tienda de Shanghái puede emplearse como un escritorio grande, para reuniones o eventos educativos, o dividirse en otras diez mesas individuales donde los clientes desayunen por las mañanas. Gracias a la forma de rompecabezas que tiene, se cambia el uso del local y las actividades que ocurren en su interior. Lo curioso es que, como reorganizar las diez mesas en una sola no es tarea fácil, el propio pavimento del local sirve de manual de instrucciones replicando los límites y la posición de cada una de ellas para volver a ensamblarlas cuando sea necesario.

También algunas estanterías y soportes para libros se han diseñado para explorar la adaptabilidad en el almacenaje. La repisa *Chuck*, concebida por Natascha Harra-Frischkorn, consiste en dos piezas metálicas ancladas a la pared que soportan una serie de tablones de madera. En su estado inicial parece un estante convencional, pero la flexibilidad de las tablas y los anillos que las sujetan en los extremos permiten que se separen y coloquen libros entre ellas, lo que implica numerosas configuraciones del mueble dependiendo de la cantidad y tamaño de las publicaciones.

Otro ejemplo minimalista es la repisa *Read-Unread* diseñada por Niko Economidis. Un producto que, con solo tres elementos clavados en una pared y una cinta, separa los libros ya leídos de los que todavía están por leer. Sujetos por la cinta, de un lado cuelgan los libros leídos y, del otro, los que están aún por estrenar. Una especie de báscula que funciona en equilibrio gracias al peso de las publicaciones que cuelgan a ambos lados y que sirve de analogía de cómo funcionan nuestras manos al leer: la izquierda soporta las páginas que ya se han ojeado y la derecha sostiene las que están por llegar. Esta bonita metáfora visual cambia con el tiempo y a medida que se avanza en la lectura, con un inconveniente, ya que el equilibrio deja de tener sentido cuando uno de los dos lados se queda sin elementos.

La estantería *REK* del arquitecto Reinier de Jong se está comercializando después de adaptar el diseño que hizo para un cliente privado y tuvo gran aceptación en redes sociales. La librería consta de cinco piezas en zigzag que se solapan entre ellas y que solo al separarse comienzan a ser practicables. Como cuando apilamos sillas: si pegamos las unas a las otras, las formas encajan y no hay hueco entre ellas. En cambio, si comenzamos a separarlas, se crea un espacio que, en el caso de esta estantería, da lugar a una trama de superficies horizontales y verticales que empieza a recordarnos al mueble que conocemos. El hueco dejado por los módulos cambia según la distancia y consigue una estantería que crece dependiendo de los objetos que coloques sobre ella. Qué bonito imaginar un mueble que aumenta de tamaño a medida que lo hace nuestra colección de libros y se adapta a distintas configuraciones.

El mueble que se podía habitar

Llegados a este punto sabemos que no solo hay arquitectos que sí disfrutan pensando en los muebles que llenarán sus casas, los hay que incluso se implican en el proceso de diseño del mobiliario y son responsables de algunas piezas que se estudian en las escuelas de arte y diseño. ¿Hasta dónde es posible combinar estas dos disciplinas? ¿Puede un arquitecto inventar un mueble habitable?

Precisamente eso se preguntaron en Coll-Leclerc cuando, en el marco de dos talleres académicos, plantearon una vivienda flexible cuyos espacios se definían por la proximidad a un objeto de carpintería. A partir del funcionamiento de las casas tradicionales japonesas, estudiaron la posibilidad de una casa sin muros, donde un espacio único se ordenaba a partir de muebles desmontables.

El resultado fue *Habitable Cupboard*, la creación de cinco prototipos de mobiliario teniendo en cuenta la edad del usuario, desde recién nacidos hasta mayores de treinta y cinco años. Empaquetaron las piezas en un mueble blanco habitable de 100 por 195 por 250 centímetros que se abría sobre la vivienda mediante movimientos de rotación, deslizamiento o abatimiento. Estos diferentes módulos colonizan el espacio y lo llenan de color, modificando su uso. Sus investigaciones parten de unidades de 5 metros cuadrados que se amplían hasta definir apartamentos de 20 metros cuadrados si se combinan zonas intercambiables.

Esta propuesta presenta muchos conceptos interesantes. El primero y más obvio es que la posición del mueble y su relación con los límites del espacio doméstico van a ser las encargadas de que cada habitante determine el tamaño de las estancias. De esta manera el usuario puede mover el mueble en la habitación según sus requisitos, sin tener que modificar la estructura interna de distribución. Además, pensar en todos los artefactos necesarios que usamos en el día a día y organizarlos en un único elemento compacto, situándolo en el centro, nos hace pensar que el espacio doméstico tiene más que ver con qué hacemos y cómo nos movemos cada uno de nosotros.

Unidades habitables y unidades de almacenaje. Quizás sea la síntesis más efectiva de lo que simboliza una vivienda.

PERSONAS

Arquitectura para feos

En marzo de 2022 le concedieron a Diébédo Francis Kéré el premio Pritzker, una distinción que lo reconoce como mejor arquitecto del mundo. Construir un edificio es un proceso muy lento: en él participan muchos agentes, además de ciertos trámites burocráticos que lo dilatan en el tiempo. Lograr un ejercicio consolidado, que sea coherente con la filosofía que se quiere transmitir, no es fácil. Por eso estos galardones se utilizan para reconocer la trayectoria de ciertos arquitectos que llevan años trabajando en torno a una idea. En el caso de Kéré, una muy evidente: contribuir a la sociedad. El diseñador de Burkina Faso decidió estudiar la profesión para mejorar las escuelas de su país.

Sus obras nos hablan de decisiones que deberían formar parte del decálogo de cualquier arquitecto. En ellas emplea técnicas tradicionales y materiales del lugar, e implica a parte de la comunidad que después va a habitar sus edificios. Esta forma de trabajar une al proyectista con sus usuarios y le sirve para conocer de primera mano la problemática de cada emplazamiento. ¿El objetivo? Construir de manera sostenible colegios, clínicas y bibliotecas en un continente que lucha por salir adelante, haciendo de promotor en muchos de ellos y aportando dinero además de su trabajo. Francis Kéré es una persona convencida de que la arquitectura es una herramienta capaz de mejorar el futuro de toda una sociedad, en la que cada uno puede aportar su granito de arena.

En cuanto el galardón se hizo oficial, compartí la noticia en redes sociales. Quise explicar lo importante que era premiar el trabajo de alguien que entendía la arquitectura como un medio que soluciona los problemas de quien no puede pagar sus servicios y no una disciplina que les llena los bolsillos a unos cuantos. Y, curiosamente, tanto en Twitter como en TikTok o YouTube recibí comentarios de gente que no estaba satisfecha con la decisión. Mensajes que decían que no veían ningún avance técnico en sus propuestas, que deberían dividir el galardón en categorías y que el jurado había caído en lo políticamente correcto. Mi respuesta fue breve: el premio tiene méritos técnicos, económicos y sociales, porque resulta que arquitectura no es solo un objeto construido.

A veces parece que se nos olvida que construimos para las personas. Somos nosotros quienes vamos a utilizar los edificios y, en la ecuación que organiza todos sus procesos internos, ocupamos la principal incógnita a resolver. Incógnita que, como ya hemos visto, es la clave de que no se vengan abajo. Para que una construcción sobreviva en el tiempo debe seguir siendo habitada en el tiempo.

Tanto los *renders* como las fotografías finales de obra son documentos indispensables a la hora de explicar la arquitectura. Normalmente se utilizan para tener una visión de todo el conjunto y que el proyecto se entienda mejor, pero sobre todo sirven para quien no sepa leer planos de dos dimensiones como plantas o secciones. Pero no hay que olvidarse de que estos documentos son también productos de *marketing*, con todo lo bueno y lo malo que conlleva. Los *renders* y las fotografías son tan necesarios para los clientes, jurados o promotores que los arquitectos hemos caído en nuestro propio engaño. Nos hemos enamorado de la mentira. Y aunque estas representaciones gráficas que se emplean, una cuando el edificio está en fase de proyecto y otra cuando ya se ha terminado, tengan el mismo fin, presentan diferencias llamativas. La más sorprendente es el tratamiento que da, cada una de ellas, a las personas que aparecen en las imágenes.

En la mayoría de los *renders* que veas en publicaciones especializadas o medios digitales vas a encontrar gente. Mucha gente. Cuanta más aparezca, mejor. Da igual el número. El edificio tiene que sugerir que está lleno de gente las veinticuatro horas del día. Y todas las personas allí incluidas han de ser extremadamente guapas. ¿O acaso has visto alguno en el que sus usuarios no sean modelos de pasarela? A los feos ni agua, no se hace arquitectura para ellos.

Sin embargo, en las fotografías de arquitectura ocurre lo contrario. Los espacios se tratan como piezas escultóricas, con escasa presencia humana. Las personas se dejan ver para que entendamos qué escala tienen las cosas. En ocasiones es solo perceptible una silueta borrosa, en movimiento. Esto es un recurso intencionado del fotógrafo para no quitar protagonismo a la obra y que a la vez comprendamos la proporción de la imagen. Sucede lo mismo con los objetos cotidianos, que desaparecen por completo en estas representaciones gráficas. Es raro encontrarse con un objeto fuera de sitio, como una escoba apoyada en la pared, un trapo de cocina colgando del pomo de la puerta, un juguete fuera de su caja o una sudadera tirada encima de la cama. Es un orden artificial, una simulación falsa e impostada de la rutina. Como si el caos de cualquier residencia hubiese sido maquillado para la ocasión. Nosotros sabemos que ninguna casa en el mundo tiene todo tan colocado, pero aceptamos el engaño. Este tipo de fotografías muestran que existe un culto a la imagen perfecta, pero no a lo que ocurre en sus espacios. Como si la arquitectura no fuese un contenedor de vida para que lo llenásemos de experiencias.

Las personas somos quienes damos significado a los volúmenes construidos. Somos los encargados de colonizarlos, modificarlos y hacer que tengan sentido. En *Muerte y vida de las grandes ciudades*, de Jane Jacobs, la urbanista nos cuenta cómo los jardines y parques de las grandes ciudades se transforman en lugares degradados si no se diseñan pensando en quienes van a habitarlos. Para que un barrio sea seguro, debe contener vida en diferentes momentos del día. Y ocurre lo mismo con los espacios verdes. Este libro narra distintas anécdotas de la Nueva York que vivió, allá por los años sesenta. Una de ellas trata de cómo los vecinos entregaban a los tenderos las llaves de sus viviendas para que las guardaran hasta que otro familiar se pasase a recogerlas. A falta de porteros en los edificios, los comerciantes de las pequeñas tiendas de barrio situadas en las plantas bajas de los inmuebles asumían esta función. Este suceso de carácter

doméstico puede parecer algo sin importancia, pero es una muestra más de que las personas también configuramos ciudades.

De un diplodocus paseando a un gato escondido en el armario

Ya hemos dedicado un capítulo entero a la presencia de la vegetación en las viviendas. Las plantas son naturaleza, pero también los animales, y no hemos hablado de ello. Porque, aunque las mascotas no sean personas, para muchos de nosotros son un miembro más de la familia. Existen numerosos ejemplos que incorporan la presencia de estos seres vivos en los diseños de los ambientes domésticos.

Un concepto muy interesante, que también desarrollaremos más adelante, es el del cambio de escala. Cuando introducimos un usuario en un entorno, hay que tener en cuenta sus dimensiones. Los dibujos de Leonardo da Vinci en su diario sobre el *Hombre de Vitruvio* o los de Le Corbusier para el *Modulor* fueron estudios que relacionaron las proporciones del cuerpo humano con la arquitectura. La evolución de nuestra fisionomía ha quedado registrada a lo largo del tiempo y ha modificado la manera en la que se proyectaban los espacios. Pero la cosa cambia cuando quien lo va a habitar es un animal en lugar de una persona. Las dimensiones, capacidad de movimiento y necesidades son completamente diferentes.

Esto puede entenderse muy bien en la película *Parque Jurásico* (1993), dirigida por Steven Spielberg. Los dinosaurios, extintos hace millones de años, son clonados por un equipo de científicos y regresan a un ecosistema natural en forma de parque temático. Para que los visitantes, investigadores y animales convivan en armonía, el parque se diseña teniendo en cuenta los cambios en los tamaños de sus usuarios. Un diplodocus no se mueve de igual manera que un pterodáctilo y su dieta tampoco tiene nada que ver. El modo en que cada dinosaurio se desplaza y relaciona con los individuos de otras especies determina su tipo de hábitat. Los sistemas de seguridad que separan a los humanos de estos animales prehistóricos también son clave, ya que marcan el límite de que el zoológico funcione a la perfección o se desate un perfecto caos.

El cambio de escala también ocurre con nuestras mascotas en casa. El cilindro de cartón del papel higiénico es un túnel para la guarida del hámster o un juguete para el gato. Cualquier objeto cotidiano puede sacarse de contexto con facilidad según el tamaño y los ojos de su observador. Hablando de gatos, quien haya adoptado uno sabrá del apego que tienen por convertir las cajas vacías en refugios o el amor incondicional que sienten hacia los armarios. En mi casa, cada vez que abro un cajón, mi gato lo entiende como una invitación para meterse dentro y acomodarse entre los objetos. Los vierteaguas de las ventanas se convierten en miradores para espiar a los vecinos y el mueble del lavabo un lugar donde esconderse cuando piensa que voy a meterle en el transportín. Por supuesto, especial mención a la cortina del salón, que para él es una capa de invisibilidad.

La presencia de mascotas en nuestros hogares ha modificado ciertos elementos arquitectónicos para que puedan desplazarse por el interior y el exterior de la vivienda con total independencia. Las gateras y puertas para perros les permiten entrar y salir cuando ellos quieran, sin que tengamos que levantarnos a abrir la cancela. El tamaño de la abertura está ajustado al del animal, para evitar que nos encontremos con un desconocido cenando en nuestro comedor sin invitación. Hay objetos cotidianos que se modifican para ajustarse al uso animal y otros, como veremos a continuación, se plantean desde cero para sus necesidades.

A Cat Thing, un estudio de diseño taiwanés, ha creado un sistema modular que permite infinitas variaciones para levantar ciudades felinas en cualquier habitación. Las piezas, fabricadas en cartón, se ensamblan unas con otras y pueden crecer tanto en horizontal como en vertical. Cada una tiene diferentes formas, inclinaciones y aberturas, con el objetivo de lograr espacios variables donde los gatos jueguen. Esta propuesta se basa en la repetición de cuatro módulos únicos para configurar espacios cambiantes dependiendo de su disposición. Como un Lego, pero con piezas habitables para gatetes.

Y ojo, porque los perros también han sido objeto de exploraciones arquitectónicas. En 2012, el director de diseño de una conocida marca japonesa congregó a doce arquitectos para que pensaran una pieza en relación a una raza canina en concreto. Diseñadores como Sou Fujimoto, Kazuyo Sejima, Kengo Kuma o Shigeru Ban se plantearon un espacio doméstico para animales que explorara distintas posibilidades, sirviéndose del arte como herramienta. La posición de descanso del can, su capacidad de movimiento y las necesidades que tienen a lo largo del día fueron algunos de los factores estudiados por los arquitectos. Muchas de las piezas parecen más un mueble decorativo que un objeto que vaya a utilizar un perro en su día a día, pero esa dicotomía estética-practicidad era uno de los puntos de partida. La exposición, bautizada como *Architecture for Dogs*, se recoge en una publicación con el mismo nombre donde pueden encontrarse los planos para reproducir cada uno de estos artefactos.

Pero ¿es que nadie va a pensar en los niños?

En 1995 llegó a los cines *Toy Story*. Fue la primera película producida por Pixar y la primera donde sus personajes se animaron solo a partir de efectos digitales. También la primera que ofrecía el punto de vista de los juguetes y les entregaba a ellos el papel protagonista.

Lo bonito de este filme a nivel arquitectónico es precisamente ese cambio de escala del que hablábamos antes, ya que los muñecos viven en un mundo creado para personas seis veces más grandes que ellos. La diferencia de tamaño entre los espacios construidos y los juguetes es uno de los grandes aciertos del guion. Allí, el interior de la vivienda ya no se presenta como un lugar agradable y doméstico: es más bien un territorio salvaje cargado de peligros. El simple hecho de subir uno de los peldaños de la escalera es toda una aventura para las réplicas de un vaquero y de un astronauta. Esta diferencia de tamaño se ve multiplicada para los protagonistas de *Cariño, he encogido a los niños* (1989). Tanto que incluso pasear por el jardín con el riego encendido supone una experiencia a vida o muerte.

Con las niñas y los niños pasa algo muy curioso. La distinta escala entre su estatura y las partes de la vivienda, pensadas para los adultos, genera situaciones maravillosas. Esa mirada libre de prejuicios que tienen los pequeños, junto con su infinita capacidad imaginativa, nunca dejará de sorprendernos. Gracias a ellos descubrimos que con un poco de ingenio se puede descontextualizar lo que sea y determinados espacios o muebles adquieren de repente un segundo uso. Ocurre también con los utensilios de cocina, y así una cazuela en la cabeza sirve como yelmo medieval mientras que la espátula se convierte en una espada.

La infancia es un periodo para explorar y aprender jugando. Todos habremos pasado por una etapa en la que quisimos construir nuestra propia cabaña, encima de un árbol, sobre el césped del jardín o dentro de nuestra habitación. Cuando somos pequeños improvisamos refugios temporales con sillas y sábanas para lograr un fenómeno fascinante: la casa dentro de la casa. Es más un concepto de nuestra mente que una estructura portante comprendida como tal, y gracias a ella creamos una nueva capa de privacidad y separación del ámbito doméstico ya existente. Como dice Gaston Bachelard en *La poética del espacio*: «La casa es nuestro rincón del mundo». La vivienda es un lugar de descanso, sí, pero también un campo de juegos. Qué te voy a contar, si el pasillo que daba acceso a nuestras habitaciones lo utilizábamos mis dos hermanos y yo para jugar un tipo de fútbol donde las puertas hacían de porterías.

Imaginar cómo ven los niños los artefactos domésticos desde su perspectiva le sirvió a Paul Ritter para crear una instalación donde los adultos vieron reducido su tamaño. Al menos en proporción, ya que todos los enseres allí reproducidos eran mucho más grandes. En *The Child's Eye* construyó, con ayuda de sus estudiantes, los muebles de una vivienda dos veces y media más grande. Su objetivo era el de imitar el punto de vista de alguien que se mueve por la casa cuando está creciendo y logró repetir en los visitantes esa misma sensación que tuvieron de pequeños y ya no recordaban.

Tan importante es entender cómo afecta el cambio de escala a los individuos que nos sorprendemos cuando interactuamos con ellos sin darnos cuenta. Y para muestra, un botón; el mejor ejemplo de *marketing* arquitectónico de los últimos años: la extinta puerta de Imaginarium. La entrada de esta tienda de juguetes sufrió diferentes diseños a lo largo del tiempo, pero siempre mantuvo ese tamaño reducido en honor a sus verdaderos clientes. Daba igual que su aspecto fuera rectangular u ovalado, a los pequeños les hacía una ilusión loca pasar por aquella puerta más bajita, porque eran conscientes de que estaba fabricada para ellos y eso era una invitación a que interactuaran con ella. Con una operación tan sencilla como reducir las dimensiones de un elemento cotidiano, la empresa conseguía que los niños la atravesaran y se colaran dentro de la tienda. Ya tenían lo que buscaban, porque a los padres no les quedaba más remedio que salir en estampida detrás de sus retoños.

Se puede comprender mejor la posición de los más pequeños en la vivienda si se analiza desde una perspectiva histórica. Esto es lo que hizo la arquitecta Almudena de Benito en su tesis doctoral llamada *La infancia en casa*. En ella nos cuenta cómo han evolucionado ciertos mecanismos domésticos como el cuarto de jugar desde la Edad Media hasta la actualidad. Un concepto muy interesante que desarrolla en sus páginas son los denominados «dispositivos de control», aquello que utilizamos los adultos para supervisar a las niñas y los niños dentro de la vivienda. Este comportamiento ha sido constante a lo largo del tiempo, dado el interés de los padres por evitar situaciones que pongan en peligro a sus criaturas. Lo único que ha cambiado es la manera de hacerlo.

En su tesis, De Benito explica la técnica del fajado que se utilizó hasta el siglo XVII, por la que se envolvía el cuerpo de los bebés con una venda para dejarlos inmóviles. Su ritmo cardiaco bajaba, dormían más y molestaban menos al personal. La medida no era demasiado higiénica para los recién nacidos, puesto que tenían que aguantar horas en contacto con sus propios excrementos, pero permitía mayor libertad a los padres para otras actividades.

Posteriormente llegaron el arcutio (artilugio de madera para prevenir la asfixia por aplastamiento), la cuna, el andador... y las pantallas. Porque los dispositivos tecnológicos sirven para que los padres tengan controlados a sus herederos mientras duermen, en forma de vigilabebés, pero también para distraerlos y que no molesten, gracias al teléfono móvil. ¿Que tu pequeño está en ese momento en que no sabes si tiene hambre o sueño y se le ve pasado de rosca? Una dosis de *Peppa Pig* en YouTube y problema resuelto. La rápida evolución de la tecnología dentro del ámbito doméstico nos obliga a tener sentido crítico con la educación que reciben los menores y la manera en la que deben relacionarse con estos dispositivos electrónicos.

Lugares para la infancia eterna

Seguramente una de las razones por las que no se tiene demasiado en cuenta la escala de los más pequeños en el diseño de las viviendas es que, al final, la infancia es una etapa con fecha de caducidad. Todos pasamos por ella, pero seguimos creciendo hasta llegar al tamaño adulto. Y la arquitectura, aunque esté pensada para dar cabida a todos sus usuarios, permanece más en el tiempo de lo que lo hacemos nosotros mismos.

Aun así, existe una clase de edificios cuyos residentes son siempre de escala reducida: los colegios, las guarderías y los jardines de infancia. Este tipo de construcciones deben hacer de las niñas y los niños su *leitmotiv* de proyecto. En Polonia, el estudio de arquitectura PORT ha creado un lugar perfecto para sus pequeños habitantes: un espacio diseñado a la medida de sus diminutas proporciones. La intervención *Kindergarten in Opole* consistió en rehabilitar un volumen existente, cambiar el uso interior y añadir tres nuevas salas. La materialidad del proyecto refleja esta dualidad: conserva la estructura y parte de los acabados en las paredes del edificio antiguo en contraste con una piel acristalada en las nuevas estancias y favorece un mayor contacto con la naturaleza. La edificación se abre buscando la luz, no solo agujereando su cubierta incluyendo tragaluces, sino también conectando los dos pisos en forma de patios, para que los espacios ganen vida. Pero es en la ubicación de sus detalles donde descubrimos la magia.

Empecemos con las ventanas. En lugar de colocarlas a una altura convencional, levantadas un metro o más del pavimento, los arquitectos decidieron situarlas pegadas al suelo. Esta es la posición ideal si queremos que alguien que gatea o pasa más tiempo en el suelo que de pie observe el exterior, ya que de otra manera no lograría ver nada. La ventana es oscilante con el eje próximo al terreno para que pueda abrirse sin poner en peligro a los infantes. Por esta abertura pueden ventilarse los espacios interiores sin que ellos caigan al exterior. Y las ventanas que sí son batientes están fuera del alcance de los niños.

Ocurre lo mismo con la altura de los enchufes y tomas de luz: en vez de disponerse por encima del rodapié, se ubican superadas las alturas de sus cabezas. Los muebles de almacenamiento son estanterías con baldas abiertas para que puedan coger y dejar los juguetes cuando quieran y cajones con puertas a los que solo acceden los adultos. Cada detalle se ha pensado para hacer agradable el ambiente, incluidos dos pasamanos a diferentes alturas en las escaleras (uno metálico para adultos y otro más amable de madera para los pequeños), así como un tobogán, por si alguien quiere descender a mayor velocidad. Un lugar en donde a Peter Pan y su banda no les habría importado pasar el resto de sus días.

Existen numerosos ejemplos que convierten su arquitectura en una zona de recreo al incorporar diferentes patrones. No solo añadiendo toboganes o usando materiales acolchados en sus superficies. Decisiones como eliminar al máximo las esquinas o los bordes afilados, reemplazar los tiradores por herrajes ocultos y diseñar espacios interactivos y polivalentes que desarrollen la creatividad de los más pequeños son solo algunos de los recursos que se incluyen en este tipo de construcciones. Y todos son respuestas coherentes al interrogante de quién va a utilizar el espacio.

Envejecer en casa

En la otra cara de la moneda tenemos un tipo de población con movilidad reducida, obligado a mudarse al hogar de sus familiares o buscar asilo en una residencia especializada para personas mayores. El incremento de la esperanza de vida y el envejecimiento demográfico también repercuten de forma directa en las estructuras familiares, y la arquitectura debe dar cabida a todos estos cambios.

Para afrontar estas necesidades, es imprescindible diferenciar dos tipos de alojamiento: por un lado, el que busca dar cobijo y asistencia a quien no puede desenvolverse por sí mismo, y por otro, el que ofrece un mayor grado de independencia a sus residentes. Este último modelo es relativamente nuevo, ya que no surgió hasta principios del siglo XX en Dinamarca. Las residencias de «tres pasos» son aquellas que acompañan a sus usuarios durante estas tres fases, desde que son independientes hasta que requieren una atención personalizada de manera continua.

Pero sacar a una persona de su casa y encerrarla en un lugar en el que no quiere estar no debe de ser una sensación agradable. El aislamiento social al que se ven forzados, donde se les separa de su estilo de vida cotidiano, hace que se vuelvan más dependientes. Recluir de su rutina social a un ser humano interrumpe la poca autonomía y privacidad que pudiera tener, de ahí que sea interesante la posibilidad de pensar en cuidados a domicilio. Es lógico, la mayoría de las personas prefiere envejecer en casa. La vivienda es nuestro refugio, un lugar donde nos sentimos a gusto y al que tenemos vinculados muchos de nuestros recuerdos. Como respuesta surge el denominado «envejecimiento activo», que explora un modelo habitacional que pueda acoger a sus usuarios desde que son independientes hasta que no son capaces de interactuar en sociedad.

En el norte y el centro de Europa se trata esta tipología con especial delicadeza, entendiendo que las residencias de ancianos no son una mezcla de hotel y hospital, espacios que suelen ser impersonales y asépticos, cuando deberían ofrecer todo lo contrario. Las residencias no solo deberían ser accesibles, sino también fomentar un estilo de vida saludable, próximo a la naturaleza y que ayude a sus usuarios a relacionarse entre sí. Los proyectos que vamos a ver a continuación tratan por igual la salud de sus inquilinos, su calidad de vida y la integración dentro de un tejido social.

Home for Senior Citizens es un complejo de viviendas proyectadas por Peter Zumthor en Suiza y que, como su nombre indica, fueron pensadas para personas mayores. El edificio, desarrollado de manera lineal con dos plantas por apartamento, dispone de veintiuna células independientes. Estos volúmenes para usuarios que todavía pueden cuidar de sí mismos forman parte de un conjunto «tres pasos» y también cuentan en sus proximidades con un bloque que proporciona cuidados continuos cuando la dependencia de sus residentes aumenta. Las casas presentan pocas particiones interiores para maximizar el espacio y consiguen así una sensación de amplitud a pesar de su tamaño. La disposición de las piezas ayuda a ello, con grandes ventanales orientados a la vegetación del lugar. A cada usuario se le cede un contenedor para disfrutar de su privacidad, conectada con la naturaleza, y donde también puede socializar. Porque una de las particularidades de este proyecto, además de los materiales cálidos y confortables de sus estancias, es la del pasillo cubierto que comparten cada una de las viviendas. Este corredor, aunque sea de tránsito común para todos los habitantes, es una prolongación del ambiente doméstico fuera de la casa. Cada residente lo decora y coloniza con muebles, creando un lugar donde interactuar con sus vecinos. La operación arquitectónica proyectada por Zumthor es un conjunto de decisiones enfocadas a que sus usuarios se sientan como en casa.

Los voladizos que sobresalen del edificio *WoZoCo*, que también es una residencia para ancianos, son uno de esos iconos reconocibles por casi cualquier arquitecto. El estudio MVRDV optó por situar parte de los apartamentos fuera de la fachada en un alarde estructural, para cumplir con los requisitos del proyecto. Porque el edificio no cumplía de ninguna manera con las cien unidades habitacionales que pedía el programa y los arquitectos, medio en broma medio en serio, propusieron sacar las que no cupieran del volumen principal. Ahora la fachada norte cuenta con cinco grandes piezas que vuelan varios metros sobre la calle, mientras que la sur se transforma en un cuadro neoplasticista de balcones verdes, naranjas y morados. La propuesta del equipo neerlandés compagina espacios privados y galerías, manteniendo la densidad del conjunto sin reducir su espacio público.

Porque, claro, no todos podemos pasar nuestros últimos años de vida en *Can Feliz*, como hizo Jørn Utzon, una casa de piedra proyectada por él y escondida en la naturaleza, alejada del mar. Veinte años después de construir *Can Lis* y cansado de que le visitaran estudiantes y arquitectos para conocer la obra, se refugió con su mujer en una residencia muy similar a la primera. Un lugar para pasar página y olvidar su mala experiencia con la Ópera de Sídney, y donde el paso del tiempo se mide en atardeceres.

Vive solo, pero rodeado de gente

A estas alturas de la película ya te habrás dado cuenta de lo importante que son las personas en esta disciplina. Así es, somos nosotros quienes llenamos de vida la arquitectura. Hemos llegado a un acuerdo no escrito por el que ella se encarga de ofrecernos cobijo y resguardarnos de los agentes climáticos, para que nosotros inundemos sus paredes de vivencias y momentos para el recuerdo. Porque, sin habitantes, la arquitectura sería un intento de escultura que pocos museos querrían para sí.

Desde que descubrimos que juntos avanzábamos mejor, entendimos que lo colectivo debía primar sobre lo particular. Lo social sobre lo individual. Las ciudades son asentamientos humanos que tratan de facilitar la vida en sociedad, en busca de un desarrollo común. Sí, todos tendremos algún vecino al que no soportamos y no queremos ver ni en pintura, pero estaremos de acuerdo en que parte del progreso tiene que ver con nuestra capacidad de interacción como grupo. Y esta relación entre la casa y la ciudad sirve de telón para la última referencia del libro. El siguiente es uno de mis proyectos favoritos y te aseguro que he sufrido para no escribir sobre él en otros capítulos. Ahora entenderás por qué lo he reservado para la ocasión.

El señor Moriyama es un tío peculiar. Tanto que en 2017 se presentaron en su casa dos cineastas para grabar un documental que contase el vínculo del propietario con su vivienda. Y créeme cuando te digo que, aunque la casa sea alucinante, el señor Moriyama lo es mucho más. Su pasión por el arte, la arquitectura, la música y la gente es la única que puede explicar que alguien pida vivir en un sitio así. Porque *Moriyama House* es un proyecto que Ryūe Nishizawa ha confeccionado a medida de la excentricidad de su dueño.

Una casa genérica, de mayor o menor superficie, está formada por piezas relacionadas entre sí. Puede contener uno o más dormitorios, salones, cocinas y cuartos de baño. Pero, de una manera convencional, la imaginamos bajo un mismo techo y unida mediante pasillos. Pues bien, nada de esto ocurre en la *Moriyama House*. Su propietario necesitaba un lugar para vivir donde además pudiera alquilar las habitaciones que no estuviera utilizando. Una residencia que pudiera crecer o disminuir en el tiempo según los requerimientos de su principal inquilino.

¿Qué hizo el arquitecto con todo esto? Más de diez volúmenes, de uno a tres pisos de altura, separando las piezas de una vivienda tradicional. En vez de reunir las estancias en un único bloque, la casa se extiende en el territorio hasta ocupar la totalidad de la parcela. Esto significa que una de las cajas contiene un dormitorio y otra una pequeña cocina con comedor. Todas ellas separadas en planta, y en lugar de un pasillo que las acople está el jardín. Los espacios construidos pueden ser utilizados por varias personas y el espacio público es el encargado de conectarlos.

Esto proporciona unos niveles de flexibilidad insospechados. Si el dueño encuentra pareja, se muda a una caja más grande con cama de matrimonio. ¿Que de repente se queda soltero de nuevo? Vuelve a una pieza individual más pequeña. ¿Que decide tener hijos? Destina una a los pequeños. Y el resto del tiempo, los volúmenes van siendo ocupados y alquilados por otras personas. Así se crea una pequeña comunidad, similar a la de una villa, en la que tienes que entrar y salir de las cajas para hacer las actividades que normalmente harías en solo una. Lleva tan a los extremos esa idea de espacio público y espacio privado que la casa no tiene muros ni verjas que la protejan y los árboles inundan esa porción del solar. Vamos, que cualquier ciudadano de Tokio puede pasear por las pequeñas calles de la *Moriyama House*, que se convierte así en una aldea japonesa dentro de la metrópoli de Tokio. Un lugar por el que, sin dudarlo, pagaría para compartirlo con su propietario.

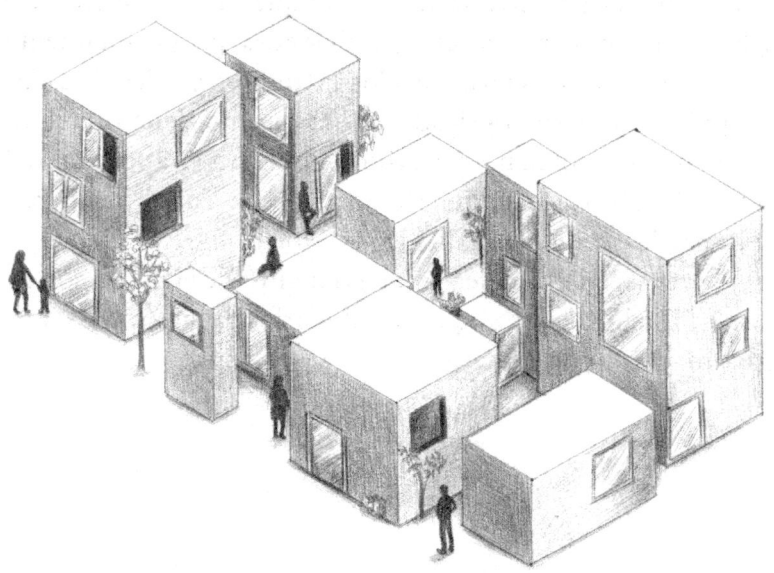

LECTURAS COMPLEMENTARIAS

ÁBALOS, I. *La buena vida. Visita guiada a las casas de la modernidad.* Gustavo Gili, 2019.

APARICIO GUISADO, J. *El muro.* Kliczkowski Publisher, 2000.

ARJONA MONTESDEOCA, J. *El patio, un espacio abierto al cambio.* Tesis doctoral, ULPGC, 2015.

AROCA, R. *Edificios mágicos.* Espasa, 2014.

BACHELARD, G. *La poética del espacio.* Fondo de Cultura Económica, 1965.

CAMPO BAEZA, A. *Quiero ser arquitecto.* Los Libros de la Catarata, 2015.

CAPITEL, A. *Arquitectura del patio.* Gustavo Gili, 2005.

DE BENITO, A. *La infancia en casa. La transformación de los dispositivos domésticos espaciales vinculados a la niñez desde la Edad Media hasta la actualidad.* Tesis doctoral ETSAM, UPM, 2018.

DE LA SOTA MARTÍNEZ, A. *Por una arquitectura lógica y otros escritos.* Puente Editores, 2020.

EVANS, R. *Translations from Drawing to Building and Other Essays.* The MIT Press, 1997.

García Lantarón, H. *Vivienda para un envejecimiento activo. El paradigma danés*. Tesis doctoral ETSAM, UPM, 2015.

Gössel, P., G. Leuthäuser y K. Sembach. *Diseño del mueble en el siglo xx*. Taschen, 2002.

Jacobs, J. *Muerte y vida de las grandes ciudades*. Capitán Swing, 2020.

Jeanneret-Gris, C. (Le Corbusier), *Mensaje a los estudiantes de Arquitectura*. Infinito, 2013.

Kinchin, J. *Counter space. Design and the modern kitchen*. Museum of Modern Art, Nueva York, 2011.

Luckhurst, R. *Corridors: Passages of Modernity*. Reaktion Books, 2019.

Moix, LL. *Queríamos un Calatrava. Viajes arquitectónicos por la seducción y el repudio*. Anagrama, 2016.

Monteys, X., y P. Fuertes. *Casa collage*. Gustavo Gili, 2014.

Moore, C. *La casa: forma y diseño*. Gustavo Gili, 1999.

Neufert, E. *Arte de proyectar en arquitectura*. Gustavo Gili, 2013.

Rybczynski, W. *La casa: historia de una idea*. Nerea, 2013.

Rykwert, J. *La casa de Adán en el Paraíso*. Gustavo Gili, 1999.

Sanz, J., y N. M. González de Mendoza. «Espacios domésticos topológicos: las Casas Electrodoméstico de Alison y Peter Smithson». *Revista de Arquitectura de la Universidad CEU San Pablo*, n.º 7, 2019.

Soriano Rull, A., y F. Barca Salom. *Historia reciente del cuarto de baño*. Marcombo, 2018.

Sudjic, D. *B de Bauhaus. Un diccionario del mundo moderno*. Turner, 2014.

Tanizaki, J. *El elogio de la sombra*. Siruela, 1994.

Zabalbeascoa, A. *Todo sobre la casa*. Gustavo Gili, 2011.

Zevi, B. *Saber ver la arquitectura*. Apóstrofe, 2019.

Zumthor, P. *Pensar la arquitectura*. Gustavo Gili, 2014.

RECURSOS DIGITALES

Dormitorios

El trabajo de John Thackwray, en donde recopila habitaciones de jóvenes de 55 países, puedes consultarlo en el siguiente enlace: <http://myroomphotos.com/>. También ha publicado un libro con sus imágenes y se encuentra disponible en inglés y francés.

Hace varios años terminó *Cómo conocí a vuestra madre* y quizás no recuerdes con exactitud el apartamento de Barney. En la wiki oficial se han recopilado todos los datos de este maravilloso lugar recogidos durante la serie: <https://comoconociavuestrama dre.fandom.com/wiki/Apartamento_de_Barney>.

En 2016 se publicó en *La Nación*, diario argentino, un artículo sobre la invasión de las pantallas en la configuración doméstica que merece la pena leer: <https://www.lanacion.com.ar/lifestyle/cultura-dormitorio-nid1925248/>.

Baños y aseos

Los ensayos de Joel Sanders sobre la evolución de los cuartos de baño en la historia están disponibles en su página web y pueden consultarse a través del siguiente enlace: <https://www.stalled.on line/historicalcontext>.

¿Están bien diseñados los aseos y sus elementos sanitarios? Eso mismo se preguntó el arquitecto Lloyd Alter en este artículo de *The Guardian*: <https://www.theguardian.com/lifeandstyle/2014/jul/15/why-modern-bathroom-wasteful-unhealthy-design>.

La noticia de que la Comisión Europea iba a denunciar a España por incumplir las normas de calidad del agua saltó en diferentes medios de comunicación. *El Mundo* fue uno de ellos: <https://www.elmundo.es/elmundo/2011/06/16/ciencia/1308238785.html>.

Todos los proyectos de Tokyo Toilet y su ubicación en la metrópoli japonesa están disponibles en su página web. Merecen una visita, al menos online: <https://tokyotoilet.jp/en/>.

Comedores y salas de estar

Los datos sobre la recesión que vivió nuestro país durante la burbuja inmobiliaria están obtenidos de la Wikipedia. La entrada dedicada a este término está bien surtida: <https://es.wikipedia.org/wiki/Burbuja_inmobiliaria_en_Espa%C3%B1a>.

Cocinas

Alejandro Hernández escribió para el blog Arquine un artículo sobre el debate que tuvieron Nixon y Jrushchov y que me sirvió de base para seguir investigando: <https://www.arquine.com/mujeres-y-cocinas/>.

Kitchenless City o ciudad sin cocina es la tesis de Anna Puigjaner, que defendió el año 2014 y obtuvo una calificación Excelente Cum Laude por la Universitat Politècnica de Catalunya. Su proyecto ha sido galardonado con el Premio Wheelwright 2016 de la Escuela de Graduados en Diseño de Harvard y puede encontrarse en: <https://www.maio-architects.com/project/kitchenless-city/>.

PATIOS

El arqueólogo Fernando Velasco Steigrad estudió la historia de los patios en las diferentes culturas. En su blog da algunas pistas de su evolución: <https://www.anticuable.com/blogs/news/historia-del-patio-que-es-un-patio>.

TERRAZAS Y BALCONES

La iniciativa alemana *Die Balkone*, que durante 2020 y 2021 utilizó los balcones de la ciudad de Berlín para colgar obras de arte, tiene página web: <https://www.diebalkone.net/diebalkone>.

La exposición temporal que Paula Moscuzza replicó en Lavapiés no tiene página web, pero algunos medios recogieron el evento: <https://www.elsaltodiario.com/arte/una-exposicion-con-altura-en-los-balcones-de-lavapies>.

María Jesús González escribió en su blog una interesante reflexión sobre las consecuencias del cierre de las terrazas y el chabolismo vertical: <http://www.mjg.es/blog.php?p=24#_ednref2>.

La noticia de Tristán, el vecino de sesenta y un años que denunció a media ciudad porque no le dejaron cerrar a él su balcón, también apareció en los diarios: <https://elpais.com/politica/2018/03/01/actualidad/1519927107_998468.html>.

Piscinas

El calentamiento de las ciudades fue advertido por la ONU: <https://efeverde.com/temperatura-ciudades-onu/>.

Y las consecuencias del aumento de las temperaturas en nuestro país fue una noticia redactada por Europa Press: <https://www.europapress.es/sociedad/noticia-todas-ciudades-espanolas-aumentaron-temperatura-media-073c-decada-2011-2020-respecto-1981-2010-20210811142836.html>.

La llegada de la primera piscina infinita de 360º en Londres también llenó las entradas de casi todos los blogs de arquitectura del momento: <https://www.plataformaarquitectura.cl/cl/919084/la-primera-piscina-infinita-de-360-degrees-sera-construida-en-la-azotea-de-un-edificio-en-londres>.

Muros y paredes

Los columpios de Ronald Rael y Virginia San Fratello en el muro que separa México y EE. UU. se convirtieron en una instalación artística con significado político: <https://www.rael-sanfratello.com/made/teetertotter-wall>.

La obra de Jorge Méndez Blake recorrió diferentes países con un mismo concepto: un libro que deformaba una pared de ladrillos: <http://www.mendezblake.com/el-castillo>.

Ventanas

La biografía de James Turrell, sus obras y exposiciones están muy bien recogidas en este artículo de Marisa Carrero: <https://www.alejandradeargos.com/index.php/es/completas/32-artistas/365-james-turrell-biografia-obras-y-exposiciones>.

Igual que la de Edward Hopper, con muchas de sus representaciones pictóricas más conocidas, en este otro portal: <https://www.todocuadros.es/pintores-famosos/hopper/>.

El impuesto sobre la ventana que impuso Guillermo III de Inglaterra está muy bien explicado en este artículo académico de Wallace E. Oates y Robert M. Schwab traducido al español: <https://www.lincolninst.edu/publications/articles/el-impuesto-sobre-la-ventana>.

Cubiertas

El proyecto Umbrella Sky en el que se colocan paraguas para generar sombra en calles de todo el mundo recoge muchas de las imágenes en su página web: <https://www.impactplan.pt/en/umbrella-sky-project/>.

La iniciativa de Marina Fernández Ramos en Valverde de la Vera para tejer la calle a partir de bolsas de plástico recicladas también tiene su espacio online: <https://submarina.info/info-general/>.

Si quieres colonizar los tejados de Róterdam, quizás todavía llegues a tiempo: <https://rotterdamsedakendagen.nl/>.

Pieles y fachadas

Las intervenciones artísticas de Mr. June en las fachadas de los edificios pueden seguirse a través de su página web: <http://www.mr june.com/>.

Todavía están disponibles las películas y programación de *Windowflicks*, la iniciativa que surgió en Berlín durante la cuarentena: <http://www.windowflicks.de/>.

Escaleras

La obra de Olafur Eliasson, inspirada en las escaleras infinitas de Escher, puede consultarse en el siguiente enlace: <https://olafureliasson.net/archive/artwork/WEK100857/umschreibung>.

La biografía, obras y proyectos de Carlo Alberto Scarpa está muy bien recogida en su página web: <http://www.carloscarpa.es/>.

Vegetación y naturaleza

Recomiendo encarecidamente la lectura de este reportaje publicado en *National Geographic España* en donde podemos entender cómo liga el pájaro pergolero. Sus imágenes son alucinantes: <https://www.nationalgeographic.com.es/mundo-ng/grandes-reportajes/como-ligan-pajaros-pergoleros_2749>.

Son interesantes las ilustraciones de Jacob Brostrup de lugares oníricos, en donde la vegetación ha dominado el entorno construido, disponibles en su página web: <http://www.brostrup.dk/>.

El diario *The Telegraph* recogió en su versión digital la noticia de la invasión de mosquitos a las torres que reproducían jardines verticales en China: <https://www.telegraph.co.uk/news/2020/09/15/welcome-jungle-plants-overrun-chinese-apartment-blocks/>.

MUEBLES Y ALMACENAJE

Imaginar un mueble biodegradable no es fácil. Afortunadamente sus creadores diseñaron un espacio dentro de su página web para explicar el proceso: <https://www.terreform.org/mycoform>.

La estantería flexible *Chuck* está a la venta en Alemania. Sus posibilidades de almacenaje pueden comprobarse en el siguiente enlace: <https://cargocollective.com/hafriko/Chuck>.

Las posibilidades del mueble habitable de Coll y Leclerc están muy bien contadas en el número 261 de la revista *Quaderns* publicada por el COAC: <http://quaderns.coac.net/es/numeros/261/>.

PERSONAS

Las cajas modulares de cartón para gatos A Cat Thing son una realidad y puedes encontrar más información sobre ellas en: <https://www.acatthing.com/>.

Es posible que quieras saber cómo son los diseños que ciertos arquitectos proyectaron para unos clientes muy particulares: los perros. Todos se encuentran disponibles en el siguiente enlace, incluida una publicación que los recoge y explica cómo construirlos: <https://architecturefordogs.com/>.

También es obligado citar a los blogs de arquitectura que ayudan con la divulgación de esta disciplina y sin los que habría sido imposible encontrar información precisa sobre algunos de los proyectos incluidos en el libro. En estas páginas, además de una explicación redactada por el equipo de diseño y fotografías del edificio, se encuentra disponible mucha documentación técnica del mismo.

<https://www.archdaily.com/> (portal en inglés)

<https://www.plataformaarquitectura.cl/cl>

<https://es.wikiarquitectura.com/>

<https://arquitecturaviva.com/>

<https://www.metalocus.es/>

<https://www.arquine.com/>

<https://www.archilovers.com/> (portal en inglés)

<https://www.veredes.es/>

<https://elcroquis.es/>

<https://www.urbipedia.org/>

<https://www.arquitecturaydiseno.es/>

ÍNDICE ONOMÁSTICO

 temas de hoy